ÜBER DIESES BUCH

Im Unterschied zu den *Vorlesungen zur Einführung in die Psychoanalyse* (vgl. Fischer Taschenbuch, Bd. 6348) sind die in diesem Band vorgelegten ›Vorlesungen‹ nie gehalten worden. Freud schrieb sie 1932 nieder, um seinem Internationalen Psychoanalytischen Verlag in Wien, der sich in finanzieller Bedrängnis befand, mit einem zugkräftigen Titel unter die Arme zu greifen.

Der Band enthält eine Folge von sieben Texten, die ganz bewußt an die *Vorlesungen* von 1915/16 bzw. 1916/17 anknüpfen: Nicht nur deren Zählung wird fortgesetzt, sondern auch inhaltlich stehen sie in enger Wechselbeziehung zueinander. Nicht umsonst bezeichnet Freud die hier vorgelegten ›Vorlesungen‹ als »Fortsetzungen und Ergänzungen«. Ihre Aufgabe ist es, inzwischen Hinzugekommenes zu integrieren bzw. neues Material zu seinerzeit noch nicht oder nur unzureichend bearbeiteten Themen vorzustellen.

DER AUTOR

Sigmund Freud, am 6. Mai 1856 in Freiberg (Mähren) geboren; er widmete sich nach dem Medizinstudium der Erforschung seelisch bedingter Erkrankungen, zuerst besonders der Hysterien. Im Verlaufe seiner Studien entwickelte er das Verfahren der Psychoanalyse. Über das praktische Ziel der Therapie von Neurosen hinaus führten die Erkenntnisse der analytischen Methode zu einer entscheidend vertieften Psychologie. Zur Diskussion der kulturellen und gesellschaftlichen Fragen unserer Zeit hat Freud in seinen Arbeiten überraschende Gesichtspunkte beigetragen. Freud, seit 1902 Titular-Professor in Wien, wurde nie auf einen Lehrstuhl an eine Universität berufen; er erhielt 1930 den Goethepreis. Im Jahre 1938 emigrierte er nach London, wo er 1939 starb.

Von Sigmund Freud erschienen folgende Fischer Taschenbücher: *Studien über Hysterie* (zusammen mit Josef Breuer) (Bd. 6001); *Darstellungen der Psychoanalyse* (Bd. 6016); *Abriß der Psychoanalyse / Das Unbehagen in der Kultur* (Bd. 6043); *Drei Abhandlungen zur Sexualtheorie und verwandte Schriften* (Bd. 6044); *Totem und Tabu* (Bd. 6053); *Massenpsychologie und Ich-Analyse* (Bd. 6054); *Über Träume und Traumdeutungen* (Bd. 6073); *Zur Psychopathologie des Alltagslebens* (Bd. 6079); *Der Witz und seine Beziehungen zum Unbewußten* (Bd. 6083); *»Selbstdarstellung«, Schriften zur Geschichte der Psychoanalyse* (Bd. 6096); *Der Wahn und die Träume in W. Jensens »Gradiva«* mit dem Text der Erzählung von Wilhelm Jensen (Bd. 6172); *Der Mann Moses und die monotheistische Religion* (Bd. 6300); *Die Traumdeutung* (Bd. 6344); *Vorlesungen zur Einführung in die Psychoanalyse* (Bd. 6348).
Eine umfassende Darstellung findet sich in Marthe Robert, *Die Revolution der Psychoanalyse. Leben und Wirken von Sigmund Freud* (Bd. 6057).
Eine Einführung in die Terminologie und Theoriebildung von Freud bietet Humberto Nagera (Hg.), *Psychoanalythische Grundbegriffe* (Bd. 6331).

SIGMUND FREUD

Neue Folge der Vorlesungen zur Einführung in die Psychoanalyse

FISCHER TASCHENBUCH VERLAG

Fischer Taschenbuch Verlag
März 1978
Ungekürzte Ausgabe
Umschlagentwurf: Jan Buchholz/Reni Hinsch
Fischer Taschenbuch Verlag GmbH, Frankfurt am Main
Lizenzausgabe mit freundlicher Genehmigung des
S. Fischer Verlages GmbH, Frankfurt am Main

Gesamtherstellung: Hanseatische Druckanstalt GmbH, Hamburg
Printed in Germany
580-ISBN-3-596-26390-5

INHALT

VORBEMERKUNG DER REDAKTION

Sigmund Freud hat als Privatdozent für Neuropathologie mehr als zwanzig Jahre an der Universität Wien gelehrt. Nie war er zum besoldeten Ordinarius berufen worden, man hatte ihn lediglich zum Titular-Extraordinarius bzw. Titular-Ordinarius ernannt. Von seinen Vorlesungen sind keinerlei Unterlagen erhalten geblieben. Eine Ausnahme bilden die insgesamt achtundzwanzig Kollegs, die Freud in zwei Wintersemestern, 1915/16 und 1916/17, vor Hörern verschiedener Fakultäten gehalten hat. Unter dem Titel *Vorlesungen zur Einführung in die Psychoanalyse* erschienen sie 1917 erstmals geschlossen in einem Band bei Hugo Heller in Wien.[1] Wenig später hat Freud seine Vorlesungstätigkeit an der Universität eingestellt. So wird der Leser sich fragen: Wie kommt es, daß er im Wiener Internationalen Psychoanalytischen Verlag 1933 eine *Neue Folge der Vorlesungen zur Einführung in die Psychoanalyse* veröffentlichen konnte?

Zunächst ein Wort über den Internationalen Psychoanalytischen Verlag. Freud hatte dieses Unternehmen nach dem Ersten Weltkrieg, 1919, gegründet. Ein mit ihm befreundeter ungarischer Bierbrauer, Anton von Freund, stellte die Mittel zur Verfügung. Die Neugründung brachte Freud und seinen Mitarbeitern publizistische Unabhängigkeit; während des Ersten Weltkriegs war es Freud nur mit Mühe gelungen, seine bisherigen Verleger zur Fortsetzung der psychoanalytischen Periodika zu bewegen. Diese Zeitschriften sowie die wichtigsten psychoanalytischen Monographien erschienen also von nun an im eigenen Verlag. Allerdings befand sich das Unternehmen, solange es existierte, also bis zur Zwangsschließung durch die Nazis im Jahre 1938, stets in einer mehr oder weniger prekären finanziellen Lage.[2] Im Frühjahr 1932 spitzte sich die Situation kritisch zu. Da kam Freud, dem publizistische Unabhängigkeit viel bedeutete und der sich durch all die Jahre immer wieder mit Rat und Tat um die Verlagsgeschicke gekümmert hatte, auf die Idee, durch eine *Neue Folge der Vorlesungen zur Einführung in die Psychoanalyse* dem Verlag einen einträglichen

1 Der Fischer Taschenbuch Verlag hat diese Sammlung 1976 als Bd. 6348 veröffentlicht. – Zwar hat Freud nie ein eigentliches Lehrbuch der Psychoanalyse verfaßt, doch kommen die *Vorlesungen zur Einführung in die Psychoanalyse* mit ihrer Dreiteilung – Psychopathologie des Alltagslebens, Traumdeutung, Neurosenlehre – dem ohne Zweifel am nächsten.

2 Der Hauptgrund dafür war die Tatsache, daß die Budapester Gelder jahrelang nicht nach Wien transferiert werden konnten; als dies endlich geschah, waren sie durch die Geldentwertung auf eine relativ kleine Summe zusammengeschmolzen.

Titel zur Verfügung zu stellen und ihm auf diese Weise aus der Bedrängnis zu helfen. Das Manuskript war Ende August abgeschlossen. Das Buch wurde bereits am 6. Dezember ausgeliefert, obgleich als Erscheinungsdatum das Jahr 1933 angegeben ist.
Freud hat diese sieben Vorlesungen also niemals wirklich gehalten. Und doch sind sie, wie er in seinem Vorwort bekräftigt, nichts Eigenständiges, sondern als Ergänzung der alten Serie gedacht. Deshalb schließen sie in fortlaufender Numerierung auch an sie an. Offenbar gefiel es Freud, das, was inzwischen erarbeitet worden war, abermals in Vorlesungsform darzustellen. Der Gedanke an die enge Verbindung mit einer Hörerschaft, sei sie wirklich oder nur vorgestellt, scheint ihn immer wieder inspiriert zu haben. So konnte er seine Einsichten gleichsam dialogisch entfalten, indem er seinem Gegenüber Einwände in den Mund legt, die er dann aufgreift und behutsam untersucht.
So verschieden die Themen der sieben neuen Vorlesungen, so verschieden ihr jeweiliger Schwierigkeitsgrad. Die erste Vorlesung über den Traum ist im wesentlichen eine lockere Wiederholung des früher in der alten Serie Dargestellten, allerdings mit bedeutsamen Zusätzen; dagegen bringen die dritte, vierte und fünfte Vorlesung – über die Struktur der Psyche, über die Angst- und Triebtheorie sowie über die Psychologie der Frau – in komprimierter Form ganz neues Material und ganz neue theoretische Konzepte; hier unternimmt es Freud, seine früheren *Vorlesungen zur Einführung in die Psychoanalyse* auf den letzten Stand zu bringen. Die zweite, sechste und siebente Vorlesung greifen jeweils weit aus und bringen in leicht verständlicher Fassung Phänomene ins Zentrum des Interesses, die sozusagen randständig sind und deren Beziehung zur Psychoanalyse untersucht wird: u. a. Okkultismus, Telepathie, Erziehung, Religion, Kommunismus.

In den *Gesammelten Werken* füllt der Text der *Neuen Folge* seit 1944 den fünfzehnten Band; in der *Studienausgabe* steht er seit 1969 im ersten Band, direkt im Anschluß an die *Vorlesungen zur Einführung in die Psychoanalyse*. – Der hier abgedruckte Text ist unverändert aus Band 15 der *Gesammelten Werke*[3] übernommen.

3 Herausgegeben von A. Freud, E. Bibring, W. Hoffer, E. Kris, O. Isakower; seit 1960 bei S. Fischer, Frankfurt am Main.

VORWORT

Die »Vorlesungen zur Einführung in die Psychoanalyse« wurden in den beiden Wintersemestern 1915/16 und 1916/17 in einem Hörsaal der Wiener psychiatrischen Klinik vor einem aus Hörern aller Fakultäten gemischten Auditorium gehalten. Die Vorlesungen der ersten Hälfte wurden improvisiert und unmittelbar nachher niedergeschrieben, die der zweiten während eines dazwischenliegenden Sommeraufenthalts in Salzburg entworfen und im folgenden Winter wortgetreu vorgetragen. Ich besaß damals noch die Gabe eines phonographischen Gedächtnisses.

Zum Unterschied hiervon sind diese neuen Vorlesungen niemals gehalten worden. Mein Alter hatte mich inzwischen der Verpflichtung enthoben, die – wenn auch nur peripherische – Zugehörigkeit zur Universität durch Abhaltung von Vorlesungen zum Ausdruck zu bringen, und eine chirurgische Operation hatte mich als Redner unmöglich gemacht. Es ist also nur eine Vorspiegelung der Phantasie, wenn ich mich während der nachfolgenden Ausführungen wieder in den Hörsaal versetze; sie mag mithelfen, bei der Vertiefung in den Gegenstand die Rücksicht auf den Leser nicht zu vergessen.

Diese neuen Vorlesungen wollen keineswegs an die Stelle der früheren treten. Sie sind überhaupt nichts Selbständiges, das erwarten kann, sich einen eigenen Leserkreis zu finden, sondern sie sind Fortsetzungen und Ergänzungen, die in ihrer Beziehung zu den früheren in drei Gruppen zerfallen. In eine erste Gruppe gehören Neubearbeitungen von Themen, die schon vor fünfzehn Jahren behandelt worden sind, aber infolge der Vertiefung unserer Einsichten und der Veränderung unserer Anschauungen heute eine andere Darstellung verlangen, also kritische Revisionen. Die beiden anderen Gruppen umfassen die eigentlichen Erweiterungen, indem sie Dinge behandeln, die es entweder in der Zeit der ersten Vorlesungen in der Psychoanalyse noch nicht gab, oder von denen damals zu wenig vorhanden war, um eine besondere Kapitelüberschrift zu rechtfertigen. Es ist nicht zu vermeiden, aber auch nicht zu bedauern, daß einzelne der neuen Vorlesungen die Charaktere dieser und jener Gruppe in sich vereinigen.

Die Abhängigkeit dieser neuen Vorlesungen von den »Vorlesungen zur Einführung« kommt auch darin zum Ausdruck, daß sie deren Zählung fortsetzen. Die erste dieses Bandes wird als die XXIX. bezeichnet. Wiederum bieten sie dem Analytiker von Fach wenig Neues und wenden sich an jene große Menge Gebildeter, denen man ein wohlwollendes, wenn auch zurückgehaltenes Interesse für die Eigenart und die Erwerbungen der jungen Wissenschaft zuschreiben möchte. Auch diesmal ist es meine leitende Absicht gewesen, dem Schein der Einfachheit, Vollständigkeit und Abgeschlossenheit keine Opfer zu bringen, Probleme nicht zu verhüllen, Lücken und Unsicherheiten nicht zu verleugnen. Auf keinem andern Gebiet wissenschaftlicher Arbeit dürfte man sich solcher Vorsätze zu nüchterner Selbstbescheidung rühmen. Sie gelten überall als selbstverständlich, das Publikum erwartet es nicht anders. Kein Leser einer Darstellung der Astronomie wird sich enttäuscht und der Wissenschaft überlegen fühlen, wenn man ihm die Grenzen zeigt, an denen unsere Kenntnis des Weltalls ins Nebelhafte zerflattert. Nur in der Psychologie ist es anders, hier kommt die konstitutionelle Untauglichkeit des Menschen zu wissenschaftlicher Forschung in vollem Ausmaß zum Vorschein. Man scheint von der Psychologie nicht Fortschritte im Wissen zu verlangen, sondern irgendwelche andere Befriedigungen; man macht ihr aus jedem ungelösten Problem, aus jeder eingestandenen Unsicherheit einen Vorwurf.

Wer die Wissenschaft vom Seelenleben liebt, wird auch diese Unbilde hinnehmen müssen.

Wien, im Sommer 1932 Freud

29. Vorlesung

REVISION DER TRAUMLEHRE

Meine Damen und Herren! Wenn ich Sie nach länger als fünfzehnjähriger Pause wieder zusammengerufen habe, um mit Ihnen zu besprechen, was die Zwischenzeit an Neuem, vielleicht auch Besserem, in der Psychoanalyse gebracht hat, so ist es von mehr als einem Gesichtspunkt aus recht und billig, daß wir unsere Aufmerksamkeit zuerst dem Stande der Traumlehre zuwenden. Diese nimmt in der Geschichte der Psychoanalyse eine besondere Stelle ein, bezeichnet einen Wendepunkt; mit ihr hat die Analyse den Schritt von einem psychotherapeutischen Verfahren zu einer Tiefenpsychologie vollzogen. Die Traumlehre ist seither auch das Kennzeichnendste und Eigentümlichste der jungen Wissenschaft geblieben, etwas wozu es kein Gegenstück in unserem sonstigen Wissen gibt, ein Stück Neuland, dem Volksglauben und der Mystik abgewonnen. Die Fremdartigkeit der Behauptungen, die sie aufstellen mußte, hat ihr die Rolle eines Schiboleth verliehen, dessen Anwendung entschied, wer ein Anhänger der Psychoanalyse werden konnte und wem sie endgültig unfaßbar blieb. Mir selbst war sie ein sicherer Anhalt in jenen schweren Zeiten, da die unerkannten Tatbestände der Neurosen mein ungeübtes Urteil zu verwirren pflegten. So oft ich auch an der Richtigkeit meiner schwankenden Erkenntnisse zu zweifeln begann, wenn es mir gelungen war, einen sinnlos verworrenen Traum in einen korrekten und begreiflichen seelischen Vorgang beim Träumer umzusetzen, erneuerte sich meine Zuversicht, auf der richtigen Spur zu sein.

Es hat also für uns ein besonderes Interesse, gerade am Fall der Traumlehre zu verfolgen, einerseits welche Wandlungen die Psychoanalyse in diesem Intervall erfahren, anderseits welche Fortschritte sie unterdes im Verständnis und in der Schätzung der Mitwelt gemacht hat. Ich sage es Ihnen gleich heraus, Sie werden nach beiden Richtungen enttäuscht werden.

Durchblättern Sie mit mir die Jahrgänge der »Internationalen Zeitschrift für (ärztliche) Psychoanalyse«, in denen seit 1913 die maßgebenden Arbeiten auf unserem Gebiet vereinigt sind. Sie finden in den früheren Bänden eine ständige Rubrik »Zur Traumdeutung« mit reichen Beiträgen zu den verschiedenen Punkten der Traumlehre. Aber je weiter Sie gehen, desto seltener werden solche Beiträge, die ständige Rubrik verschwindet endlich ganz. Die Analytiker benehmen sich, als hätten sie über den Traum nichts mehr zu sagen, als wäre die Traumlehre abgeschlossen. Wenn Sie aber fragen, was die ferner Stehenden von der Traumdeutung angenommen haben, die vielen Psychiater und Psychotherapeuten, die an unserem Feuer ihre Süppchen kochen, – ohne übrigens so recht dankbar für die Gastfreundschaft zu sein –, die sogenannten Gebildeten, die sich auffällige Ergebnisse der Wissenschaft anzueignen pflegen, die Literaten und das große Publikum, so ist die Antwort wenig befriedigend. Einige Formeln sind allgemein bekannt worden, darunter solche, die wir nie vertreten haben, wie der Satz, alle Träume seien sexueller Natur, aber gerade so wichtige Dinge wie die grundlegende Unterscheidung von manifestem Trauminhalt und latenten Traumgedanken, die Einsicht, daß die Angstträume der wunscherfüllenden Funktion des Traums nicht widersprechen, die Unmöglichkeit, den Traum zu deuten, wenn man nicht über die dazugehörigen Assoziationen des Träumers verfügt, vor allem aber die Erkenntnis, daß das Wesentliche am Traum der Prozeß der Traumarbeit ist, all das scheint dem allgemeinen Bewußtsein noch ungefähr so fremd zu sein wie vor dreißig Jahren. Ich darf so sagen, denn ich habe im Laufe dieser Zeit eine Unzahl von Briefen erhalten, deren Schreiber ihre Träume zur Deutung vorlegen oder Auskünfte über die Natur des Traumes verlangen, die behaupten, daß sie die »Traumdeutung« gelesen haben und dabei doch in jedem Satz ihre Verständnislosigkeit für unsere Traumlehre verraten. Das soll uns nicht abhalten, uns nochmals im Zusammenhang vorzuführen, was wir vom Traum wissen. Sie erinnern sich, das vorige Mal haben wir eine ganze Anzahl von Vorlesungen darauf verwendet, zu zeigen, wie man zum Verständnis dieses bisher unerklärten seelischen Phänomens gelangt ist.

Wenn uns also jemand, z. B. ein Patient in der Analyse, einen seiner Träume berichtet, so nehmen wir an, er habe uns hiemit eine der Mitteilungen gemacht, zu denen er sich durch den Eintritt in die analytische Behandlung verpflichtet hatte. Eine Mitteilung freilich mit ungeeigneten Mitteln, denn der Traum ist an sich keine soziale Äußerung, kein Mittel der Verständigung. Wir verstehen ja auch nicht, was uns der Träumer sagen wollte, und er selbst weiß es auch nicht besser. Nun haben wir rasch eine Entscheidung zu treffen: Entweder der Traum ist, wie uns die nichtanalytischen Ärzte versichern, ein Anzeichen dafür, daß der Träumer schlecht geschlafen hat, daß nicht alle seine Hirnpartien gleichmäßig zur Ruhe gekommen sind, daß einzelne Stellen unter dem Einfluß unbekannter Reize weiterarbeiten wollten und es nur in sehr unvollkommener Weise konnten. Wenn dem so ist, dann tun wir Recht daran, uns mit dem psychisch wertlosen Produkt der nächtlichen Störung nicht weiter zu beschäftigen. Denn was sollten wir von dessen Untersuchung für unsere Absichten Brauchbares erwarten? Oder aber – doch wir merken, wir haben uns von vornherein anders entschieden. Wir haben – zugegeben, recht willkürlich – die Voraussetzung gemacht, das Postulat aufgestellt, daß auch dieser unverständliche Traum ein vollgültiger, sinn- und wertvoller psychischer Akt sein müsse, den wir in der Analyse wie eine andere Mitteilung verwenden können. Ob wir recht haben, kann nur der Erfolg des Versuchs zeigen. Gelingt es uns, den Traum in eine solche wertvolle Äußerung umzuwandeln, so haben wir offenbar Aussicht, Neues zu erfahren, Mitteilungen von einer Art zu erhalten, wie sie uns sonst unzugänglich geblieben wären.

Nun aber erheben sich vor uns die Schwierigkeiten unserer Aufgabe und die Rätsel unseres Themas. Wie stellen wir es an, den Traum in eine solche normale Mitteilung umzuwandeln, und wie erklären wir es, daß ein Teil der Äußerungen des Patienten diese für ihn wie für uns gleich unverständliche Form angenommen hat?

Sie sehen, meine Damen und Herren, daß ich dieses Mal nicht den Weg einer genetischen, sondern den einer dogmatischen Darstellung gehe. Unser erster Schritt ist, unsere neue Einstellung zum Problem des Traums durch die Einführung zweier neuer Begriffe, Namen, festzulegen. Wir heißen, was man den Traum genannt hat, den Traumtext oder den *manifesten* Traum, und das, was wir suchen, sozusagen hinter dem Traum vermuten, die *latenten* Traumgedanken. Dann können wir unsere beiden Aufgaben in folgender Art aussprechen: Wir haben den manifesten in den latenten Traum umzuwandeln und anzugeben, wie im Seelenleben des Träumers der letztere zum ersteren geworden ist. Das erste Stück ist eine praktische Aufgabe, es fällt der *Traumdeutung* zu, braucht eine Technik; das zweite eine theoretische, es soll den angenommenen Prozeß der *Traumarbeit* erklären und kann nur eine Theorie sein. Beide, Technik der Traumdeutung und Theorie der Traumarbeit, sind neu zu schaffen.

Mit welchem Stück sollen wir nun anfangen? Ich meine, mit der Technik der Traumdeutung; es wird plastischer ausfallen und Ihnen einen lebendigeren Eindruck machen.

Also der Patient habe einen Traum erzählt, den wir deuten sollen. Wir haben gelassen zugehört, ohne dabei unser Nachdenken in Bewegung zu setzen. Was tun wir zunächst? Wir beschließen, uns um das, was wir gehört haben, um den *manifesten* Traum, möglichst wenig zu kümmern. Natürlich zeigt dieser manifeste Traum allerlei Charaktere, die uns nicht ganz gleichgültig sind. Er kann zusammenhängend sein, glatt komponiert wie eine Dichtung, oder unverständlich verworren, fast wie ein Delirium, kann absurde Elemente enthalten oder Witze und anscheinend geistreiche Schlüsse, er kann dem Träumer klar und scharf erscheinen oder trüb und verschwommen, seine Bilder mögen die volle sinnliche Stärke von Wahrnehmungen zeigen oder schattenhaft sein wie ein undeutlicher Hauch, die verschiedensten Charaktere mögen sich in demselben Traum zusammenfinden, auf verschiedene Stellen verteilt; der Traum mag endlich einen indifferenten Gefühlston zeigen oder von den stärksten freudigen oder peinlichen Erregungen begleitet werden – glauben Sie nicht, daß wir diese unendliche Mannigfaltigkeit im manifesten Traum für nichts achten, wir werden später auf sie zurückkommen und sehr vieles an ihr für die Deutung verwertbar finden, aber zunächst sehen wir von ihr ab und schlagen den Hauptweg ein, der zur Traumdeutung führt. Das heißt, wir fordern den Träumer auf, sich gleichfalls vom Eindruck des manifesten Traums frei zu machen, seine Aufmerksamkeit vom Ganzen weg auf die einzelnen Teile des Trauminhalts zu richten und uns der Reihe nach mitzuteilen, was ihm zu jedem dieser Teilstücke einfällt, welche Assoziationen sich ihm ergeben, wenn er sie einzeln ins Auge faßt.

Nicht wahr, das ist eine besondere Technik, nicht die gewöhnliche Art, eine Mitteilung oder Aussage zu behandeln? Sie erraten auch gewiß, daß hinter diesem Verfahren Voraussetzungen stecken, die noch nicht ausgesprochen worden sind. Aber gehen wir weiter. In welcher Reihenfolge lassen wir den Patienten die Teilstücke seines Traums vornehmen? Da stehen uns mehrere Wege offen. Wir können einfach der chronologischen Ordnung folgen, wie sie sich bei der Erzählung des Traums herausgestellt hat. Das ist die sozusagen strengste, klassische Methode. Oder wir können den Träumer weisen, sich zuerst die *Tagesreste* im Traum herauszusuchen, denn die Erfahrung hat uns gelehrt, daß fast in jedem Traum ein Erinnerungsrest oder eine Anspielung an eine Begebenheit des Traumtags, oft an mehrere, eingegangen ist, und wenn wir diesen Anknüpfungen folgen, haben wir oft mit einem Schlag den Übergang von der scheinbar weit entrückten Traumwelt zum realen Leben des Patienten gefunden. Oder wir heißen ihn, mit jenen Elementen des Trauminhalts den Anfang machen, die ihm durch ihre besondere Deutlichkeit und sinnliche Stärke auffallen. Wir wissen nämlich, daß es ihm bei diesen besonders leicht werden wird, Assoziationen zu bekommen. Es macht keinen Unterschied, auf welche dieser Arten wir uns den gesuchten Assoziationen nähern.

Und dann erhalten wir diese Assoziationen. Sie bringen das Verschiedenartigste, Erinnerungen an den gestrigen Tag, den Traumtag, und an längst vergangene Zeiten, Überlegungen, Diskussionen mit einem Für und Wider, Bekenntnisse und Anfragen. Manche von ihnen sprudelt der Patient heraus, vor anderen stockt er eine Weile. Die meisten zeigen eine deutliche Beziehung zu einem Element des Traums; kein Wunder, denn sie gehen ja von diesen Elementen aus, aber es kommt auch vor, daß der Patient sie mit den Worten einleitet: Das scheint gar nichts mit dem Traum zu tun zu haben; ich sage es, weil es mir einfällt.

Hört man sich diese Fülle von Einfällen an, so merkt man bald, daß sie mit dem Trauminhalt mehr gemeinsam haben als nur die Ausgangspunkte. Sie werfen ein überraschendes Licht auf alle Teile des Traums, füllen die Lücken zwischen ihnen aus, machen ihre sonderbaren Zusammenstellungen verständlich. Endlich muß man sich über das Verhältnis zwischen ihnen und dem Trauminhalt klar werden. Der Traum erscheint als ein verkürzter Auszug aus den Assoziationen, nach allerdings noch nicht durchschauten Regeln hergestellt, seine Elemente wie die aus einer Wahl hervorgegangenen Repräsentanten einer Menge. Es ist kein Zweifel, daß wir durch unsere Technik erhalten haben, was durch den Traum ersetzt wird und worin der psychische Wert des Traums zu finden ist, was aber nicht mehr die befremdenden Eigentümlichkeiten des Traums, seine Fremdartigkeit, Verworrenheit zeigt.

Aber kein Mißverständnis! Die Assoziationen zum Traum sind noch nicht die latenten Traumgedanken. Diese sind in den Assoziationen wie in einer Mutterlauge enthalten – aber doch nicht ganz vollständig enthalten. Die Assoziationen bringen einerseits viel mehr, als wir für die Formulierung der latenten Traumgedanken brauchen, nämlich alle die Ausführungen, Übergänge, Verbindungen, die der Intellekt des Patienten auf dem Wege der Annäherung an die Traumgedanken produzieren mußte. Anderseits hat die Assoziation oft gerade vor den eigentlichen Traumgedanken haltgemacht, ist ihnen nur nahegekommen, hat sie nur in den Anspielungen berührt. Wir greifen da selbsttätig ein, vervollständigen die Andeutungen, ziehen unabweisbare Schlüsse, sprechen das aus, woran der Patient in seinen Assoziationen nur gestreift hat. Das klingt dann so, als ließen wir unseren Witz und unsere Willkür mit dem Material spielen, das uns der Träumer zur Verfügung stellt, und mißbrauchten es dazu, in seine Äußerungen hineinzudeuten, was sich aus ihnen nicht herausdeuten läßt; auch ist es nicht leicht, die Rechtmäßigkeit unseres Vorgehens in einer abstrakten Darstellung zu erweisen. Aber machen Sie nur selbst eine Traumanalyse oder vertiefen Sie sich in ein gut beschriebenes Beispiel in unserer Literatur und Sie werden sich überzeugen, wie zwingend eine solche Deutungsarbeit abläuft.

Wenn wir bei der Traumdeutung im allgemeinen und in erster Linie von den Assoziationen des Träumers abhängig sind, so benehmen wir uns doch gegen gewisse Elemente des Trauminhalts ganz selbständig, vor allem darum, weil wir müssen, weil bei ihnen in der Regel die Assoziationen versagen. Wir haben frühzeitig gemerkt, daß es immer die nämlichen Inhalte sind, bei denen dies zutrifft; sie sind nicht sehr zahlreich, und gehäufte Erfahrung hat uns gelehrt, daß sie als *Symbole* für etwas anderes aufzufassen und zu deuten sind. Im Vergleich mit den anderen Traumelementen darf man ihnen eine feststehende Bedeutung zuschreiben, die aber nicht eindeutig zu sein braucht, deren Umfang durch besondere uns ungewohnte Regeln bestimmt wird. Da wir diese Symbole zu übersetzen verstehen, der Träumer aber nicht, obwohl er sie selbst gebraucht hat, kann es sich treffen, daß uns der Sinn eines Traums unmittelbar klar wird, noch vor allen Bemühungen um die Traumdeutung, sobald wir nur den Traumtext gehört haben, während der Träumer selbst noch vor einem Rätsel steht. Aber über die Symbolik, unser Wissen von ihr, die Probleme, die sie uns bietet, habe ich schon in den früheren Vorlesungen so viel erzählt, daß ich mich heute nicht zu wiederholen brauche.

Das ist also unsere Methode der Traumdeutung. Die nächste, wohlberechtigte Frage lautet: Kann man mit ihrer Hilfe alle Träume deuten? Und die Antwort ist: Nein, nicht alle, aber doch so viele, daß man der Brauchbarkeit und Berechtigung des Verfahrens sicher ist. Aber warum nicht alle? Die neuerliche Antwort hat uns etwas Wichtiges zu lehren, was bereits in die psychischen Bedingungen der Traumbildung einführt: Weil sich die Arbeit der Traumdeutung gegen einen Widerstand vollzieht, der von unscheinbaren Größen bis zur Unüberwindlichkeit – wenigstens für unsere jeweiligen Machtmittel – variiert. Die Äußerungen dieses Widerstandes kann man während der Arbeit nicht übersehen. An manchen Stellen werden die Assoziationen ohne Zögern gegeben, und schon der erste oder zweite Einfall bringt die Aufklärung. An anderen stockt und zaudert der Patient, ehe er eine Assoziation ausspricht, und dann hat man oft eine lange Kette von Einfällen anzuhören, bevor man etwas für das Verständnis des Traumes Brauchbares erhält. Je länger und umwegiger die Assoziationskette, desto stärker ist der Widerstand, meinen wir gewiß mit Recht. Auch im Vergessen der Träume verspüren wir denselben Einfluß. Es kommt oft genug vor, daß der Patient sich trotz aller Bemühung an einen seiner Träume nicht mehr besinnen kann. Nachdem wir aber in einem Stück analytischer Arbeit eine Schwierigkeit beseitigt haben, die den Patienten in seinem Verhältnis zur Analyse gestört hatte, stellt sich der vergessene Traum plötzlich wieder ein. Auch zwei andere Beobachtungen gehören hierher. Es ereignet sich sehr oft, daß von einem Traum zunächst ein Stück wegbleibt, das dann als Nachtrag angefügt wird. Das ist als ein Versuch aufzufassen, dieses Stück zu vergessen. Die Erfahrung zeigt, daß gerade dieses Stück das bedeutungsvollste ist; wir nehmen an, seiner Mitteilung stand ein stärkerer Widerstand im Wege als bei den anderen. Ferner, wir sehen oft, daß der Träumer dem Vergessen seiner Träume entgegenarbeitet, indem er den Traum unmittelbar nach dem Erwachen schriftlich fixiert. Wir können ihm sagen, das ist nutzlos, denn der Widerstand, dem er die Erhaltung des Traumtex-

tes abgewonnen hat, verschiebt sich dann auf die Assoziation und macht den manifesten Traum für die Deutung unzugänglich. Unter diesen Verhältnissen brauchen wir uns nicht zu verwundern, wenn ein weiteres Ansteigen des Widerstands überhaupt die Assoziationen unterdrückt und dadurch die Traumdeutung vereitelt.
Wir ziehen aus alledem den Schluß, daß der Widerstand, den wir bei der Arbeit an der Traumdeutung merken, auch an der Entstehung des Traums einen Anteil haben muß. Man kann geradezu Träume, die unter geringem, und solche, die unter hohem Widerstandsdruck entstanden sind, unterscheiden. Aber dieser Druck wechselt auch innerhalb desselben Traums von Stelle zu Stelle; er ist Schuld an den Lücken, Unklarheiten, Verworrenheiten, die den Zusammenhang des schönsten Traumes unterbrechen können.
Aber was leistet da Widerstand und gegen was? Nun, der Widerstand ist uns das sichere Anzeichen eines Konflikts. Es muß eine Kraft da sein, die etwas ausdrücken will, und eine andere, die sich sträubt, diese Äußerung zuzulassen. Was dann als manifester Traum zustande kommt, mag alle die Entscheidungen zusammenfassen, zu denen sich dieser Kampf der zwei Strebungen verdichtet hat. An der einen Stelle mag es der einen Kraft gelungen sein, durchzusetzen, was sie sagen wollte, an anderen ist es der widerstrebenden Instanz geglückt, die beabsichtigte Mitteilung vollkommen auszulöschen oder durch etwas, was keine Spur von ihr verrät, zu ersetzen. Am häufigsten und für die Traumbildung am meisten charakteristisch sind die Fälle, in denen der Konflikt in einen Kompromiß ausgegangen ist, so daß die mitteilsame Instanz zwar sagen konnte, was sie wollte, aber nicht so, wie sie es wollte, sondern nur gemildert, entstellt und unkenntlich gemacht. Wenn also der Traum die Traumgedanken nicht getreu wiedergibt, wenn es einer Deutungsarbeit bedarf, um die Kluft zwischen beiden zu überbrükken, so ist das ein Erfolg der widerstrebenden, hemmenden und einschränkenden Instanz, die wir aus der Wahrnehmung des Widerstands bei der Traumdeutung erschlossen haben. Solange wir den Traum als isoliertes Phänomen unabhängig von ihm verwandten psychischen Bildungen studierten, haben wir diese Instanz den *Traumzensor* geheißen.
Sie wissen längst, daß diese Zensur keine dem Traumleben besondere Einrichtung ist. Daß der Konflikt zweier psychischer Instanzen, die wir – ungenau – als das unbewußte Verdrängte und das Bewußte bezeichnen, überhaupt unser Seelenleben beherrscht und daß der Widerstand gegen die Traumdeutung, das Anzeichen der Traumzensur, nichts anderes ist als der Verdrängungswiderstand, durch den jene beiden Instanzen sich voneinander absetzen. Sie wissen auch, daß aus dem Konflikt derselben unter bestimmten Bedingungen andere psychische Gebilde hervorgehen, die ebenso

wie der Traum das Ergebnis von Kompromissen sind, und werden nicht verlangen, daß ich hier alles, was in der Einführung zur Neurosenlehre enthalten ist, vor Ihnen wiederhole, um Ihnen vorzuführen, was wir von den Bedingungen solcher Kompromißbildung wissen. Sie haben verstanden, daß der Traum ein pathologisches Produkt ist, das erste Glied der Reihe, die das hysterische Symptom, die Zwangsvorstellung, die Wahnidee umfaßt, aber vor den anderen ausgezeichnet durch seine Flüchtigkeit und seine Entstehung unter Verhältnissen, die dem normalen Leben angehören. Denn, halten wir daran fest, das Traumleben ist, wie schon *Aristoteles* gesagt hat, die Art, wie unsere Seele während des Schlafzustandes arbeitet. Der Schlafzustand stellt eine Abwendung von der realen Außenwelt her, und damit ist die Bedingung für die Entfaltung einer Psychose gegeben. Das sorgfältigste Studium der ernsthaften Psychosen wird uns keinen Zug entdecken lassen, der für diesen Krankheitszustand mehr charakteristisch wäre. Aber in der Psychose wird die Abwendung von der Realität auf zweierlei Weise hervorgerufen, entweder indem das Unbewußt-Verdrängte überstark wird, so daß es das an der Realität hängende Bewußte überwältigt, oder weil die Realität so unerträglich leidvoll geworden ist, daß sich das bedrohte Ich in verzweifelter Auflehnung dem unbewußten Triebhaften in die Arme wirft. Die harmlose Traumpsychose ist die Folge einer bewußt gewollten, nur zeitweiligen Zurückziehung von der Außenwelt, sie schwindet auch mit der Wiederaufnahme der Beziehungen zu dieser. Während der Isolierung des Schlafenden stellt sich auch eine Veränderung in der Verteilung seiner psychischen Energie her; ein Teil des Verdrängungsaufwands, der sonst zur Niederhaltung des Unbewußten gebraucht wurde, kann erspart werden, denn wenn dies seine relative Befreiung auch zur Aktivität ausnützt, findet es doch den Weg zur Motilität verschlossen und nur den unschädlichen zur halluzinatorischen Befriedigung frei. Es kann sich jetzt also ein Traum bilden; die Tatsache der Traumzensur zeigt aber, daß noch genug vom Verdrängungswiderstand auch während des Schlafs erhalten geblieben ist.

Hier eröffnet sich uns ein Weg zur Beantwortung der Frage, ob der Traum auch eine Funktion hat, ob er mit einer nützlichen Leistung betraut ist. Die reizlose Ruhe, welche der Schlafzustand herstellen möchte, wird von drei Seiten bedroht, in mehr zufälliger Weise von äußeren Reizen während des Schlafs und von Tagesinteressen, die sich nicht abbrechen lassen, in unvermeidlicher Weise von den ungesättigten verdrängten Triebregungen, die auf die Gelegenheit zur Äußerung lauern. Infolge der nächtlichen Herabsetzung der Verdrängungen bestünde die Gefahr, daß die Ruhe des Schlafs jedesmal gestört wird, so oft die äußere oder innere Anregung eine

Verknüpfung mit einer der unbewußten Triebquellen erreichen kann. Der Traumvorgang läßt das Produkt eines solchen Zusammenwirkens in ein unschädliches halluzinatorisches Erlebnis einmünden und versichert so die Fortdauer des Schlafs. Es ist kein Widerspruch gegen diese Funktion, wenn der Traum zeitweilig den Schläfer unter Angstentwicklung weckt, wohl aber ein Signal, daß der Wächter die Situation für zu gefährlich hält und nicht mehr glaubt, sie bewältigen zu können. Nicht selten vernehmen wir dann noch im Schlaf die Beschwichtigung, die das Aufwachen verhüten will: Aber es ist ja nur ein Traum!

Soviel, meine Damen und Herren, wollte ich Ihnen über die Traumdeutung sagen, deren Aufgabe es ist, vom manifesten Traum zu den latenten Traumgedanken zu führen. Ist dies erreicht, so ist in der praktischen Analyse zumeist das Interesse für den Traum erloschen. Man fügt die Mitteilung, die man in der Form eines Traums erhalten hat, in die anderen ein und geht in der Analyse weiter. Wir haben ein Interesse, noch länger beim Traum zu verweilen; es lockt uns, den Prozeß zu studieren, durch den die latenten Traumgedanken in den manifesten Traum verwandelt wurden. Wir heißen ihn die Traumarbeit. Sie erinnern sich, ich habe ihn in den früheren Vorlesungen so eingehend beschrieben, daß ich mich in der heutigen Überschau auf die knappsten Zusammenfassungen beschränken darf.

Der Prozeß der Traumarbeit ist also etwas ganz Neues und Fremdartiges, dessengleichen vorher nicht bekannt worden war. Er hat uns den ersten Einblick in die Vorgänge gegeben, die sich im unbewußten System abspielen, und uns gezeigt, daß sie ganz andere sind, als was wir von unserem bewußten Denken kennen, daß sie diesem letzteren als unerhört und fehlerhaft erscheinen müßten. Die Bedeutung dieser Funde ist dann durch die Entdeckung erhöht worden, daß bei der Bildung der neurotischen Symptome dieselben Mechanismen – wir getrauen uns nicht zu sagen: Denkvorgänge – wirksam sind, die die latenten Traumgedanken in den manifesten Traum verwandelt haben.

Im folgenden werde ich eine schematisierende Darstellungsweise nicht vermeiden können. Nehmen wir an, wir überblicken in einem bestimmten Falle alle die latenten, mehr oder minder affektiv geladenen Gedanken, durch die sich nach vollzogener Traumdeutung der manifeste Traum ersetzt hat. Dann fällt uns unter ihnen ein Unterschied auf, und dieser Unterschied wird uns weit führen. Fast alle dieser Traumgedanken werden vom Träumer erkannt oder anerkannt; er gibt zu, er hat so gedacht, diesmal oder ein ander Mal, oder er hätte so denken können. Nur gegen die Annahme eines einzigen sträubt er sich; der ist ihm fremd, vielleicht sogar widerlich; möglicherweise wird er ihn in leidenschaftlicher Erregung von sich weisen. Nun wird uns klar, die anderen Gedanken sind Stücke eines bewußten, korrekter gesagt: vorbewußten Denkens; sie hätten auch im Wachleben gedacht werden können, haben sich auch wahrscheinlich tagsüber gebildet. Dieser eine verleugnete Gedanke aber, oder richtiger diese eine Regung, ist ein Kind der Nacht; sie gehört dem Unbewußten des Träumers an, wird darum von ihm verleugnet und verworfen. Sie mußte den nächtlichen Nachlaß der Verdrängung abwarten, um es zu irgendeiner Art von Ausdruck zu bringen. Immerhin ist dieser Ausdruck ein abgeschwächter, entstellter, verkleideter; ohne die Arbeit der Traumdeutung hätten wir ihn nicht gefunden. Der Verknüpfung mit den anderen einwandfreien Traumgedanken dankt diese unbewußte Regung die Gelegenheit, sich in einer unscheinbaren Verkleidung durch die Schranke der Zensur einzuschleichen; anderseits danken die vorbewußten Traumgedanken dieser selben Verknüpfung die Macht, das Seelenleben auch während des Schlafs zu beschäftigen. Denn uns bleibt kein Zweifel daran: Diese unbewußte Regung ist der eigentliche Schöpfer des Traums, sie bringt die psychische Energie für seine Bildung auf. Wie jede andere Triebregung kann sie nichts anderes anstreben als ihre eigene Befriedigung, und unsere Erfahrung im Traumdeuten zeigt uns auch, daß dies der Sinn alles Träumens ist. In jedem Traum soll ein Triebwunsch als erfüllt dargestellt werden. Die nächtliche Absperrung des Seelenlebens von der Realität, die dadurch ermöglichte Regression zu primitiven Mechanismen machen es möglich, daß diese gewünschte Triebbefriedigung halluzinatorisch als Gegenwart erlebt wird. Infolge derselben Regression werden im Traum Vorstellungen in visuelle Bilder umgesetzt, die latenten Traumgedanken also dramatisiert und illustriert.

Aus diesem Stück der Traumarbeit erhalten wir Auskunft über einige der auffälligsten und besondersten Charaktere des Traums. Ich wiederhole den Hergang der Traumbildung. Die Einleitung: der Wunsch zu schlafen, die absichtliche Abwendung von der Außenwelt. Zwei Folgen derselben für den seelischen Apparat, erstens die Möglichkeit, daß ältere und primitivere Arbeitsweisen in ihm hervortreten können, die Regression, zweitens die Herabsetzung des Verdrängungswiderstandes, der auf dem Unbewußten lastet. Als Folge dieses letzteren Moments ergibt sich die Möglichkeit zur Traumbildung, die von den Anlässen, den rege gewordenen inneren und äußeren Reizen, ausgenutzt wird. Der Traum, der so entsteht, ist bereits eine Kompromißbildung; er hat eine doppelte Funktion, er ist einerseits ichgerecht, indem er durch die Erledigung der schlafstörenden Reize dem Schlafwunsch dient, anderseits gestattet er einer verdrängten Triebregung die unter diesen Verhältnissen mögliche Befriedigung in der Form einer halluzinierten Wunscherfüllung. Der ganze vom schlafenden Ich zugelassene Prozeß der Traumbildung steht aber unter der Bedingung der Zensur, die von dem Rest der aufrechterhaltenen Verdrängung ausgeübt wird. Einfacher kann ich den Vorgang nicht darstellen, er ist nicht einfacher. Aber ich kann nun in der Beschreibung der Traumarbeit fortfahren.

Nochmals zurück zu den latenten Traumgedanken! Ihr stärkstes Element ist die verdrängte Triebregung, die sich in ihnen in Anlehnung an zufällig vorhandene Reize und in Übertragung an die Tagesreste einen wenngleich gemilderten und verkleideten Ausdruck geschaffen hat. Wie jede Triebregung drängt auch diese zur Befriedigung durch die Handlung, aber der Weg zur Motilität ist ihr durch die physiologischen Einrichtungen des Schlafzustandes versperrt; sie ist genötigt, die rückläufige Richtung zur Wahrnehmung einzuschlagen und sich mit einer halluzinierten Befriedigung zu begnügen. Die latenten Traumgedanken werden also in eine Summe von Sinnesbildern und visuellen Szenen umgesetzt. Auf diesem Wege geschieht das mit ihnen, was uns so neuartig und befremdend erscheint. Alle die sprachlichen Mittel, durch welche die feineren Denkrelationen ausgedrückt werden, die Konjunktionen und Präpositionen, die Abänderungen der Deklination und Konjugation entfallen, weil die Darstellungsmittel für sie fehlen; wie in einer primitiven Sprache ohne Grammatik wird nur das Rohmaterial des Denkens ausgedrückt, Abstraktes auf das ihm zugrunde liegende Konkrete zurückgeführt. Was so erübrigt, kann leicht zusammenhanglos erscheinen. Es entspricht sowohl der archaischen Regression im seelischen Apparat wie den Anforderungen der Zensur, wenn die Darstellung von gewissen Objekten und Vorgängen durch Symbole, die dem bewußten Denken fremd geworden sind, in reichem Ausmaß verwendet wird. Aber weit darüber hinaus greifen andere Veränderungen, die mit den Elementen der Traumgedanken vorgenommen werden. Solche von ihnen, die irgend einen Berührungspunkt auffinden lassen, werden zu neuen Einheiten *verdichtet*. Bei der Umsetzung der Gedanken in Bilder werden diejenigen unzweideutig bevorzugt, die eine derartige Zusammenlegung, Verdichtung, gestatten; als ob eine Kraft wirksam wäre, die das Material einer Pressung, Zusammendrängung, aussetzt. Infolge der Verdichtung kann dann ein Element im manifesten Traum zahlreichen Elementen in den latenten Traumgedanken entsprechen; umgekehrt kann aber auch ein Element der Traumgedanken durch mehrere Bilder im Traum vertreten werden.

Noch merkwürdiger ist der andere Vorgang der *Verschiebung* oder Akzentübertragung, der im bewußten Denken nur als Denkfehler oder als Mittel des Witzes bekannt ist. Die einzelnen Vorstellungen

der Traumgedanken sind ja nicht gleichwertig, sie sind mit verschieden großen Affektbeträgen besetzt und dementsprechend vom Urteil als mehr oder minder wichtig, des Interesses würdig eingeschätzt. In der Traumarbeit werden diese Vorstellungen von den an ihnen haftenden Affekten getrennt; die Affekte werden für sich erledigt, sie können auf anderes verschoben werden, erhalten bleiben, Verwandlungen erfahren, überhaupt nicht im Traum erscheinen. Die Wichtigkeit der vom Affekt entblößten Vorstellungen kehrt im Traum als sinnliche Stärke der Traumbilder wieder, aber wir bemerken, daß dieser Akzent von bedeutsamen Elementen auf indifferente übergegangen ist, so daß im Traum als Hauptsache in den Vordergrund gerückt scheint, was in den Traumgedanken nur eine Nebenrolle spielte, und umgekehrt das Wesentliche der Traumgedanken im Traum nur eine beiläufige, wenig deutliche Darstellung findet. Kein anderes Stück der Traumarbeit trägt soviel dazu bei, den Traum für den Träumer fremdartig und unbegreiflich zu machen. Die Verschiebung ist das Hauptmittel der *Traumentstellung*, welche sich die Traumgedanken unter dem Einfluß der Zensur gefallen lassen müssen.
Nach diesen Einwirkungen auf die Traumgedanken ist der Traum fast fertiggemacht. Es tritt noch ein ziemlich inkonstantes Moment hinzu, die sogenannte sekundäre Bearbeitung, nachdem der Traum als Wahrnehmungsobjekt vor dem Bewußtsein aufgetaucht ist. Wir behandeln ihn dann so, wie wir überhaupt gewohnt sind, unsere Wahrnehmungsinhalte zu behandeln, suchen Lücken auszufüllen, Zusammenhänge einzufügen, setzen uns dabei oft genug groben Mißverständnissen aus. Aber diese gleichsam rationalisierende Tätigkeit, die im besten Falle den Traum mit einer glatten Fassade versieht, wie sie zu seinem wirklichen Inhalt nicht passen kann, kann auch unterlassen werden oder sich nur in sehr bescheidenem Maß äußern, wo dann der Traum alle seine Risse und Sprünge offen zur Schau trägt. Anderseits ist nicht zu vergessen, daß auch die Traumarbeit nicht immer gleich energisch verfährt; oft genug schränkt sie sich nur auf gewisse Stücke der Traumgedanken ein und andere von ihnen dürfen unverändert im Traum erscheinen. Dann macht es den Eindruck, als hätte man im Traum die feinsten und kompliziertesten intellektuellen Operationen ausgeführt, spekuliert, Witze gemacht, Entschlüsse gefaßt, Probleme gelöst, während all dies das Ergebnis unserer normalen geistigen Tätigkeit ist, ebensowohl am Tag vor dem Traum wie während der Nacht vorgefallen sein mag, mit der Traumarbeit nichts zu tun hat und nichts für den Traum Charakteristisches zum Vorschein bringt. Es ist auch nicht überflüssig, nochmals den Gegensatz zu betonen, der innerhalb der Traumgedanken selbst zwischen der unbewußten Triebregung und den Tagesresten besteht. Während

die letzteren die ganze Mannigfaltigkeit unserer seelischen Akte aufweisen, läuft die erstere, die der eigentliche Motor der Traumbildung wird, regelmäßig in eine Wunscherfüllung aus.

Das alles hätte ich Ihnen schon vor fünfzehn Jahren sagen können, ja ich glaube, ich habe es Ihnen damals auch wirklich gesagt. Nun wollen wir zusammentragen, was etwa in dieser Zwischenzeit an Abänderungen und neuen Einsichten hinzugekommen ist.

Ich sagte Ihnen schon, ich fürchte, Sie werden finden, es ist recht wenig, und werden nicht verstehen, warum ich Ihnen auferlegt habe, das Nämliche zweimal anzuhören, und mir, es zu sagen. Aber es sind fünfzehn Jahre dazwischen, und ich hoffe, auf diese Art am leichtesten den Kontakt mit Ihnen wiederherzustellen. Auch sind es so elementare Dinge, von so entscheidender Wichtigkeit für das Verständnis der Psychoanalyse, daß man sie gern ein zweites Mal anhören mag, und daß sie nach fünfzehn Jahren so sehr dieselben geblieben sind, ist an und für sich wissenswert.

Sie finden in der Literatur dieser Zeit natürlich eine große Anzahl von Bestätigungen und Detailausführungen, von denen ich Ihnen nur Proben zu geben vorhabe. Auch kann ich dabei einiges, was schon früher bekannt wurde, nachholen. Es bezieht sich zumeist auf die Symbolik im Traum und die sonstigen Darstellungsweisen des Traumes. Nun hören Sie, erst ganz kürzlich haben die Mediziner an einer amerikanischen Universität sich geweigert, der Psychoanalyse den Charakter einer Wissenschaft zuzugestehen, mit der Begründung, daß sie keine experimentellen Beweise zulasse. Sie hätten denselben Einwand auch gegen die Astronomie erheben können; das Experimentieren mit den Himmelskörpern ist ja besonders schwierig. Man bleibt da auf die Beobachtung angewiesen. Immerhin haben gerade Wiener Forscher den Anfang gemacht, unsere Traumsymbolik experimentell zu bestätigen. Ein *Dr. Schrötter* hat schon 1912 gefunden, wenn man tief hypnotisierten Personen den Auftrag gibt, von sexuellen Vorgängen zu träumen, erscheint in dem so provozierten Traum das sexuelle Material durch die uns bekannten Symbole ersetzt. Zum Beispiel: einer Frau wird aufgegeben, vom Geschlechtsverkehr mit einer Freundin zu träumen. In ihrem Traum erscheint diese Freundin mit einer *Reisetasche,* die mit einem Zettel beklebt ist: Nur für Damen. Noch eindrucksvoller sind Versuche von *Betlheim* und *Hartmann* 1924, die an Kranken mit sogenannter *Korsakoffscher* Verworrenheit arbeiteten. Sie erzählten ihnen Geschichten mit grob sexuellem Inhalt und achteten auf die Entstellungen, die bei der geforderten Reproduktion des Erzählten auftraten. Dabei kamen wiederum die uns vertrauten Symbole für Geschlechtsorgane und Geschlechtsverkehr zum Vorschein, unter anderem das Symbol der Stiege, von dem die Autoren mit Recht sagen, daß es einem bewußten

Entstellungwunsch unerreichbar gewesen wäre.
H. Silberer hat in einer sehr interessanten Versuchsreihe gezeigt, daß man die Traumarbeit gleichsam in flagranti dabei überraschen kann, wie sie abstrakte Gedanken in visuelle Bilder umsetzt. Wenn er sich in Zuständen von Müdigkeit und Schlaftrunkenheit zu geistiger Arbeit nötigen wollte, dann entschwand ihm oft der Gedanke und an seiner Stelle trat eine Vision auf, die offenbar sein Ersatz war.
Ein einfaches Beispiel dafür: Ich denke daran, sagt *Silberer*, daß ich vorhabe, in einem Aufsatz eine holprige Stelle auszubessern. Vision: Ich sehe mich ein Stück Holz glatthobeln. Bei diesen Versuchen ereignete sich häufig, daß nicht der einer Bearbeitung harrende Gedanke, sondern sein eigener subjektiver Zustand während der Bemühung zum Inhalt der Vision wurde, das Zuständliche anstatt des Gegenständlichen, was *Silberer* als »funktionales Phänomen« bezeichnet hat. Ein Beispiel wird Ihnen gleich zeigen, was gemeint ist. Der Autor bemüht sich, die Ansichten zweier Philosophen über ein gewisses Problem miteinander zu vergleichen. Aber in seiner Schläfrigkeit entschlüpft ihm die eine davon immer wieder und endlich hat er die Vision, daß er eine Auskunft von einem mürrischen Sekretär verlangt, der, über einen Schreibtisch gebeugt, ihn zuerst nicht beachtet und dann ihn unwillig und abweisend ansieht. Wahrscheinlich erklärt es sich aus den Versuchsbedingungen selbst, daß die so erzwungene Vision so häufig ein Ergebnis der Selbstbeobachtung darstellt.
Bleiben wir noch bei den Symbolen. Es gab solche, die wir erkannt zu haben glaubten, und bei denen es uns doch störte, daß wir nicht angeben konnten, wie *das* Symbol zu *der* Bedeutung gekommen war. In solchen Fällen mußten uns Bestätigungen von anderswoher, aus Sprachwissenschaft, Folklore, Mythologie, Ritual besonders willkommen sein. Ein Beispiel dieser Art war das Symbol des Mantels. Wir sagten, im Traume einer Frau bedeutet der Mantel einen Mann. Ich hoffe nun, es macht Ihnen einen Eindruck, wenn Sie hören, daß *Th. Reik* 1920 uns berichtet: »In dem höchst altertümlichen Brautzeremoniell der Beduinen bedeckt der Bräutigam die Braut mit einem besonderen, ›Aba‹ genannten Mantel und spricht dazu die rituellen Worte: ›Es soll Dich fortan niemand bedecken als nur ich.‹« (Nach *Robert Eisler:* »Weltenmantel und Himmelszelt.«) Wir haben auch mehrere neue Symbole aufgefunden, von denen ich Ihnen wenigstens zwei Beispiele berichten will. Nach *Abraham* 1922 ist die Spinne im Traum ein Symbol der Mutter, aber der phallischen Mutter, vor der man sich fürchtet, so daß die Angst vor der Spinne den Schrecken vor dem Mutterinzest und das Grauen vor dem weiblichen Genitale ausdrückt. Sie wissen vielleicht, daß das mythologische Gebilde des Medusenhaupts auf

dasselbe Motiv des Kastrationsschrecks zurückzuführen ist. Das andere Symbol, von dem ich Ihnen sprechen will, ist das der Brücke. *Ferenczi* hat es 1921–1922 aufgeklärt. Es bedeutet ursprünglich das männliche Glied, das das Elternpaar beim Geschlechtsverkehr miteinander verbindet, aber es entwickelt sich dann zu weiteren Bedeutungen, die sich von jener ersten ableiten. Insoferne es dem männlichen Glied zu verdanken ist, daß man überhaupt aus dem Geburtswasser zur Welt kann, wird die Brücke der Übergang vom Jenseits (dem Noch-nicht-geboren-sein, dem Mutterleib) zum Diesseits (dem Leben), und da sich der Mensch auch den Tod als Rückkehr in den Mutterleib (ins Wasser) vorstellt, bekommt die Brücke auch die Bedeutung einer Beförderung in den Tod und endlich in weiterer Entfernung von ihrem Anfangssinn bezeichnet sie Übergang, Zustandsveränderung überhaupt. Dazu stimmt es dann, wenn eine Frau, die den Wunsch nicht überwunden hat, ein Mann zu sein, so häufig von Brücken träumt, die zu kurz sind, um das andere Ufer zu erreichen.

Im manifesten Inhalt der Träume kommen recht häufig Bilder und Situationen vor, die an bekannte Motive aus Märchen Sagen und Mythen erinnern. Die Deutung solcher Träume wirft dann ein Licht auf die ursprünglichen Interessen, die diese Motive geschaffen haben, wobei wir aber natürlich nicht den Bedeutungswandel vergessen dürfen, der im Laufe der Zeiten dieses Material betroffen hat. Unsere Deutungsarbeit deckt sozusagen den Rohstoff auf, der häufig genug im weitesten Sinne sexuell zu nennen ist, aber in späterer Bearbeitung die verschiedenartigste Verwendung fand. Solche Zurückführungen pflegen uns den Zorn aller nicht analytisch gerichteten Forscher einzutragen, als ob wir alles, was sich an späteren Entwicklungen darüber aufgebaut, leugnen oder geringschätzen wollten. Nichtsdestoweniger sind solche Einsichten lehrreich und interessant. Das gleiche gilt für die Ableitung gewisser Motive der bildenden Kunst, wenn z. B. *R. Eisler* (1919) nach der Anleitung von Träumen seiner Patienten den mit einem Knäblein spielenden Jüngling, der im Hermes des *Praxiteles* dargestellt ist, analytisch deutet. Nur noch ein Wort, aber ich kann es mir nicht versagen zu erwähnen, wie häufig gerade mythologische Themen durch die Traumdeutung Aufklärung finden. So läßt sich z. B. die Labyrinthsage als Darstellung einer analen Geburt erkennen; die verschlungenen Gänge sind der Darm, der Ariadnefaden die Nabelschnur.

Die Darstellungsweisen der Traumarbeit, ein reizvoller und kaum zu erschöpfender Stoff, sind uns durch eingehendes Studium immer vertrauter geworden; ich will Ihnen auch davon einige Proben geben. So z. B. stellt der Traum die Relation der Häufigkeit durch die Vervielfältigung von Gleichartigem dar. Hören Sie den sonderbaren Traum eines jungen Mädchens an: Sie tritt in einen großen Saal ein und findet in ihm eine Person auf einem Stuhl sitzend, sechs-, achtmal, noch öfter wiederholt, die aber jedesmal ihr Vater ist. Das versteht sich leicht, wenn man aus den Nebenumständen der Deutung erfährt, daß dieser Raum den Mutterleib vorstellt. Dann wird der Traum gleichwertig mit der uns wohlbekannten Phantasie des Mädchens, das schon im Intrauterinleben mit dem Vater zusammengetroffen sein will, wenn er während der Schwangerschaft dem Mutterleib einen Besuch abstattete. Daß etwas im Traum umgekehrt, das Eintreten vom Vater auf die eigene Person verschoben ist, darf Sie nicht beirren; es hat übrigens noch seine besondere Bedeutung. Die Vervielfältigung der Vaterperson kann nur ausdrücken, daß der betreffende Vorgang sich wiederholt ereignet hat. Eigentlich müssen wir auch zugestehen, daß der Traum sich nicht viel herausnimmt, wenn er *Häufigkeit* durch *Häufung* ausdrückt. Er hat nur auf die Urbedeutung des Wortes zurückgegriffen, das uns heute eine Wiederholung in der Zeit bezeichnet, aber von einer Ansammlung im Raum hergenommen ist. Aber die Traumarbeit setzt überhaupt, wo es angeht, zeitliche Beziehungen in räumliche um und stellt sie als solche dar. Man sieht etwa im Traum eine Szene zwischen Personen, die sehr klein und weit entfernt erscheinen, als ob man sie durch das umgekehrte Ende eines Opernglases betrachten würde. Die Kleinheit wie die räumliche Entfernung bedeuten hier das gleiche, es ist die Entfernung in der Zeit gemeint, es soll verstanden werden, daß es eine Szene aus weit zurückliegender Vergangenheit ist. Ferner, Sie erinnern vielleicht, daß ich Ihnen schon in den früheren Vorlesungen gesagt und an Beispielen gezeigt habe, wir hätten gelernt, auch rein formale Züge des manifesten Traums für die Deutung zu verwerten, also in Inhalt aus den latenten Traumgedanken umzusetzen. Nun wissen Sie ja, daß alle Träume einer Nacht in denselben Zusammenhang gehören. Aber es ist nicht einmal gleichgültig, ob diese Träume dem Träumenden als ein Kontinuum erscheinen oder ob er sie in mehrere Stücke gliedert und in wie viele. Die Anzahl dieser Stücke entspricht oft ebensoviel gesonderten Mittelpunkten der Gedankenbildung in den latenten Traumgedanken oder miteinander ringenden Strömungen im Seelenleben des Träumers, von denen jede in einem besonderen Traumstück vorherrschenden, wenn auch nie ausschließlichen Ausdruck findet. Ein kurzer Vortraum und ein langer Haupttraum stehen oft zueinander in der Beziehung von Bedingung und Ausführung, wovon Sie ein sehr deutliches Beispiel in jenen alten Vorlesungen finden können. Ein Traum, den der Träumer als irgendwie eingeschoben bezeichnet, entspricht wirklich einem Nebensatz in den Traumgedanken. *Franz Alexander* hat (1925) in einer Studie über Traumpaare gezeigt, daß zwei Träume einer Nacht sich nicht selten derart in die Erfüllung der Traumaufgabe teilen, daß sie zusammen genommen eine Wunscherfüllung in zwei Etappen ergeben, was jeder Traum für sich nicht leistet. Wenn der Traumwunsch etwa eine unerlaubte Handlung an einer bestimmten Person zum Inhalt hat, so erscheint diese Person unverhüllt im ersten Traum, die Handlung aber wird nur schüchtern angedeutet. Der zweite Traum macht es dann anders. Die Handlung wird unverhüllt genannt, aber die Person unkenntlich gemacht oder durch eine indifferente ersetzt. Das macht doch wirklich den Eindruck von Schlauheit. Eine zweite und ähnliche Relation zwischen den beiden Teilen eines Traumpaares ist die, daß der eine die Bestrafung darstellt, der andere die sündige Wunscherfüllung. Also gleichsam: Wenn man die Strafe dafür auf sich nimmt, dann darf man sich das Verbotene erlauben.

Ich kann Sie nicht länger bei ähnlichen Kleinfunden aufhalten, auch nicht bei den Diskussionen, die sich auf die Verwertung der Traumdeutung in der analytischen Arbeit beziehen. Ich kann annehmen, daß Sie ungeduldig sind zu hören, welche Änderungen sich in den Grundanschauungen über Wesen und Bedeutung des Traumes vollzogen haben. Sie sind bereits darauf vorbereitet, daß gerade darüber wenig zu berichten ist. Der bestrittenste Punkt der ganzen Lehre war wohl die Behauptung, daß alle Träume Wunscherfüllungen sind. Den unvermeidlichen, immer wiederkehrenden Einwand der Laien, daß es doch so viele Angstträume gibt, haben wir bereits in den früheren Vorlesungen, ich darf es sagen, voll erledigt. Mit der Einteilung in Wunsch-, Angst- und Strafträume haben wir unsere Lehre aufrechterhalten.

Auch die Strafträume sind Wunscherfüllungen, aber nicht solche der Triebregungen, sondern der kritisierenden, zensurierenden und strafenden Instanz im Seelenleben. Wenn wir einen reinen Straftraum vor uns haben, so gestattet uns eine leichte Gedankenoperation, den Wunschtraum wieder herzustellen, auf den der Straftraum die richtige Entgegnung ist, der für den manifesten Traum durch diese Zurückweisung ersetzt wurde. Sie wissen, meine Damen und Herren, daß das Studium des Traums uns zuerst zum Verständnis der Neurosen verholfen hat. Sie werden es auch begreiflich finden, daß unsere Kenntnis der Neurosen späterhin unsere Auffassung des Traums beeinflussen konnte. Wie Sie hören werden, haben wir uns genötigt gesehen, im Seelenleben eine besondere kritisierende und verbietende Instanz anzunehmen, die wir das Über-Ich heißen. Indem wir nun auch die Traumzensur als eine Leistung dieser Instanz erkannten, wurden wir angeleitet, den Anteil des Über-Ichs an der Traumbildung sorgfältiger zu beachten.

Gegen die Wunscherfüllungstheorie des Traumes haben sich nur zwei ernsthafte Schwierigkeiten erhoben, deren Erörterung weitab führt, allerdings noch keine voll befriedigende Erledigung gefunden hat. Die erste ist durch die Tatsache gegeben, daß Personen, die ein Schockerlebnis, ein schweres psychisches Trauma durchgemacht haben, wie es so oft im Krieg der Fall war und sich auch als Begründung einer traumatischen Hysterie findet, vom Traum so regelmäßig in die traumatische Situation zurückversetzt werden. Das sollte nach unseren Annahmen über die Funktion des Traumes nicht der Fall sein. Welche Wunschregung könnte durch dieses Rückgreifen auf das höchst peinliche traumatische Erlebnis befriedigt werden? Das ist schwer zu erraten. Mit der zweiten Tatsache treffen wir in der analytischen Arbeit fast täglich zusammen; sie bedeutet auch keinen so gewichtigen Einwand wie die andere. Sie wissen, es ist eine der Aufgaben der Psychoanalyse, den Schleier der Amnesie zu lüften, der die ersten Kinderjahre verhüllt und die in ihnen enthaltenen Äußerungen des frühkindlichen Sexuallebens zur bewußten Erinnerung zu bringen. Nun sind diese ersten Sexualerlebnisse des Kindes mit schmerzlichen Eindrücken von Angst, Verbot, Enttäuschung und Bestrafung verknüpft; man versteht, daß sie verdrängt worden sind, aber dann versteht man nicht, daß sie einen so breiten Zugang zum Traumleben haben, daß sie die Muster für so viele Traumphantasien hergeben, daß die Träume von Reproduktionen dieser Infantilszenen und von Anspielungen an sie erfüllt sind. Ihr Unlustcharakter und die Wunscherfüllungstendenz der Traumarbeit scheinen sich doch schlecht miteinander zu vertragen. Aber vielleicht sehen wir in diesem Fall die Schwierigkeit zu groß. An denselben Kindheitserlebnissen haften ja alle die unvergänglichen, unerfüllten Triebwünsche, die durchs ganze Leben die Energie für die Traumbildung abgeben, denen man es wohl zutrauen kann, daß sie in ihrem gewaltigen Auftrieb auch das Material peinlich empfundener Begebenheiten an die Oberfläche drängen können. Und anderseits ist in der Art und Weise, wie dieses Material reproduziert wird, die Bemühung der Traumarbeit unverkennbar, die die Unlust durch Entstellung verleugnen, Enttäuschung in Gewährung verwandeln will. Bei den traumatischen Neurosen ist es anders, hier laufen die Träume regelmäßig in Angstentwicklung aus. Ich meine, wir sollen uns nicht scheuen zuzugestehen, daß in diesem Falle die Funktion des Traumes versagt. Ich will mich nicht auf den Satz berufen, daß die Ausnahme die Regel bestätigt; seine Weisheit erscheint mir recht zweifelhaft. Aber wohl hebt die Ausnahme die Regel nicht auf. Wenn man eine einzelne psychische Leistung wie das Träumen zum Zweck des Studiums aus dem ganzen Getriebe isoliert, hat man es sich möglich gemacht, die ihr eigenen Gesetzmäßigkeiten aufzudecken; wenn man sie wiederum ins Gefüge einsetzt, muß man gefaßt sein zu finden, daß diese Ergebnisse durch den Zusammenstoß mit anderen Mächten verdunkelt oder beeinträchtigt werden. Wir sagen, der Traum ist eine Wunscherfüllung; wenn Sie den letzten Einwänden Rechnung tragen wollen, so sagen Sie immerhin, der Traum ist der *Versuch* einer Wunscherfüllung. Für keinen, der sich in die psychische Dynamik hineinversetzen kann, haben Sie dann etwas anderes gesagt. Unter bestimmten Verhältnissen kann der Traum seine Absicht nur sehr unvollkommen durchsetzen oder muß sie überhaupt aufgeben; die unbewußte Fixierung an ein Trauma scheint unter diesen Verhinderungen der Traumfunktion obenan zu stehen. Während der Schläfer träumen muß, weil der nächtliche Nachlaß der Verdrängung den Auftrieb der traumatischen Fixierung aktiv werden läßt, versagt die Leistung seiner Traumarbeit, die die Erinnerungsspuren der traumatischen Begebenheit in eine Wunscherfüllung umwandeln möchte. Unter diesen Verhältnissen ereignet es sich, daß man schlaflos wird, aus Angst vor dem Mißglücken der Traumfunktion auf den Schlaf verzichtet. Die traumatische Neurose zeigt uns da einen extremen Fall, aber man muß auch den Kindheitserlebnissen den traumatischen Charakter zugestehen und braucht sich nicht zu verwundern, wenn sich geringfügigere Störungen der Traumleistung auch unter anderen Bedingungen ergeben.

30. Vorlesung

TRAUM UND OKKULTISMUS

Meine Damen und Herren! Wir werden heute einen schmalen Weg gehen, aber der kann uns zu einer weiten Aussicht führen.
Die Ankündigung, daß ich über die Beziehung des Traums zum Okkultismus sprechen werde, kann Sie kaum überraschen. Der Traum ist ja oft als die Pforte zur Welt der Mystik betrachtet worden, gilt heute noch vielen selbst als ein okkultes Phänomen. Auch wir, die ihn zum Objekt wissenschaftlicher Untersuchung gemacht haben, bestreiten nicht, daß ihn ein oder mehrere Fäden mit jenen dunklen Dingen verknüpfen. Mystik, Okkultismus, was ist mit diesen Namen gemeint? Erwarten Sie keinen Versuch von mir, diese schlecht umgrenzten Gebiete durch Definitionen zu umfassen. In einer allgemeinen und unbestimmten Weise wissen wir alle, woran wir dabei zu denken haben. Es ist eine Art von Jenseits der hellen, von unerbittlichen Gesetzen beherrschten Welt, welche die Wissenschaft für uns aufgebaut hat.

Der Okkultismus behauptet die reale Existenz jener »Dinge zwischen Himmel und Erde, von denen unsere Schulweisheit sich nichts träumen läßt«. Nun, wir wollen nicht an der Engherzigkeit der Schule festhalten; wir sind bereit zu glauben, was man uns glaubwürdig macht.
Wir gedenken mit diesen Dingen zu verfahren wie mit allem anderen Material der Wissenschaft, zunächst festzustellen, ob solche Vorgänge wirklich nachweisbar sind, und dann, aber erst dann, wenn sich ihre Tatsächlichkeit nicht bezweifeln läßt, uns um ihre Erklärung zu bemühen. Aber es ist nicht zu leugnen, daß schon dieser Entschluß uns schwer gemacht wird durch intellektuelle, psychologische und historische Momente. Es ist nicht derselbe Fall, wie wenn wir an andere Untersuchungen herangehen.
Die intellektuelle Schwierigkeit zuerst! Gestatten Sie mir grobe, handgreifliche Verdeutlichungen. Nehmen wir an, es handle sich um die Frage nach der Beschaffenheit des Erdinnern. Bekanntlich wissen wir nichts Sicheres darüber. Wir vermuten, daß es aus schweren Metallen im glühenden Zustand besteht. Nun stelle einer die Behauptung auf, das Erdinnere sei mit Kohlensäure gesättigtes Wasser, also eine Art Sodawasser. Wir werden gewiß sagen, das ist sehr unwahrscheinlich, widerspricht allen unseren Erwartungen, nimmt keine Rücksicht auf jene Anhaltspunkte unseres Wissens, die uns zur Aufstellung der Metallhypothese geführt haben. Aber undenkbar ist es immerhin nicht; wenn uns jemand einen Weg zur Prüfung der Sodawasserhypothese zeigt, werden wir ihn ohne Widerstand gehen. Aber nun kommt ein anderer mit der ernsthaften Behauptung, der Erdkern bestehe aus Marmelade! Dagegen werden wir uns ganz anders verhalten. Wir werden uns sagen, Marmelade kommt in der Natur nicht vor, es ist ein Produkt der menschlichen Küche, die Existenz dieses Stoffes setzt außerdem das Vorhandensein von Obstbäumen und von deren Früchten voraus, und wir wüßten nicht, wie wir Vegetation und menschliche Kochkunst ins Erdinnere verlegen könnten; das Ergebnis dieser intellektuellen Einwendungen wird eine Schwenkung unseres Interesses sein, anstatt auf die Untersuchung einzugehen, ob wirklich der Erdkern aus Marmelade besteht, werden wir uns fragen, was es für ein Mensch sein muß, der auf eine solche Idee kommen kann, und höchstens noch ihn fragen, woher er das weiß. Der unglückliche Urheber der Marmeladetheorie wird schwer gekränkt sein und uns anklagen, daß wir ihm aus angeblich wissenschaftlichem Vorurteil die objektive Würdigung seiner Behauptung versagen. Aber es wird ihm nichts nützen. Wir verspüren, daß Vorurteile nicht immer verwerflich sind, daß sie manchmal berechtigt sind, zweckmäßig, um uns unnützen Aufwand zu ersparen. Sie sind ja nichts anderes als Analogieschlüsse nach anderen, gut begründeten Urteilen.

Eine ganze Anzahl der okkultistischen Behauptungen wirkt auf uns ähnlich wie die Marmeladehypothese, so daß wir uns berechtigt glauben, sie ohne Nachprüfung von vornherein abzuweisen. Aber es ist doch nicht so einfach. Ein Vergleich wie der von mir gewählte beweist nichts, beweist so wenig wie überhaupt Vergleiche. Es bleibt ja fraglich, ob er paßt, und man versteht, daß die Einstellung der verächtlichen Verwerfung bereits seine Auswahl bestimmt hat. Vorurteile sind manchmal zweckmäßig und berechtigt, andere Male aber irrtümlich und schädlich, und man weiß nie, wann sie das eine, wann sie das andere sind. Die Geschichte der Wissenschaften selbst ist überreich an Vorfällen, die vor einer voreiligen Verdammung warnen können. Lange Zeit galt es auch als eine unsinnige Annahme, daß die Steine, die wir heute Meteoriten heißen, aus dem Himmelsraum auf die Erde gelangt sein sollten, oder daß das Gestein der Berge, das Muschelreste einschließt, einst den Meeresgrund gebildet hätte. Übrigens ist es auch unserer Psychoanalyse nicht viel anders ergangen, als sie mit der Erschließung des Unbewußten hervortrat. Also haben wir Analytiker besonderen Grund, mit der Verwendung des intellektuellen Motivs zur Ablehnung neuer Aufstellungen vorsichtig zu sein, und müssen zugestehen, daß es uns nicht über Abneigung, Zweifel und Unsicherheit hinaus fördert.

Das zweite Moment habe ich das psychologische genannt. Ich meine damit die allgemeine Neigung der Menschen zur Leichtgläubigkeit und Wundergläubigkeit. Von allem Anfang an, wenn das Leben uns in seine strenge Zucht nimmt, regt sich in uns ein Widerstand gegen die Unerbittlichkeit und Monotonie der Denkgesetze und gegen die Anforderungen der Realitätsprüfung. Die Vernunft wird zur Feindin, die uns soviel Lustmöglichkeit vorenthält. Man entdeckt, welche Lust es bereitet, sich ihr wenigstens zeitweilig zu entziehen und sich den Verlockungen des Unsinns hinzugeben. Der Schulknabe ergötzt sich an Wortverdrehungen, der Fachgelehrte verulkt seine Tätigkeit nach einem wissenschaftlichen Kongreß, selbst der ernsthafte Mann genießt die Spiele des Witzes. Ernsthaftere Feindseligkeit gegen »Vernunft und Wissenschaft, des Menschen allerbeste Kraft« wartet ihre Gelegenheit ab, sie beeilt sich, dem Wunderdoktor oder Naturheilkünstler den Vorzug zu geben vor dem »studierten« Arzt, sie kommt den Behauptungen des Okkultismus entgegen, solange dessen angebliche Tatsachen als Durchbrechungen von Gesetz und Regel genommen werden, sie schläfert die Kritik ein, verfälscht die Wahrnehmungen, erzwingt Bestätigungen und Zustimmungen, die nicht zu rechtfertigen sind. Wer diese Neigung der Menschen in Betracht zieht, hat allen Grund, viele Mitteilungen der okkultistischen Literatur zu entwerten.

Das dritte Bedenken nannte ich das historische und will damit aufmerksam machen, daß in der Welt des Okkultismus eigentlich nichts Neues vorgeht, daß aber in ihr alle die Zeichen, Wunder, Prophezeiungen und Geistererscheinungen neuerdings auftreten, die uns aus alten Zeiten und in alten Büchern berichtet werden und die wir längst als Ausgeburten ungezügelter Phantasie oder tendenziösen Trugs erledigt zu haben glaubten, als Produkte einer Zeit, in der die Unwissenheit der Menschheit sehr groß war und der wissenschaftliche Geist noch in seinen Kinderschuhen stak. Wenn wir als wahr annehmen, was sich nach den Mitteilungen der Okkultisten noch heute ereignet, so müssen wir auch jene Nachrichten aus dem Altertum als glaubwürdig anerkennen. Und nun besinnen wir uns, daß die Traditionen und heiligen Bücher der Völker von solchen Wundergeschichten übervoll sind und daß die Religionen ihren Anspruch auf Glaubwürdigkeit gerade auf solche außerordentliche und wunderbare Begebenheiten stützen und in ihnen die Beweise für das Wirken übermenschlicher Mächte finden. Dann wird es uns schwer, den Verdacht zu vermeiden, daß das okkultistische Interesse eigentlich ein religiöses ist, daß es zu den geheimen Motiven der okkultistischen Bewegung gehört, der durch den Fortschritt des wissenschaftlichen Denkens bedrohten Religion zu Hilfe zu kommen. Und mit der Erkenntnis eines solchen Motivs muß unser Mißtrauen wachsen und unsere Abneigung, uns in die Untersuchung der angeblichen okkulten Phänomene einzulassen.

Aber endlich muß diese Abneigung doch überwunden werden. Es handelt sich um eine Frage der Tatsächlichkeit, ob das, was die Okkultisten erzählen, wahr ist oder nicht. Das muß doch durch Beobachtung entschieden werden können. Im Grunde müssen wir den Okkultisten dankbar sein. Die Wunderberichte aus alten Zeiten sind unserer Nachprüfung entzogen. Wenn wir meinen, sie sind nicht zu beweisen, so müssen wir doch zugeben, sie sind nicht mit aller Strenge zu widerlegen. Aber was in der Gegenwart vor sich geht, wobei wir zugegen sein können, darüber müssen wir doch ein sicheres Urteil gewinnen können. Kommen wir zur Überzeugung, daß solche Wunder heute nicht vorkommen, so fürchten wir den Einwand nicht, sie könnten sich doch in alten Zeiten ereignet haben. Andere Erklärungen liegen dann viel näher. Wir haben also unsere Bedenken abgelegt und sind bereit, an der Beobachtung der okkulten Phänomene teilzunehmen.

Zum Unglück treffen wir dann auf Verhältnisse, die unserer redlichen Absicht äußerst ungünstig sind. Die Beobachtungen, von denen unser Urteil abhängen soll, werden unter Bedingungen angestellt, die unsere Sinneswahrnehmungen unsicher machen, unsere Aufmerksamkeit abstumpfen, in der Dunkelheit oder in spärlichem rotem Licht, nach langen Zeiten leerer Erwartung. Es wird uns gesagt, daß schon unsere ungläubige, also kritische Einstellung das Zustandekommen der erwarteten Phänomene zu hindern vermag. Die so hergestellte Situation ist ein wahres Zerrbild der Umstände, unter denen wir sonst wissenschaftliche Untersuchungen durchzuführen pflegen. Die Beobachtungen werden an sogenannten Medien gemacht, Personen, denen man besondere »sensitive« Fähigkeiten zuschreibt, die sich aber keineswegs durch hervorragende Eigenschaften des Geistes oder des Charakters auszeichnen, nicht von einer großen Idee oder einer ernsthaften Absicht getragen werden wie die alten Wundertäter. Im Gegenteil, sie gelten selbst bei denen, die an ihre geheimen Kräfte glauben, als besonders unzuverlässig; die meisten von ihnen sind bereits als Betrüger entlarvt worden, es liegt uns nahe zu erwarten, daß den übrigen dasselbe bevorsteht. Was sie leisten, macht den Eindruck von mutwilligen Kinderstreichen oder Taschenspielerkunststükken. Noch niemals ist in den Sitzungen mit diesen Medien etwas Brauchbares herausgekommen, etwa eine neue Kraftquelle zugänglich gemacht worden. Freilich erwartet man auch keine Förderung der Taubenzucht von dem Kunststück des Taschenspielers, der Tauben aus seinem leeren Zylinderhut zaubert. Ich kann mich leicht in die Lage eines Menschen versetzen, der die Anforderung der Objektivität erfüllen will und darum an den okkultistischen Sitzungen teilnimmt, aber nach einer Weile ermüdet und von den an ihn gestellten Zumutungen abgestoßen sich abwendet und unbelehrt zu seinen früheren Vorurteilen zurückkehrt. Man kann einem solchen vorhalten, das sei auch nicht das richtige Benehmen, Phänomenen, die man studieren wolle, dürfe man nicht vorschreiben, wie sie sein und unter welchen Bedingungen sie auftreten sollen. Es sei vielmehr geboten auszuharren und die Vorsichts- und Kontrollmaßregeln zu würdigen, durch die man sich neuerdings gegen die Unzuverlässigkeit der Medien zu schützen bemüht ist. Leider macht diese moderne Sicherungstechnik der leichten Zugänglichkeit okkultistischer Beobachtungen ein Ende. Das Studium des Okkultismus wird ein besonderer, schwieriger Beruf, eine Tätigkeit, die man nicht neben seinen sonstigen Interessen betreiben kann. Und bis die damit beschäftigten Forscher zu Entscheidungen gekommen sind, bleibt man dem Zweifel und seinen eigenen Vermutungen überlassen.

Unter diesen Vermutungen die wahrscheinlichste ist wohl die, daß es sich beim Okkultismus um einen realen Kern von noch nicht erkannten Tatsachen handelt, den Trug und Phantasiewirkung mit einer schwer durchdringbaren Hülle umsponnen haben. Aber wie können wir uns diesem Kern auch nur annähern, an welcher Stelle das Problem angreifen? Hier meine ich, kommt uns der Traum zu Hilfe, indem er uns den Wink gibt, aus all dem Wust das Thema der

Telepathie herauszugreifen.
Sie wissen, Telepathie nennen wir die angebliche Tatsache, daß ein Ereignis, welches zu einer bestimmten Zeit vorfällt, etwa gleichzeitig einer räumlich entfernten Person zum Bewußtsein kommt, ohne daß die uns bekannten Wege der Mitteilung dabei in Betracht kämen. Stillschweigende Voraussetzung ist, daß dies Ereignis eine Person betrifft, an welcher die andere, der Empfänger der Nachricht, ein starkes emotionelles Interesse hat. Also z. B. die Person A erleidet einen Unfall, oder sie stirbt, und die Person B, eine ihr nahe verbundene, die Mutter, Tochter oder Geliebte, erfährt es ungefähr zur gleichen Zeit durch eine Gesichts- oder Gehörswahrnehmung; im letzteren Falle also so, als ob sie telephonisch verständigt worden wäre, was aber nicht der Fall gewesen ist, gewissermaßen ein psychisches Gegenstück zur drahtlosen Telegraphie. Ich brauche vor Ihnen nicht zu betonen, wie unwahrscheinlich solche Vorgänge sind. Auch darf man die meisten dieser Berichte mit guten Gründen ablehnen; einige bleiben übrig, bei denen dies nicht so leicht ist. Gestatten Sie mir nun, daß ich, für den Zweck meiner beabsichtigten Mitteilung, das vorsichtige Wörtchen »angeblich« weglasse und so fortsetze, als glaubte ich an die objektive Realität des telepathischen Phänomens. Aber halten Sie daran fest, daß dies nicht der Fall ist, daß ich mich auf keine Überzeugung festgelegt habe.
Ich habe Ihnen eigentlich wenig mitzuteilen, nur eine unscheinbare Tatsache. Ich will Ihre Erwartung auch gleich weiter einschränken, indem ich Ihnen sage, daß der Traum im Grunde wenig mit der Telepathie zu tun hat. Weder wirft die Telepathie ein neues Licht auf das Wesen des Traums, noch legt der Traum ein direktes Zeugnis für die Realität der Telepathie ab. Das telepathische Phänomen ist auch gar nicht an den Traum gebunden, es kann sich auch während des Wachzustands ereignen. Der einzige Grund, die Beziehung zwischen Traum und Telepathie zu erörtern, liegt darin, daß der Schlafzustand zur Aufnahme der telepathischen Botschaft besonders geeignet erscheint. Man erhält dann einen sogenannten telepathischen Traum und überzeugt sich bei dessen Analyse, daß die telepathische Nachricht dieselbe Rolle gespielt hat wie ein anderer Tagesrest und wie ein solcher von der Traumarbeit verändert und ihrer Tendenz dienstbar gemacht worden ist.
In der Analyse eines solchen telepathischen Traums ereignet sich nun das, was mir interessant genug schien, um es trotz seiner Geringfügigkeit zum Ausgangspunkt für diese Vorlesung zu wählen. Als ich im Jahre 1922 die erste Mitteilung über diesen Gegenstand machte, stand mir erst nur eine Beobachtung zur Verfügung. Seither habe ich manche ähnliche gemacht, aber ich bleibe beim ersten Beispiel, weil es sich am leichtesten darstellen läßt, und

werde Sie sogleich *in medias res* einführen.
Ein offenbar intelligenter, nach seiner Behauptung keineswegs »okkultistisch angehauchter« Mann, schreibt mir über einen Traum, der ihm merkwürdig erscheint. Er schickt voraus, seine verheiratete, entfernt von ihm lebende Tochter erwarte Mitte Dezember ihre erste Niederkunft. Diese Tochter steht ihm sehr nahe, er weiß auch, daß sie sehr innig an ihm hängt. Nun träumt er in der Nacht vom 16. auf den 17. November, daß seine Frau Zwillinge geboren hat. Es folgen mancherlei Einzelheiten, die ich hier übergehen kann, die auch nicht alle Aufklärung gefunden haben. Die Frau, die im Traum Mutter der Zwillinge geworden ist, ist seine zweite Frau, die Stiefmutter der Tochter. Er wünscht sich keine Kinder von dieser Frau, der er die Eignung zur verständigen Kindererziehung abspricht, hatte auch zur Zeit des Traums den Geschlechtsverkehr mit ihr lange ausgesetzt. Was ihn veranlaßt, mir zu schreiben, ist nicht ein Zweifel an der Traumlehre, zu dem ihn der manifeste Trauminhalt berechtigt hätte, denn warum läßt der Traum im vollen Gegensatz zu seinen Wünschen diese Frau Kinder gebären? Auch zu einer Befürchtung, daß dies unerwünschte Ereignis eintreffen könnte, lag nach seiner Auskunft kein Anlaß vor. Was ihn bewog, mir von diesem Traum zu berichten, war der Umstand, daß er am 18. November früh die telegrafische Nachricht erhielt, die Tochter sei mit Zwillingen niedergekommen. Das Telegramm war tags vorher aufgegeben worden, die Geburt in der Nacht vom 16. auf den 17. erfolgt, ungefähr zur gleichen Stunde, als er von der Zwillingsgeburt seiner Frau träumte. Der Träumer fragt mich, ob ich das Zusammentreffen von Traum und Ereignis für zufällig halte. Er getraut sich nicht, den Traum einen telepathischen zu nennen, denn der Unterschied zwischen Trauminhalt und Ereignis betrifft gerade das, was ihm das Wesentliche scheint, die Person der Gebärenden. Aber aus einer seiner Bemerkungen geht hervor, daß er sich über einen richtigen telepathischen Traum nicht verwundert hätte. Die Tochter, meint er, habe in ihrer schweren Stunde sicher »besonders an ihn gedacht«.
Meine Damen und Herren! Ich bin sicher, Sie können sich diesen Traum bereits erklären und verstehen auch, warum ich ihn Ihnen erzählt habe. Da ist ein Mann, mit seiner zweiten Frau unzufrieden, er möchte lieber eine Frau haben wie seine Tochter aus erster Ehe. Fürs Unbewußte entfällt natürlich dieses: wie. Nun trifft ihn nächtlicherweile die telepathische Botschaft, die Tochter hat Zwillinge geboren. Die Traumarbeit bemächtigt sich dieser Nachricht, läßt den unbewußten Wunsch auf sie einwirken, der die Tochter an die Stelle der zweiten Frau setzen möchte, und so entsteht der befremdende manifeste Traum, der den Wunsch verhüllt und die Botschaft entstellt. Wir müssen sagen, erst die Traumdeutung hat

uns gezeigt, daß es ein telepathischer Traum ist, die Psychoanalyse hat einen telepathischen Tatbestand aufgedeckt, den wir sonst nicht erkannt hätten.
Aber lassen Sie sich ja nicht irreführen! Trotzdem hat die Traumdeutung nichts über die objekte Wahrheit des telepathischen Tatbestands ausgesagt. Es kann auch ein Anschein sein, der sich auf andere Weise aufklären läßt. Es ist möglich, daß die latenten Traumgedanken des Mannes gelautet haben: Heute ist ja der Tag, an dem die Entbindung erfolgen müßte, wenn die Tochter, wie ich eigentlich glaube, sich um einen Monat verrechnet hat. Und ihr Aussehen war schon damals, als ich sie zuletzt sah, so, als ob sie Zwillinge haben würde. Und meine verstorbene Frau war so kinderlieb, wie würde die sich über Zwillinge gefreut haben! (Letzteres Moment setze ich nach noch nicht erwähnten Assoziationen des Träumers ein.) In diesem Fall wären gut begründete Vermutungen des Träumers, nicht eine telepathische Botschaft der Anreiz zum Traum gewesen, der Erfolg bliebe der nämliche. Sie sehen, auch diese Traumdeutung hat nichts über die Frage ausgesagt, ob man der Telepathie objektive Realität zugestehen darf. Das ließe sich nur durch eingehende Erkundigung nach allen Verhältnissen des Vorfalles entscheiden, was leider bei diesem Beispiel ebensowenig möglich war wie bei den anderen meiner Erfahrung. Zugegeben, daß die Annahme der Telepathie die bei weitem einfachste Erklärung gibt, aber damit ist nicht viel gewonnen. Die einfachste Erklärung ist nicht immer die richtige, die Wahrheit ist sehr oft nicht einfach, und ehe man sich zu einer so weittragenden Annahme entschließt, will man alle Vorsichten eingehalten haben.
Das Thema: Traum und Telepathie können wir jetzt verlassen, ich habe Ihnen nichts mehr darüber zu sagen. Aber beachten Sie wohl, nicht der Traum schien uns etwas über die Telepathie zu lehren, sondern die Deutung des Traumes, die psychoanalytische Bearbeitung. Somit können wir im folgenden vom Traum ganz absehen und wollen der Erwartung nachgehen, daß die Anwendung der Psychoanalyse einiges Licht auf andere, okkult geheißene Tatbestände werfen kann. Da ist z. B. das Phänomen der Induktion oder Gedankenübertragung, das der Telepathie sehr nahe steht, eigentlich ohne viel Zwang mit ihr vereinigt werden kann. Es besagt, daß seelische Vorgänge in einer Person, Vorstellungen, Erregungszustände, Willensimpulse sich durch den freien Raum auf eine andere Person übertragen können, ohne die bekannten Wege der Mitteilung durch Worte und Zeichen zu gebrauchen. Sie verstehen, wie merkwürdig, vielleicht auch praktisch bedeutsam es wäre, wenn dergleichen wirklich vorkäme. Nebenbei gesagt, es ist verwunderlich, daß gerade von diesem Phänomen in den alten Wunderberichten am wenigstens die Rede ist.

Während der psychoanalytischen Behandlung von Patienten habe ich den Eindruck bekommen, daß das Treiben der berufsmäßigen Wahrsager eine günstige Gelegenheit verbirgt, um besonders einwandfreie Beobachtungen über Gedankenübertragung anzustellen. Das sind unbedeutende oder selbst minderwertige Personen, die sich irgendeiner Hantierung hingeben, Karten aufschlagen, Schriften und Handlinien studieren, astrologische Berechnungen anstellen und dabei ihren Besuchern die Zukunft vorhersagen, nachdem sie sich mit Stücken von deren vergangenen oder gegenwärtigen Schicksalen vertraut gezeigt haben. Ihre Klienten zeigen sich meistens recht befriedigt durch diese Leistungen und sind ihnen auch nicht gram, wenn die Prophezeiungen späterhin nicht eintreffen. Ich bin mehrerer solcher Fälle habhaft geworden, konnte sie analytisch studieren und werde Ihnen gleich das merkwürdigste dieser Beispiele erzählen. Leider wird die Beweiskraft dieser Mitteilungen durch die zahlreichen Verschweigungen beeinträchtigt, zu denen mich die Pflicht der ärztlichen Diskretion nötigt. Entstellungen habe ich aber mit strengem Vorsatz vermieden. Hören Sie also die Geschichte einer meiner Patientinnen, die ein solches Erlebnis mit einem Wahrsager gehabt hat.

Sie war die älteste einer Reihe von Geschwistern gewesen, in einer außerordentlich starken Vaterbindung aufgewachsen, hatte jung geheiratet, in der Ehe volle Befriedigung gefunden. Zu ihrem Glück fehlte nur eines, daß sie kinderlos geblieben war, ihren geliebten Mann also nicht völlig an die Stelle des Vaters rücken konnte. Als sie nach langen Jahren der Enttäuschung sich zu einer gynäkologischen Operation entschließen wollte, machte ihr der Mann die Eröffnung, daß die Schuld an ihm liege, er sei durch eine Erkrankung vor der Ehe unfähig zur Kinderzeugung geworden. Diese Enttäuschung vertrug sie schlecht, wurde neurotisch, litt offenbar an Versuchungsängsten. Um sie aufzuheitern, nahm sie der Mann auf eine Geschäftsreise nach Paris mit. Dort saßen sie eines Tages in der Halle des Hotels, als ihr eine gewisse Geschäftigkeit unter den Angestellten auffiel. Sie fragte, was es gäbe, und erfuhr, *Monsieur le professeur* sei gekommen und erteile Konsultationen in jenem Kabinett. Sie äußerte ihren Wunsch, auch einen Versuch zu machen. Der Mann schlug es ab, aber in einem unbewachten Moment war sie in den Konsultationsraum geschlüpft und stand vor dem Wahrsager. Sie war 27 Jahre alt, sah viel jünger aus, hatte den Ehering abgelegt. *Monsieur le professeur* ließ sie die Hand auf eine Tasse legen, die mit Asche gefüllt war, studierte sorgfältig den Abdruck, erzählte ihr dann allerlei von schweren Kämpfen, die ihr bevorstünden, und schloß mit der tröstlichen Versicherung, sie werde doch noch heiraten und mit 32 Jahren zwei Kinder haben. Als sie mir diese Geschichte erzählte, war sie 43 Jahre alt, schwer krank und ohne jede Aussicht jemals ein Kind zu bekommen. Die Prophezeiung war also nicht eingetroffen, doch sprach sie von ihr keineswegs mit Bitterkeit, sondern mit dem unverkennbaren Ausdruck der Befriedigung, als ob sie ein erfreuliches Erlebnis erinnern würde. Es war leicht festzustellen, daß sie nicht die leiseste Ahnung hatte, was die beiden Zahlen der Prophezeiung bedeuten könnten und ob sie überhaupt etwas bedeuteten.

Sie werden sagen, das ist eine dumme und unverständliche Geschichte, und fragen, wozu ich sie Ihnen erzählt habe. Nun, ich wäre ganz Ihrer Meinung, wenn nicht – und das ist jetzt der springende Punkt – die Analyse uns eine Deutung jener Prophezeiung ermöglichte, die gerade durch die Aufklärung der Details zwingend wirkt. Die beiden Zahlen finden nämlich ihren Platz im Leben der Mutter meiner Patientin. Diese hatte spät geheiratet, nach dreißig, und man hatte in der Familie oft dabei verweilt, daß sie sich so erfolgreich beeilt hatte, das Versäumte nachzuholen. Die beiden ersten Kinder, unsere Patientin voran, wurden mit dem kleinsten möglichen Intervall in dem gleichen Kalenderjahr geboren, und mit 32 Jahren hatte sie wirklich schon zwei Kinder. Was *Monsieur le professeur* meiner Patientin gesagt hatte, hieß also: Trösten Sie sich, Sie sind noch so jung. Sie werden noch dasselbe Schicksal haben wie Ihre Mutter, die auch lange auf Kinder warten mußte, werden zwei Kinder haben mit 32 Jahren. Aber, dasselbe Schicksal zu haben wie die Mutter, sich an ihre Stelle zu setzen, ihren Platz beim Vater einzunehmen, das war ja der stärkste Wunsch ihrer Jugend gewesen, der Wunsch, an dessen Nichterfüllung sie jetzt zu erkranken begann. Die Prophezeiung versprach ihr, daß er doch noch zur Erfüllung kommen werde; wie sollte sie gegen den Propheten anders als freundlich fühlen können? Aber halten Sie es für möglich, daß *Monsieur le professeur* mit den Daten der intimen Familiengeschichte seiner zufälligen Klientin vertraut war? Unmöglich; woher kam ihm also die Kenntnis, die ihn befähigte, den stärksten und geheimsten Wunsch der Patientin durch die Aufnahme der beiden Zahlen in seine Prophezeiung auszudrücken? Ich sehe nur zwei Möglichkeiten der Erklärung. Entweder ist die Geschichte, so wie sie mir erzählt wurde, nicht wahr, hat sich anders zugetragen oder es ist anzuerkennen, daß eine Gedankenübertragung als reales Phänomen besteht. Man kann freilich die Annahme machen, daß die Patientin nach einem Intervall von 16 Jahren die beiden Zahlen, auf die es ankommt, aus ihrem Unbewußten in jene Erinnerung eingesetzt hat. Ich habe keinen Anhaltspunkt für diese Vermutung, aber ich kann sie nicht ausschließen, und ich stelle mir vor, daß Sie eher bereit sein werden, an eine solche Auskunft zu glauben als an die Realität der Gedankenübertragung. Wenn Sie sich zu letzterem entschließen, vergessen Sie nicht daran, daß erst

die Analyse den okkulten Tatbestand geschaffen, ihn aufgedeckt hat, wo er bis zur Unkenntlichkeit entstellt war.
Handelte es sich nur um *einen* solchen Fall wie der meiner Patientin, so würde man achselzuckend über ihn hinweggehen. Niemand fällt es ein, einen Glauben, der eine so entscheidende Wendung bedeutet, auf einer vereinzelten Beobachtung aufzubauen. Aber glauben Sie meiner Versicherung, es ist nicht der einzige Fall in meiner Erfahrung. Ich habe eine ganze Reihe von solchen Prophezeiungen gesammelt und von allen den Eindruck gewonnen, daß der Wahrsager nur die Gedanken der ihn befragenden Personen und ganz besonders ihre geheimen Wünsche zum Ausdruck gebracht hatte, daß man also berechtigt war, solche Prophezeiungen zu analysieren, als wären es subjektive Produktionen, Phantasien oder Träume der Betreffenden. Natürlich sind nicht alle Fälle gleich beweiskräftig und nicht in allen ist es gleich möglich, rationellere Erklärungen auszuschließen, aber es bleibt doch vom Ganzen ein starker Überschuß von Wahrscheinlichkeit zugunsten einer tatsächlichen Gedankenübertragung übrig. Die Wichtigkeit des Gegenstandes würde es rechtfertigen, daß ich Ihnen alle meine Fälle vorführe, aber das kann ich nicht, wegen der Weitläufigkeit der dazu nötigen Darstellung und der dabei unvermeidlichen Verletzung der schuldigen Diskretion. Ich versuche es, mein Gewissen möglichst zu beschwichtigen, wenn ich Ihnen noch einige Beispiele gebe.
Eines Tages sucht mich ein hochintelligenter junger Mann auf, ein Student vor seinen letzten Doktorprüfungen, aber nicht imstande, sie abzulegen, denn, wie er klagt, hat er alle Interessen, Konzentrationsfähigkeit, selbst die Möglichkeit geordneter Erinnerung verloren. Die Vorgeschichte dieses lähmungsartigen Zustandes ist bald aufgedeckt, er ist nach einer Leistung großer Selbstüberwindung erkrankt. Er hat eine Schwester, an der er mit intensiver, aber stets verhaltener Liebe hing, wie sie an ihm. Wie schade, daß wir beide uns nicht heiraten können, hieß es oft genug unter ihnen. Ein würdiger Mann verliebte sich in diese Schwester, sie erwiderte die Neigung, aber die Eltern gaben die Verbindung nicht zu. In dieser Notlage wandte sich das Paar an den Bruder, der ihnen auch seine Hilfe nicht versagte. Er vermittelte die Korrespondenz zwischen ihnen, seinem Einfluß gelang es auch, die Eltern endlich zur Zustimmung zu bewegen. In der Verlobungszeit ereignete sich allerdings ein Zufall, dessen Bedeutung leicht zu erraten ist. Er unternahm eine schwierige Bergpartie mit dem zukünftigen Schwager führerlos, die beiden verloren den Weg und gerieten in die Gefahr, nicht mehr heil zurückzukommen. Kurz nach der Heirat der Schwester geriet er in jenen Zustand seelischer Erschöpfung.
Durch den Einfluß der Psychoanalyse arbeitsfähig geworden, verließ er mich, um seine Prüfungen zu machen, kam aber nach deren

glücklicher Erledigung im Herbst desselben Jahres für kurze Zeit zu mir zurück. Er berichtete mir dann über ein merkwürdiges Erlebnis, das er vor dem Sommer gehabt hatte. In seiner Universitätsstadt gab es eine Wahrsagerin, die sich eines großen Zulaufs erfreute. Auch die Prinzen des Herrscherhauses pflegten sie vor wichtigen Unternehmungen regelmäßig zu konsultieren. Die Art, wie sie arbeitete, war sehr einfach. Sie ließ sich die Geburtsdaten einer bestimmten Person geben, verlangte nichts anderes von ihr zu wissen, auch nicht den Namen, dann schlug sie in astrologischen Büchern nach, machte lange Berechnungen und am Ende gab sie eine Prophezeiung über die betreffende Person von sich. Mein Patient beschloß, ihre Geheimkunst für seinen Schwager in Anspruch zu nehmen. Er besuchte sie und nannte ihr die verlangten Daten von seinem Schwager. Nachdem sie ihre Rechnungen angestellt hatte, tat sie die Prophezeiung: Diese Person wird im Juli oder August dieses Jahres an einer Krebs- oder Austernvergiftung sterben. Mein Patient schloß dann seine Erzählung mit den Worten: »Und das war ganz großartig!«
Ich hatte von Anfang an unwillig zugehört. Nach diesem Ausruf gestattete ich mir die Frage: Was finden Sie an dieser Prophezeiung so großartig? Wir sind jetzt im Spätherbst, Ihr Schwager ist nicht gestorben, das hätten Sie mir längst erzählt. Also ist die Prophezeiung nicht eingetroffen. Das allerdings nicht, meinte er, aber das Merkwürdige ist folgendes. Mein Schwager ist ein leidenschaftlicher Liebhaber von Krebsen und Austern und hat sich im vorigen Sommer – also *vor* dem Besuch bei der Wahrsagerin – eine Austernvergiftung zugezogen, an der er fast gestorben wäre. Was sollte ich darauf sagen? Ich konnte mich nur ärgern, daß der hochgebildete Mann, der überdies eine erfolgreiche Analyse hinter sich hatte, den Zusammenhang nicht besser durchschaute. Ich für meinen Teil, ehe ich daran glaube, daß man aus astrologischen Tafeln den Eintritt einer Krebs- oder Austernvergiftung berechnen kann, will lieber annehmen, daß mein Patient den Haß gegen den Rivalen noch immer nicht überwunden hatte, an dessen Verdrängung er seinerzeit erkrankt war, und daß die Astrologin einfach seine eigene Erwartung aussprach: solche Liebhabereien gibt man nicht auf und eines Tages wird er doch daran zugrunde gehen. Ich gestehe, daß ich für diesen Fall keine andere Erklärung weiß außer vielleicht, daß mein Patient sich einen Scherz mit mir erlaubt hat. Aber er gab mir weder damals noch später Grund zu diesem Verdacht und schien, was er sagte, ernsthaft zu meinen.
Ein anderer Fall. Ein junger Mann in angesehener Stellung unterhält ein Verhältnis mit einer Lebedame, in dem sich ein merkwürdiger Zwang durchsetzt. Von Zeit zu Zeit muß er die Geliebte durch spottende und höhnende Reden kränken, bis sie in helle Verzweif-

lung gerät. Hat er sie soweit gebracht, so ist er erleichtert, er versöhnt sich mit ihr und beschenkt sie. Aber er möchte jetzt frei von ihr werden, der Zwang ist ihm unheimlich, er merkt, daß sein eigener Ruf unter diesem Verhältnis leidet, er will eine eigene Frau haben, eine Familie gründen. Nur daß er mit eigener Kraft nicht von der Lebedame loskommt, er nimmt dazu die Hilfe der Analyse in Anspruch. Nach einer solchen Beschimpfungsszene, schon während der Analyse, läßt er sich von ihr ein Kärtchen schreiben, das er einem Schriftkundigen vorlegt. Die Auskunft, die er von ihm erhält, lautet: Das ist die Schrift eines Menschen in äußerster Verzweiflung, die Person wird sich gewiß in den allernächsten Tagen umbringen. Das geschieht zwar nicht, die Dame bleibt am Leben, aber der Analyse gelingt es, seine Fesseln zu lockern; er verläßt die Dame und wendet sich einem jungen Mädchen zu, von dem er erwartet, daß es eine brave Frau für ihn werden kann. Bald nachher erscheint ein Traum, der nur auf einen beginnenden Zweifel an dem Wert dieses Mädchens gedeutet werden kann. Er nimmt auch von ihr eine Schriftprobe, die er derselben Autorität vorlegt, und hört ein Urteil über ihre Schrift, das seine Besorgnisse bestätigt. Er gibt also die Absicht, sie zu seiner Frau zu machen, auf.

Um die Gutachten des Schriftkundigen, zumal das erste, zu würdigen, muß man etwas von der Geheimgeschichte unseres Mannes wissen. Im frühen Jünglingsalter hatte er sich, seiner leidenschaftlichen Natur entsprechend, bis zur Raserei in eine junge Frau verliebt, die immerhin älter war als er. Von ihr abgewiesen, machte er einen Selbstmordversuch, an dessen ernster Absicht man nicht zweifeln kann. Nur durch ein Ungefähr entging er dem Tode und erst nach langer Pflege war er hergestellt. Aber diese wilde Tat machte auf die geliebte Frau einen tiefen Eindruck, sie schenkte ihm ihre Gunst, er wurde ihr Liebhaber, blieb ihr von da an heimlich verbunden und diente ihr in echt ritterlicher Weise. Nach mehr als zwei Dezennien, als sie beide gealtert waren, die Frau natürlich mehr als er, erwachte in ihm das Bedürfnis, sich von ihr abzulösen, frei zu werden, ein eigenes Leben zu führen, selbst ein Haus und eine Familie zu gründen. Und gleichzeitig mit diesem Überdruß stellte sich bei ihm das lange unterdrückte Bedürfnis nach Rache an der Geliebten ein. Hatte er sich einst umbringen wollen, weil sie ihn verschmäht hatte, so wollte er jetzt die Genugtuung haben, daß sie den Tod suchte, weil er sie verließ. Aber seine Liebe war noch immer zu stark, als daß dieser Wunsch ihm bewußt werden konnte; auch war er nicht imstande, ihr genug Böses anzutun, um sie in den Tod zu treiben. In dieser Gemütslage nahm er die Lebedame gewissermaßen als Prügelknaben auf, um *in corpore vili* seinen Rachedurst zu befriedigen, und gestattete sich an ihr alle Quälereien, von denen er erwarten konnte, sie würden bei ihr den Erfolg haben, den er bei der geliebten Frau erwünschte. Daß die Rache eigentlich dieser letzteren galt, verriet sich nur durch den Umstand, daß er die Frau zur Mitwisserin und Ratgeberin in seinem Liebesverhältnis machte, anstatt ihr seinen Abfall zu verbergen. Die Arme, die längst von der Geberin zur Empfängerin herabgesunken war, litt unter seiner Vertraulichkeit wahrscheinlich mehr als die Lebedame unter seiner Brutalität. Der Zwang, über den er sich bei der Ersatzperson beklagte, und der ihn in die Analyse trieb, war natürlich von der alten Geliebten her auf sie übertragen; diese letztere war es, von der er sich frei machen wollte und nicht konnte. Ich bin kein Schriftenkenner und halte nicht viel von der Kunst, aus der Schrift den Charakter zu erraten, noch weniger glaube ich an die Möglichkeit, auf diesem Wege die Zukunft des Schreibers vorherzusagen. Sie sehen aber, wie immer man über den Wert der Graphologie denken mag, es ist unverkennbar, daß der Sachverständige, wenn er versprach, daß der Schreiber der ihm vorgelegten Probe sich in den nächsten Tagen umbringen werde, wiederum nur einen starken geheimen Wunsch der ihn befragenden Person ans Licht gezogen hatte. Etwas Ähnliches geschah dann auch beim zweiten Gutachten, nur daß hier nicht ein unbewußter Wunsch in Betracht kam, sondern daß die keimenden Zweifel und Besorgnisse des Befragenden durch den Mund des Schriftkundigen einen klaren Ausdruck fanden. Meinem Patienten gelang es übrigens, mit Hilfe der Analyse eine Liebeswahl zu treffen außerhalb des Zauberkreises, in den er gebannt gewesen war.

Meine Damen und Herren! Sie haben nun gehört, was die Traumdeutung und die Psychoanalyse überhaupt für den Okkultismus leistet. Sie haben an Beispielen gesehen, daß durch ihre Anwendung okkulte Tatbestände klargemacht werden, die sonst unkenntlich geblieben wären. Die Frage, die Sie gewiß am meisten interessiert, ob man an die objektive Realität dieser Befunde glauben darf, kann die Psychoanalyse nicht direkt beantworten, aber das mit ihrer Hilfe zutage geförderte Material macht wenigstens einen der Bejahung günstigen Eindruck. Dabei wird Ihr Interesse nicht haltmachen. Sie werden wissen wollen, zu welchen Schlüssen jenes ungleich reichere Material berechtigt, an dem die Psychoanalyse keinen Anteil hat. Dahin kann ich Ihnen aber nicht folgen, es ist nicht mehr mein Gebiet. Das einzige, was ich noch tun kann, wäre, daß ich Ihnen von Beobachtungen erzähle, die wenigstens die eine Beziehung zur Analyse haben, daß sie während der analytischen Behandlung gemacht, vielleicht auch durch ihren Einfluß ermöglicht wurden. Ich werde Ihnen ein solches Beispiel mitteilen, dasjenige, welches mir den stärksten Eindruck hinterlassen hat, werde sehr ausführlich sein, Ihre Aufmerksamkeit für eine Menge von Einzelheiten in Anspruch nehmen und dabei doch vieles unterdrücken müssen, was die überzeugende Kraft der Beobachtung sehr gesteigert hätte. Es ist ein Beispiel, in dem der Tatbestand klar zu Tage tritt und nicht durch die Analyse entwickelt zu werden braucht. Bei seiner Diskussion werden wir die Hilfe der Analyse aber nicht entbehren können. Ich sage es Ihnen aber vorher, auch dieses Beispiel von anscheinender Gedankenübertragung in der analytischen Situation ist nicht gegen alle Bedenken gefeit, gestattet keine unbedingte Parteinahme für die Realität des okkulten Phänomens.

Also hören Sie: An einem Herbsttag des Jahres 1919, etwa um ³/₄11 Uhr a. m., gibt der eben aus London eingetroffene *Dr. David Forsyth* eine Karte für mich ab, während ich mit einem Patienten arbeite. (Mein geehrter Kollege von der London University wird es sicherlich nicht als Indiskretion auffassen, wenn ich so verrate, daß er sich von mir durch einige Monate in die Künste der psychoanalytischen Technik einführen ließ.) Ich habe nur Zeit, ihn zu begrüßen und für später zu bestellen. Dr. Forsyth hat Anspruch auf mein besonderes Interesse; er ist der erste Ausländer, der nach der Absperrung der Kriegsjahre zu mir kommt, der eine bessere Zeit eröffnen soll. Bald nachher, um 11 Uhr, kommt einer meiner Patienten, Herr P., ein geistreicher und liebenswürdiger Mann, im Alter zwischen 40 und 50, der mich seinerzeit wegen Schwierigkeiten beim Weibe aufgesucht hatte. Sein Fall versprach keinen therapeutischen Erfolg; ich hatte ihm längst vorgeschlagen, die Behandlung einzustellen, aber er hatte deren Fortsetzung gewünscht, offenbar weil er sich in einer wohltemperierten Vater-Übertragung auf mich behaglich fühlte. Geld spielte um diese Zeit keine Rolle, da zu wenig davon vorhanden war; die Stunden, die ich mit ihm verbrachte, waren auch für mich Anregung und Erholung, und so wurde, mit Hinwegsetzung über die strengen Regeln des ärztlichen Betriebs, die analytische Bemühung bis zu einem in Aussicht genommenen Termin weitergeführt.

An diesem Tag kam P. auf seine Versuche zurück, die Liebesbeziehungen zu Frauen aufzunehmen, und erwähnte wieder einmal das schöne, pikante, arme Mädchen, bei dem er Erfolg haben könnte, wenn nicht schon die Tatsache ihrer Virginität ihn von jedem ernsthaften Unternehmen abschrecken würde. Er hatte schon oft von ihr gesprochen, heute erzählte er zum ersten Mal, daß sie, die natürlich von den wirklichen Gründen seiner Verhinderung keine Ahnung hat, ihn den Herrn von *Vorsicht* zu nennen pflegt. Diese Mitteilung frappiert mich, die Karte des *Dr. Forsyth* ist mir zur Hand, ich zeige sie ihm.

Dies der Tatbestand. Ich erwarte, er wird Ihnen armselig erscheinen, aber hören Sie nur weiter zu, es steckt mehr dahinter.

P. hatte einige seiner jungen Jahre in England verlebt und daher ein dauerndes Interesse für englische Literatur bewahrt. Er besitzt eine

reiche englische Bibliothek, pflegte mir Bücher aus ihr zu bringen, und ich verdanke ihm die Bekanntschaft mit Autoren wie *Bennett* und *Galsworthy*, von denen ich bis dahin wenig gelesen hatte. Eines Tages lieh er mir einen Roman von *Galsworthy* mit dem Titel *»The man of property«*, der im Schoß einer vom Dichter erfundenen Familie *Forsyte* spielt. Galsworthy ist offenbar von dieser seiner Schöpfung selbst gefangengenommen worden, denn er hat in späteren Erzählungen wiederholt auf Personen dieser Familie zurückgegriffen und endlich alle auf sie bezüglichen Erdichtungen unter dem Namen *»The Forsyte Saga«* gesammelt. Erst wenige Tage vor der Begebenheit, die ich erzähle, hatte mir P. einen neuen Band aus dieser Reihe gebracht. Der Name *Forsyte* und alles Typische, was der Dichter in ihm verkörpern wollte, hatte auch in meinen Unterhaltungen mit P. eine Rolle gespielt, er war zu einem Stück der Geheimsprache geworden, die sich bei regelmäßigem Verkehr so leicht zwischen zwei Personen ausbildet. Nun ist der Name *Forsyte* in jenen Romanen von dem meines Besuchers *Forsyth* wenig verschieden, für deutsche Aussprache kaum zu unterscheiden, und das sinnvolle englische Wort, das wir eben so aussprechen würden, wäre *foresight*, zu übersetzen: Voraussicht oder Vorsicht. P. hatte also tatsächlich aus seinen persönlichen Beziehungen den gleichen Namen herausgeholt, der zur selben Zeit infolge eines ihm unbekannten Ereignisses mich beschäftigte.
Nicht wahr, das sieht schon besser aus. Aber ich meine, wir werden einen stärkeren Eindruck von dem auffälligen Phänomen und sogar etwas wie einen Einblick in die Bedingungen seiner Entstehung gewinnen, wenn wir zwei andere Assoziationen analytisch beleuchten, die P. in der nämlichen Stunde vorbrachte.
Erstens: An einem Tag der vorigen Woche hatte ich Herrn P. um 11 Uhr vergeblich erwartet und war dann ausgegangen, um Dr. Anton von Freund in seiner Pension zu besuchen. Ich war überrascht zu finden, daß Herr P. in einem anderen Stockwerk des Hauses wohnte, das die Pension beherbergte. Mit Beziehung darauf hatte ich P. später erzählt, daß ich ihm sozusagen einen Besuch in seinem Hause gemacht hatte; ich weiß aber mit Bestimmtheit, daß ich den Namen der Person, die ich in der Pension besuchte, nicht genannt habe. Und nun stellt er bald nach der Erwähnung des Herrn v. Vorsicht an mich die Frage: Ist die *Freud-Ottorego*, die an der Volksuniversität englische Kurse abhält, vielleicht Ihre Tochter? Und zum ersten Male in unserem langen Verkehr läßt er meinem Namen die Entstellung widerfahren, an die mich Behörden, Ämter und Schriftsetzer allerdings gewöhnt haben; er sagt anstatt *Freud – Freund*.
Zweitens: Am Ende derselben Stunde erzählt er einen Traum, aus dem er mit Angst erwacht ist, einen richtigen Alptraum, meint er.

Er fügt hinzu, daß er unlängst das englische Wort dafür vergessen und einem Fragenden die Auskunft gegeben, Alptraum heiße im Englischen »*a mare's nest*«. Das sei natürlich ein Unsinn, *a mare's nest* bedeute eine unglaubliche, eine Räubergeschichte, die Übersetzung von Alptraum laute »*night-mare*«. Dieser Einfall scheint mit dem Früheren nichts anderes gemein zu haben als das Element: englisch; mich muß er aber an einen kleinen Vorfall etwa einen Monat vorher erinnern. P. saß bei mir im Zimmer, als unvermutet ein anderer lieber Gast aus London, *Dr. Ernest Jones*, nach langer Trennung bei mir eintrat. Ich winkte ihm, ins andere Zimmer zu gehen, bis ich mit P. abgeredet hatte. Der erkannte ihn aber sofort nach seiner im Wartezimmer hängenden Photographie und sprach sogar den Wunsch aus, ihm vorgestellt zu werden. Nun ist Jones der Verfasser einer Monographie über den Alptraum – *night-mare;* ich wußte nicht, ob sie P. bekannt geworden war. Er vermied es, analytische Bücher zu lesen.

Ich möchte vor Ihnen zunächst untersuchen, welches analytische Verständnis sich für den Zusammenhang von P.'s Einfällen und für ihre Motivierung gewinnen läßt. P. war auf den Namen Forsyte oder Forsyth ähnlich wie ich eingestellt, er bedeutete ihm dasselbe, ich verdankte ihm überhaupt die Bekanntschaft mit diesem Namen. Der merkwürdige Tatbestand war, daß er diesen Namen unvermittelt in die Analyse brachte, die kürzeste Zeit, nachdem er mir durch ein neues Ereignis, die Ankunft des Londoner Arztes, in einem anderen Sinne bedeutungsvoll geworden war. Aber vielleicht nicht minder interessant als die Tatsache selbst ist die Art, wie der Name in seiner Analysenstunde auftrat. Er sagte nicht etwa: Jetzt fällt mir der Name Forsyte aus den Ihnen bekannten Romanen ein, sondern er wußte ihn ohne jede bewußte Beziehung zu dieser Quelle mit seinen eigenen Erlebnissen zu verflechten und brachte ihn von daher zum Vorschein, was längst hätte geschehen können und bisher nicht geschehen war. Dann aber sagte er: Ich bin auch ein Forsyth, das Mädchen nennt mich ja so. Es ist schwer, die Mischung von eifersüchtigem Anspruch und wehmütiger Selbstherabsetzung zu verkennen, die sich in dieser Äußerung Ausdruck schafft. Man wird nicht irregehen, wenn man sie etwa so vervollständigt: Es kränkt mich, daß Ihre Gedanken sich so intensiv mit dem Ankömmling beschäftigen. Kehren Sie doch zu mir zurück, ich bin ja auch ein *Forsyth,* – allerdings nur ein Herr von *Vorsicht,* wie das Mädchen sagt. Und nun greift sein Gedankengang am Assoziationsfaden des Elements: englisch auf zwei frühere Gelegenheiten zurück, die die gleiche Eifersucht rege machen konnten. »Vor einigen Tagen haben Sie einen Besuch in meinem Haus gemacht, aber leider nicht bei mir, bei einem Herrn *v. Freund.*« Dieser Gedanke läßt ihn den Namen Freud in Freund verfälschen. Die *Freud-Ottorego*

im Vorlesungsverzeichnis muß herhalten, weil sie als Lehrerin des Englischen die manifeste Assoziation vermittelt. Und dann schließt sich die Erinnerung an einen anderen Besucher einige Wochen vorher an, auf den er gewiß ebenso eifersüchtig war, dem er sich aber gleichfalls nicht gewachsen fühlen konnte, denn der Dr. Jones verstand es, eine Abhandlung über den Alptraum zu schreiben, während er solche Träume höchstens selbst produzierte. Auch die Erwähnung seines Irrtums in der Bedeutung von *»a mare's nest«* gehört in denselben Zusammenhang, sie kann nur sagen wollen: Ich bin ja doch kein richtiger Engländer, so wenig wie ich ein richtiger Forsyth bin.
Ich kann nun seine Eifersuchtsregungen weder als unangemessen noch als unverständlich bezeichnen. Er war darauf vorbereitet worden, daß seine Analyse und damit unser Verkehr ein Ende finden werden, sobald wieder fremde Schüler und Patienten nach Wien kämen, und so geschah es auch wirklich bald hernach. Aber was wir bisher geleistet haben, war ein Stück analytischer Arbeit, die Aufklärung von drei in derselben Stunde vorgebrachten, von demselben Motiv gespeisten Einfällen, und es hat nicht viel mit der anderen Frage zu tun, ob diese Einfälle ohne Gedankenübertragung ableitbar sind oder nicht. Letztere stellt sich zu jedem der drei Einfälle ein und zerlegt sich somit in drei Einzelfragen: Konnte P. wissen, daß Dr. Forsyth eben seinen ersten Besuch bei mir gemacht hatte? Konnte er wissen, welches der Name der Person war, die ich in seinem Hause besucht hatte? Wußte er, daß Dr. Jones eine Abhandlung über den Alptraum geschrieben hatte? Oder war es nur mein Wissen um diese Dinge, das sich in seinen Einfällen verriet? Von der Beantwortung dieser drei Einzelfragen wird es abhängen, ob meine Beobachtung einen Schluß zu Gunsten der Gedankenübertragung erlaubt. Lassen wir die erste Frage noch eine Weile bei Seite, die beiden anderen sind leichter zu behandeln. Der Fall des Besuchs in der Pension macht auf den ersten Blick einen besonders zuverlässigen Eindruck. Ich bin sicher, daß ich in meiner kurzen, scherzenden Erwähnung des Besuchs in seinem Haus keinen Namen genannt habe; ich halte es für sehr unwahrscheinlich, daß P. sich in der Pension nach dem Namen der betreffenden Person erkundigt hat, ich glaube eher, daß ihm die Existenz derselben völlig unbekannt geblieben ist. Aber die Beweiskraft dieses Falles wird durch eine Zufälligkeit gründlich zerstört. Der Mann, den ich in der Pension besucht hatte, hieß nicht nur *Freund*, er war auch uns allen ein wahrer Freund. Es war *Dr. Anton v. Freund*, dessen Spende die Gründung unseres Verlags ermöglicht hatte. Sein früher Tod wie der unseres *Karl Abraham* einige Jahre später waren die schwersten Unglücksfälle, die die Entwicklung der Psychoanalyse betroffen haben. Ich mag also Herrn P. damals gesagt haben: Ich habe in

Ihrem Hause *einen Freund* besucht, und mit dieser Möglichkeit entfällt das okkultistische Interesse an seiner zweiten Assoziation. Auch der Eindruck des dritten Einfalles verflüchtigt sich bald. Konnte P. wissen, daß *Jones* eine Abhandlung über den Alptraum veröffentlich hat, da er nie analytische Literatur las? Ja, er konnte es wissen. Er besaß Bücher aus unserem Verlag, konnte immerhin die Titel der auf den Umschlägen angekündigten Neuerscheinungen gesehen haben. Es ist nicht zu erweisen, aber auch nicht abzuweisen. Auf diesem Weg werden wir also zu keiner Entscheidung kommen. Ich muß bedauern, daß meine Beobachtung an dem nämlichen Fehler leidet wie so viele ähnliche. Sie ist zu spät niedergeschrieben und ist diskutiert worden zu einer Zeit, da ich Herrn P. nicht mehr sah und ihn nicht weiter befragen konnte.
Kehren wir also zum ersten Vorfall zurück, der den scheinbaren Tatbestand der Gedankenübertragung auch isoliert aufrechthält. Konnte P. wissen, daß Dr. Forsyth eine Viertelstunde vor ihm bei mir gewesen war? Konnte er überhaupt von seiner Existenz oder Anwesenheit in Wien wissen? Der Neigung, beides glatt zu verneinen, darf man nicht nachgeben. Ich sehe doch einen Weg, der zu einer teilweisen Bejahung führt. Ich könnte doch Herrn P. die Mitteilung gemacht haben, daß ich einen Arzt aus England zum Unterricht in der Analyse erwarte, als erste Taube nach der Sintflut. Das könnte im Sommer 1919 gewesen sein; Dr. Forsyth hatte sich Monate vor seinem Eintreffen brieflich mit mir verständigt. Ich mag sogar seinen Namen genannt haben, obwohl mir das sehr unwahrscheinlich ist. Bei der anderweitigen Bedeutung dieses Namens für uns beide hätte sich an die Namensnennung eine Unterhaltung knüpfen müssen, von der mir etwas im Gedächtnis geblieben wäre. Immerhin mag es geschehen sein und ich es dann gründlich vergessen haben, so daß mich der Herr von Vorsicht in der Analysenstunde wie ein Wunder berühren konnte. Wenn man sich für einen Skeptiker hält, tut man gut daran, gelegentlich auch an seiner Skepsis zu zweifeln. Vielleicht gibt es auch bei mir die geheime Neigung zum Wunderbaren, die der Schaffung okkulter Tatbestände so entgegenkommt.
Ist so ein Stück des Wunderbaren aus dem Weg geräumt, so harrt unser noch ein anderes Stück, das schwierigste von allen. Angenommen, Herr P. habe gewußt, es gebe einen Dr. Forsyth und er werde im Herbst in Wien erwartet, wie erklärt es sich, daß er für ihn gerade am Tage seiner Ankunft und unmittelbar nach seinem ersten Besuch empfänglich wird? Man kann sagen, das ist Zufall, d. h. man läßt es unerklärt – aber ich habe jene zwei anderen Einfälle von P. gerade darum erörtert, um den Zufall auszuschließen, um Ihnen zu zeigen, daß er wirklich mit eifersüchtigen Gedanken über Leute, die mich besuchen und die ich besuche, beschäftigt war; oder man kann,

um das Äußerste des Möglichen nicht zu vernachlässigen, die Annahme versuchen, P. habe eine besondere Erregung an mir gemerkt, von der ich freilich nichts weiß, und aus ihr seinen Schluß gezogen. Oder Herr P., der ja nur eine Viertelstunde nach dem Engländer ankam, sei ihm auf dem kleinen Stück des beiden gemeinsamen Weges begegnet, habe ihn nach seinem charakteristisch englischen Aussehen erkannt und, beständig auf seine eifersüchtige Erwartung eingestellt, gedacht: Also das ist der Dr. Forsyth, mit dessen Ankunft meine Analyse zu Ende kommen soll. Und wahrscheinlich kommt er gerade jetzt vom Professor. Weiter kann ich mit diesen rationalistischen Mutmaßungen nicht gehen. Es bleibt wiederum bei einem *non liquet*, aber ich muß es bekennen, nach meiner Empfindung neigt sich die Waagschale auch hier zu Gunsten der Gedankenübertragung. Übrigens bin ich gewiß nicht der Einzige, der in die Lage gekommen ist, solche »okkulte« Vorkommnisse in der analytischen Situation zu erleben. Helene *Deutsch* hat 1926 ähnliche Beobachtungen bekannt gemacht und deren Bedingtheit durch die Beziehungen der Übertragung zwischen Patienten und Analytiker studiert.
Ich bin überzeugt, Sie werden mit meiner Einstellung zu diesem Problem: nicht völlig überzeugt und doch zur Überzeugung bereit, nicht sehr zufrieden sein. Vielleicht sagen Sie sich: Das ist wieder so ein Fall, daß ein Mensch, der sein Leben lang rechtschaffen als Naturforscher gearbeitet hat, im Alter schwachsinnig, fromm und leichtgläubig wird. Ich weiß, einige große Namen gehören in diese Reihe, aber mich sollen Sie nicht dazu rechnen. Fromm wenigstens bin ich nicht geworden, ich hoffe, auch nicht leichtgläubig. Nur, wenn man sich sein Leben lang gebückt gehalten hat, um einem schmerzhaften Zusammenstoß mit den Tatsachen auszuweichen, so behält man auch im Alter den krummen Rücken, der sich vor neuen Tatsächlichkeiten beugt. Ihnen wäre es gewiß lieber, ich hielte an einem gemäßigten Theismus fest und zeigte mich unerbittlich in der Ablehnung alles Okkulten. Aber ich bin unfähig, um Gunst zu werben, ich muß Ihnen nahelegen, über die objektive Möglichkeit der Gedankenübertragung und damit auch der Telepathie freundlicher zu denken.
Sie vergessen nicht, daß ich diese Probleme hier nur insoweit behandelt habe, als man sich ihnen von der Psychoanalyse her annähern kann. Als sie vor länger als zehn Jahren zuerst in meinen Gesichtskreis traten, verspürte auch ich die Angst vor einer Bedrohung unserer wissenschaftlichen Weltanschauung, die im Falle, als sich Stücke des Okkultismus bewahrheiten, dem Spiritismus oder der Mystik den Platz räumen müßte. Ich denke heute anders; ich meine, es zeugt von keiner großen Zuversicht zur Wissenschaft, wenn man ihr nicht zutraut, daß sie auch aufnehmen und verarbei-

ten kann, was sich etwa an den okkulten Behauptungen als wahr herausstellt. Und was besonders die Gedankenübertragung betrifft, so scheint sie die Ausdehnung der wissenschaftlichen – Gegner sagen: mechanistischen – Denkweise auf das so schwer faßbare Geistige geradezu zu begünstigen. Der telepathische Vorgang soll ja darin bestehen, daß ein seelischer Akt der einen Person den nämlichen seelischen Akt bei einer anderen Person anregt. Was zwischen den beiden seelischen Akten liegt, kann leicht ein physikalischer Vorgang sein, in den sich das Psychische an einem Ende wieder in das gleiche Psychische umsetzt. Die Analogie mit anderen Umsetzungen wie beim Sprechen und Hören am Telefon wäre dann unverkennbar. Und denken Sie, wenn man dieses physikalischen Äquivalents des psychischen Akts habhaft werden könnte! Ich möchte sagen, durch die Einschiebung des Unbewußten zwischen das Physikalische und das bis dahin »psychisch« Genannte hat uns die Psychoanalyse für die Annahme solcher Vorgänge wie die Telepathie vorbereitet. Gewöhnt man sich erst an die Vorstellung der Telepathie, so kann man mit ihr viel ausrichten, allerdings vorläufig nur in der Phantasie. Man weiß bekanntlich nicht, wie der Gesamtwille in den großen Insektenstaaten zustande kommt. Möglicherweise geschieht es auf dem Wege solch direkter psychischer Übertragung. Man wird auf die Vermutung geführt, daß dies der ursprüngliche, archaiische Weg der Verständigung unter den Einzelwesen ist, der im Lauf der phylogenetischen Entwicklung durch die bessere Methode der Mitteilung mit Hilfe von Zeichen zurückgedrängt wird, die man mit den Sinnesorganen aufnimmt. Aber die ältere Methode könnte im Hintergrund erhalten bleiben und sich unter gewissen Bedingungen noch durchsetzen, z. B. auch in leidenschaftlich erregten Massen. Das ist alles noch unsicher und voll von ungelösten Rätseln, aber es ist kein Grund zum Erschrecken.

Wenn es eine Telepathie als realen Vorgang gibt, so kann man trotz ihrer schweren Erweisbarkeit vermuten, daß sie ein recht häufiges Phänomen ist. Es würde unseren Erwartungen entsprechen, wenn wir sie gerade im Seelenleben des Kindes aufzeigen könnten. Man wird da an die häufige Angstvorstellung der Kinder erinnert, daß die Eltern alle ihre Gedanken kennen, ohne daß sie sie ihnen mitgeteilt hätten, das volle Gegenstück und vielleicht die Quelle des Glaubens Erwachsener an die Allwissenheit Gottes. Vor kurzem hat eine vertrauenswürdige Frau, Dorothy *Burlingham,* in einem Aufsatz »Kinderanalyse und Mutter« Beobachtungen mitgeteilt, die, wenn sie sich bestätigen lassen, dem restlichen Zweifel an der Realität der Gedankenübertragung ein Ende machen müssen. Sie machte sich die nicht mehr seltene Situation zunutze, daß sich Mutter und Kind gleichzeitig in Analyse befinden, und berichtet aus derselben merkwürdige Vorfälle wie den folgenden: Eines Tages erzählt die Mutter in ihrer Analysenstunde von einem Goldstück, das in einer ihrer Kinderszenen eine bestimmte Rolle spielt. Gleich darauf, nachdem sie nach Hause gekommen ist, kommt ihr kleiner, etwa zehnjähriger Junge zu ihr ins Zimmer und bringt ihr ein Goldstück, das sie für ihn aufbewahren soll. Sie fragt ihn erstaunt, woher er es hat. Er hat es zu seinem Geburtstag bekommen, aber der Geburtstag des Kindes liegt mehrere Monate zurück und es ist kein Anlaß, warum sich das Kind gerade jetzt an das Goldstück erinnert haben sollte. Die Mutter verständigt die Analytikerin des Kindes von dem Zusammentreffen und bittet sie, beim Kind nach der Begründung jener Handlung zu forschen. Aber die Analyse des Kindes bringt keinen Aufschluß, die Handlung hatte sich wie ein Fremdkörper in das Leben des Kindes an jenem Tage eingedrängt. Einige Wochen später sitzt die Mutter am Schreibtisch, um sich, wozu man sie gemahnt hatte, eine Notiz über das geschilderte Erlebnis zu machen. Da kommt der Knabe herein und verlangt das Goldstück zurück, er möchte es in seine analytische Stunde mitnehmen, um es zu zeigen. Wiederum kann die Analyse des Kindes keinen Zugang zu diesem Wunsch auffinden.

Und damit wären wir zur Psychoanalyse zurückgekommen, von der wir ausgegangen sind.

31. Vorlesung

DIE ZERLEGUNG DER PSYCHISCHEN PERSÖNLICHKEIT

Meine Damen und Herren! Ich weiß, Sie kennen für Ihre eigenen Beziehungen, ob es sich um Personen oder um Dinge handelt, die Bedeutung des Ausgangspunktes. So war es auch mit der Psychoanalyse: Für die Entwicklung, die sie nahm, für die Aufnahme, die sie fand, ist es nicht gleichgültig gewesen, daß sie ihre Arbeit am Symptom begann, am Ichfremdesten, das sich in der Seele vorfindet. Das Symptom stammt vom Verdrängten ab, ist gleichsam der Vertreter desselben vor dem Ich, das Verdrängte ist aber für das Ich Ausland, inneres Ausland, so wie die Realität – gestatten Sie den ungewohnten Ausdruck – äußeres Ausland ist. Vom Symptom her führte der Weg zum Unbewußten, zum Triebleben, zur Sexualität, und das war die Zeit, da die Psychoanalyse die geistvollen Einwendungen zu hören bekam, der Mensch sei nicht bloß ein Sexualwesen, er kenne auch edlere und höhere Regungen. Man hätte hinzu-

setzen können, gehoben durch das Bewußtsein dieser höheren Regungen nehme er sich öfters das Recht heraus, Unsinn zu denken und Tatsachen zu vernachlässigen.
Sie wissen es besser, es hat von allem Anfang an bei uns geheißen, der Mensch erkranke an dem Konflikt zwischen den Ansprüchen des Trieblebens und dem Widerstand, der sich in ihm dagegen erhebt, und wir hatten keinen Augenblick diese widerstehende, abweisende, verdrängende Instanz vergessen, die wir uns mit ihren besonderen Kräften, den Ichtrieben, ausgestattet dachten und die eben mit dem Ich der populären Psychologie zusammenfällt. Nur daß es bei dem mühsamen Fortschreiten der wissenschaftlichen Arbeit auch der Psychoanalyse nicht möglich war, alle Gebiete gleichzeitig zu studieren und sich über alle Probleme in einem Atem zu äußern. Endlich war man so weit gekommen, daß man seine Aufmerksamkeit vom Verdrängten weg auf das Verdrängende richten konnte, und stand vor diesem Ich, das so selbstverständlich zu sein schien, mit der sicheren Erwartung, auch hier Dinge zu finden, auf die man nicht vorbereitet sein konnte; aber es war nicht leicht, einen ersten Zugang zu finden. Das ist es, worüber ich Ihnen heute berichten will!
Ich muß aber doch meiner Vermutung Ausdruck geben, daß diese meine Darstellung der Ichpsychologie anders auf Sie wirken wird als die Einführung in die psychische Unterwelt, die ihr vorausgegangen ist. Warum das der Fall sein sollte, weiß ich nicht sicher zu sagen. Ich meinte zuerst, Sie würden herausfinden, daß ich Ihnen vorhin hauptsächlich Tatsachen berichtet hatte, wenn auch fremdartige und sonderbare, während Sie diesmal vorwiegend Auffassungen, also Spekulationen, zu hören bekommen. Aber es trifft nicht zu, bei besserer Erwägung muß ich behaupten, daß der Anteil der gedanklichen Verarbeitung des tatsächlichen Materials in unserer Ichpsychologie nicht viel größer ist als er in der Neurosenpsychologie war. Auch andere Begründungen meiner Erwartung mußte ich verwerfen; ich meine jetzt, es liegt irgendwie am Charakter des Stoffes selbst und an unserer Ungewohntheit, mit ihm umzugehen. Immerhin, ich werde nicht erstaunt sein, wenn Sie sich in Ihrem Urteil noch zurückhaltender und vorsichtiger zeigen als bisher.
Die Situation, in der wir uns zu Beginn unserer Untersuchung befinden, soll uns selbst den Weg weisen. Wir wollen das Ich zum Gegenstand dieser Untersuchung machen, unser eigenstes Ich. Aber kann man das? Das Ich ist ja doch das eigentlichste Subjekt, wie soll es zum Objekt werden? Nun, es ist kein Zweifel, daß man dies kann. Das Ich kann sich selbst zum Objekt nehmen, sich behandeln wie andere Objekte, sich beobachten, kritisieren, Gott weiß was noch alles mit sich selbst anstellen. Dabei stellt sich ein Teil des Ichs

dem übrigen gegenüber. Das Ich ist also spaltbar, es spaltet sich während mancher seiner Funktionen, wenigstens vorübergehend. Die Teilstücke können sich nachher wieder vereinigen. Das ist gerade keine Neuigkeit, vielleicht eine ungewohnte Betonung allgemein bekannter Dinge. Anderseits sind wir mit der Auffassung vertraut, daß die Pathologie uns durch ihre Vergrößerungen und Vergröberungen auf normale Verhältnisse aufmerksam machen kann, die uns sonst entgangen wären. Wo sie uns einen Bruch oder Riß zeigt, kann normalerweise eine Gliederung vorhanden sein. Wenn wir einen Kristall zu Boden werfen, zerbricht er, aber nicht willkürlich, er zerfällt dabei nach seinen Spaltrichtungen in Stücke, deren Abgrenzung, obwohl unsichtbar, doch durch die Struktur des Kristalls vorher bestimmt war. Solche rissige und gesprungene Strukturen sind auch die Geisteskranken. Etwas von der ehrfürchtigen Scheu, die alte Völker den Wahnsinnigen bezeugten, können auch wir ihnen nicht versagen. Sie haben sich von der äußeren Realität abgewendet, aber eben darum wissen sie mehr von der inneren, psychischen Realität und können uns manches verraten, was uns sonst unzugänglich wäre. Von einer Gruppe dieser Kranken sagen wir, sie leiden an Beobachtungswahn. Sie klagen uns, daß sie unausgesetzt und bis in ihr intimstes Tun von der Beobachtung unbekannter Mächte, wahrscheinlich doch Personen, belästigt werden, und hören halluzinatorisch, wie diese Personen die Ergebnisse ihrer Beobachtung verkünden: Jetzt will er das sagen, jetzt kleidet er sich an, um auszugehen usw. Diese Beobachtung ist noch nicht dasselbe wie eine Verfolgung, aber sie ist nicht weit davon, sie setzt voraus, daß man ihnen mißtraut, daß man erwartet, sie bei verbotenen Handlungen zu ertappen, für die sie gestraft werden sollen. Wie wäre es, wenn diese Wahnsinnigen Recht hätten, wenn bei uns allen eine solche beobachtende und strafandrohende Instanz im Ich vorhanden wäre, die sich bei ihnen nur scharf vom Ich gesondert hätte und irrtümlicherweise in die äußere Realität verschoben worden wäre?

Ich weiß nicht, ob es Ihnen ebenso ergehen wird wie mir. Seitdem ich unter dem starken Eindruck dieses Krankheitsbildes die Idee gefaßt hatte, daß die Sonderung einer beobachtenden Instanz vom übrigen Ich ein regelmäßiger Zug in der Struktur des Ichs sein könnte, hat sie mich nicht mehr verlassen, und ich war getrieben, nach den weiteren Charakteren und Beziehungen dieser so abgesonderten Instanz zu forschen. Der nächste Schritt ist bald getan. Schon der Inhalt des Beobachtungswahns legt es nahe, daß das Beobachten nur eine Vorbereitung ist für das Richten und Strafen, und somit erraten wir, daß eine andere Funktion dieser Instanz das sein muß, was wir unser Gewissen nennen. Es gibt kaum etwas anderes in uns, was wir so regelmäßig von unserem Ich sondern und so leicht ihm entgegenstellen wie gerade das Gewissen. Ich verspüre die Neigung, etwas zu tun, wovon ich mir Lust verspreche, aber ich unterlasse es mit der Begründung: mein Gewissen erlaubt es nicht. Oder ich habe mich von der übergroßen Lusterwartung bewegen lassen, etwas zu tun, wogegen die Stimme des Gewissens Einspruch erhob, und nach der Tat straft mich mein Gewissen mit peinlichen Vorwürfen, läßt mich die Reue ob der Tat empfinden. Ich könnte einfach sagen, die besondere Instanz, die ich im Ich zu unterscheiden beginne, ist das Gewissen, aber es ist vorsichtiger, diese Instanz selbständig zu halten und anzunehmen, das Gewissen sei eine ihrer Funktionen, und die Selbstbeobachtung, die als Voraussetzung für die richterliche Tätigkeit des Gewissens unentbehrlich ist, sei eine andere. Und da es zur Anerkennung einer gesonderten Existenz gehört, daß man dem Ding einen eigenen Namen gibt, will ich diese Instanz im Ich von nun an als das *»Über-Ich«* bezeichnen.

Jetzt bin ich darauf gefaßt, daß Sie mich höhnisch fragen, ob unsere Ichpsychologie überhaupt darauf hinausläuft, gebräuchliche Abstraktionen wörtlich zu nehmen und zu vergröbern, sie aus Begriffen in Dinge zu verwandeln, womit nicht viel gewonnen wäre. Ich antworte, es wird schwer halten, in der Ichpsychologie dem Allbekannten auszuweichen, es wird mehr auf neue Auffassungen und Anordnungen ankommen als auf Neuentdeckungen. Bleiben Sie also vorläufig bei Ihrer herabsetzenden Kritik und warten Sie die weiteren Ausführungen ab. Die Tatsachen der Pathologie geben unseren Bemühungen einen Hintergrund, den Sie für die Populärpsychologie vergebens suchen würden. Ich setze fort. Kaum daß wir uns mit der Idee eines solchen Über-Ichs befreundet haben, das eine gewisse Selbständigkeit genießt, seine eigenen Absichten verfolgt und in seinem Energiebesitz vom Ich unabhängig ist, drängt sich uns ein Krankheitsbild auf, das die Strenge, ja die Grausamkeit dieser Instanz und die Wandlungen in ihrer Beziehung zum Ich auffällig verdeutlicht. Ich meine den Zustand der Melancholie, genauer des melancholischen Anfalls, von dem ja auch Sie genug gehört haben, auch wenn Sie nicht Psychiater sind. An diesem Leiden, von dessen Verursachung und Mechanismus wir viel zu wenig wissen, ist der auffälligste Zug die Art, wie das Über-Ich – sagen Sie nur im stillen: das Gewissen – das Ich behandelt. Während der Melancholiker in gesunden Zeiten mehr oder weniger streng gegen sich sein kann, wie ein anderer, wird im melancholischen Anfall das Über-Ich überstreng, beschimpft, erniedrigt, mißhandelt das arme Ich, läßt es die schwersten Strafen erwarten, macht ihm Vorwürfe wegen längst vergangener Handlungen, die zu ihrer Zeit leicht genommen wurden, als hätte es das ganze Intervall über Anklagen gesammelt und nur seine gegenwärtige Erstarkung abgewartet, um mit ihnen hervorzutreten und auf Grund dieser Anklagen zu verurteilen. Das Über-Ich legt den strengsten moralischen Maßstab an das ihm hilflos preisgegebene Ich an, es vertritt ja überhaupt den Anspruch der Moralität, und wir erfassen mit einem Blick, daß unser moralisches Schuldgefühl der Ausdruck der Spannung zwischen Ich und Über-Ich ist. Es ist eine sehr merkwürdige Erfahrung, die Moralität, die uns angeblich von Gott verliehen und so tief eingepflanzt wurde, als periodisches Phänomen zu sehen. Denn nach einer gewissen Anzahl von Monaten ist der ganze moralische Spuk vorüber, die Kritik des Über-Ichs schweigt, das Ich ist rehabilitiert und genießt wieder alle Menschenrechte bis zum nächsten Anfall. Ja bei manchen Formen der Erkrankung findet in den Zwischenzeiten etwas Gegenteiliges statt; das Ich befindet sich in einem seligen Rauschzustand, es triumphiert, als hätte das Über-Ich alle Kraft verloren oder wäre mit dem Ich zusammengeflossen, und dieses freigewordene, manische Ich gestattet sich wirklich hemmungslos die Befriedigung aller seiner Gelüste. Vorgänge, reich an ungelösten Rätseln!

Sie werden gewiß mehr als eine bloße Illustration erwarten, wenn ich Ihnen ankündige, daß wir über die Bildung des Über-Ichs, also über die Entstehung des Gewissens, mancherlei gelernt haben. In Anlehnung an einen bekannten Ausspruch *Kant's*, der das Gewissen in uns mit dem gestirnten Himmel zusammenbringt, könnte ein Frommer wohl versucht sein, diese beiden als die Meisterstücke der Schöpfung zu verehren. Die Gestirne sind gewiß großartig, aber was das Gewissen betrifft, so hat Gott hierin ungleichmäßige und nachlässige Arbeit geleistet, denn eine große Überzahl von Menschen hat davon nur ein bescheidenes Maß oder kaum so viel, als noch der Rede wert ist, mitbekommen. Wir verkennen das Stück psychologischer Wahrheit keineswegs, das in der Behauptung, das Gewissen sei göttlicher Herkunft, enthalten ist, aber der Satz bedarf der Deutung. Wenn das Gewissen auch etwas »in uns« ist, so ist es doch nicht von Anfang an. Es ist so recht ein Gegensatz zum Sexualleben, das wirklich vom Anfang des Lebens an da ist und nicht erst später hinzukommt. Aber das kleine Kind ist bekanntlich amoralisch, es besitzt keine inneren Hemmungen gegen seine nach Lust strebenden Impulse. Die Rolle, die späterhin das Über-Ich übernimmt, wird zuerst von einer äußeren Macht, von der elterlichen Autorität, gespielt. Der Elterneinfluß regiert das Kind durch Gewährung von Liebesbeweisen und durch Androhung von Strafen, die dem Kinde den Liebesverlust beweisen und an sich gefürchtet werden müssen. Diese Realangst ist der Vorläufer der späteren Gewissensangst; solange sie herrscht, braucht man von Über-Ich und von Gewissen nicht zu reden. Erst in weiterer Folge bildet sich die sekundäre Situation aus, die wir allzu bereitwillig für die normale halten, daß die äußere Abhaltung verinnerlicht wird, daß an die Stelle

der Elterninstanz das Über-Ich tritt, welches nun das Ich genau so beobachtet, lenkt und bedroht wie früher die Eltern das Kind.
Das Über-Ich, das solcherart die Macht, die Leistung und selbst die Methoden der Elterninstanz übernimmt, ist aber nicht nur der Rechtsnachfolger, sondern wirklich der legitime Leibeserbe derselben. Es geht direkt aus ihr hervor, wir werden bald erfahren, durch welchen Vorgang. Zunächst müssen wir jedoch bei einer Unstimmigkeit zwischen beiden verweilen. Das Über-Ich scheint in einseitiger Auswahl nur die Härte und Strenge der Eltern, ihre verbietende und strafende Funktion aufgegriffen zu haben, während deren liebevolle Fürsorge keine Aufnahme und Fortsetzung findet. Haben die Eltern wirklich ein strenges Regiment geführt, so glauben wir es leicht begreiflich zu finden, wenn sich auch beim Kind ein strenges Über-Ich entwickelt, aber die Erfahrung zeigt, gegen unsere Erwartung, daß das Über-Ich denselben Charakter unerbittlicher Härte erwerben kann, auch wenn die Erziehung milde und gütig war, Drohungen und Strafen möglichst vermieden hat. Wir werden auf diesen Widerspruch später zurückkommen, wenn wir die Triebumsetzungen bei der Bildung des Über-Ichs behandeln.
Von der Umwandlung der Elternbeziehung in das Über-Ich kann ich Ihnen nicht soviel sagen, wie ich gern möchte, zum Teil weil dieser Vorgang so verwickelt ist, daß seine Darstellung sich nicht in den Rahmen einer Einführung fügt, wie ich sie Ihnen geben will, zum anderen Teil weil wir selbst nicht glauben, ihn voll durchschaut zu haben. Begnügen Sie sich also mit den folgenden Andeutungen. Die Grundlage dieses Vorganges ist eine sogenannte Identifizierung, d. h. eine Angleichung eines Ichs an ein fremdes, in deren Folge dies erste Ich sich in bestimmten Hinsichten so benimmt wie das andere, es nachahmt, gewissermaßen in sich aufnimmt. Man hat die Identifizierung nicht unpassend mit der oralen kannibalistischen Einverleibung der fremden Person verglichen. Die Identifizierung ist eine sehr wichtige Form der Bindung an die andere Person, wahrscheinlich die ursprünglichste, nicht dasselbe wie eine Objektwahl. Man kann den Unterschied etwa so ausdrücken: Wenn der Knabe sich mit dem Vater identifziert, so will er so *sein* wie der Vater: wenn er ihn zum Objekt seiner Wahl macht, so will er ihn *haben*, besitzen; im ersten Fall wird sein Ich nach dem Vorbild des Vaters verändert, im zweiten Falle ist dies nicht notwendig. Identifizierung und Objektwahl sind in weitem Ausmaß unabhängig voneinander; man kann sich aber auch mit der nämlichen Person identifizieren, sein Ich nach ihr verändern, die man z. B. zum Sexualobjekt genommen hat. Man sagt, daß die Beeinflussung des Ichs durch das Sexualobjekt besonders häufig bei Frauen vorkommt und für die Weiblichkeit charakteristisch ist. Von der bei weitem lehrreichsten Beziehung zwischen Identifizierung und Objektwahl

muß ich Ihnen schon einmal in den früheren Vorlesungen gesprochen haben. Sie ist so leicht an Kindern wie an Erwachsenen, normalen und kranken Menschen zu beobachten. Wenn man ein Objekt verloren hat oder es aufgeben mußte, so entschädigt man sich oft genug dadurch, daß man sich mit ihm identifiziert, es in seinem Ich wieder aufrichtet, so daß hier die Objektwahl gleichsam zur Identifizierung regrediert.

Ich bin von diesen Ausführungen über die Identifizierung selbst durchaus nicht befriedigt, aber genug, wenn Sie mir zugeben können, daß die Einsetzung des Über-Ichs als ein gelungener Fall von Identifizierung mit der Elterninstanz beschrieben werden kann. Die für diese Auffassung entscheidende Tatsache ist nun, daß diese Neuschöpfung einer überlegenen Instanz im Ich aufs innigste mit dem Schicksal des Ödipuskomplexes verknüpft ist, so daß das Über-Ich als der Erbe dieser für die Kindheit so bedeutungsvollen Gefühlsbindung erscheint. Wir verstehen, mit dem Auflassen des Ödipuskomplexes mußte das Kind auf die intensiven Objektbesetzungen verzichten, die es bei den Eltern untergebracht hatte, und zur Entschädigung für diesen Objektverlust werden die wahrscheinlich längst vorhandenen Identifizierungen mit den Eltern in seinem Ich so sehr verstärkt. Solche Identifizierungen als Niederschläge aufgegebener Objektbesetzungen werden sich später im Leben des Kindes oft genug wiederholen, aber es entspricht durchaus dem Gefühlswert dieses ersten Falles einer solchen Umsetzung, daß deren Ergebnis eine Sonderstellung im Ich eingeräumt wird. Eingehende Untersuchung belehrt uns auch, daß das Über-Ich in seiner Stärke und Ausbildung verkümmert, wenn die Überwindung des Ödipuskomplexes nur unvollkommen gelingt. Im Laufe der Entwicklung nimmt das Über-Ich auch die Einflüsse jener Personen an, die an die Stelle der Eltern getreten sind, also von Erziehern, Lehrern, idealen Vorbildern. Es entfernt sich normalerweise immer mehr von den ursprünglichen Elternindividuen, es wird sozusagen unpersönlicher. Wir wollen auch nicht vergessen, daß das Kind seine Eltern in verschiedenen Lebenszeiten verschieden einschätzt. Zur Zeit, da der Ödipuskomplex dem Über-Ich den Platz räumt, sind sie etwas ganz Großartiges, später büßen sie sehr viel ein. Es kommen dann auch Identifizierungen mit diesen späteren Eltern zustande, sie liefern sogar regelmäßig wichtige Beiträge zur Charakterbildung, aber sie betreffen dann nur das Ich, beeinflussen nicht mehr das Über-Ich, das durch die frühesten Elternimagines bestimmt worden ist.

Ich hoffe, Sie haben bereits den Eindruck empfangen, daß die Aufstellung des Über-Ichs wirklich ein Strukturverhältnis beschreibt und nicht einfach eine Abstraktion wie die des Gewissens personifiziert. Wir haben noch eine wichtige Funktion zu erwäh-

nen, die wir diesem Über-Ich zuteilen. Es ist auch der Träger des Ichideals, an dem das Ich sich mißt, dem es nachstrebt, dessen Anspruch auf immer weitergehende Vervollkommnung es zu erfüllen bemüht ist. Kein Zweifel, dieses Ichideal ist der Niederschlag der alten Elternvorstellung, der Ausdruck der Bewunderung jener Vollkommenheit, die das Kind ihnen damals zuschrieb. Ich weiß, Sie haben viel von dem Gefühl der Minderwertigkeit gehört, das gerade die Neurotiker auszeichnen soll. Es spukt besonders in der sogenannten schönen Literatur. Ein Schriftsteller, der das Wort Minderwertigkeitskomplex gebraucht, glaubt damit allen Anforderungen der Psychoanalyse Genüge getan und seine Darstellung auf ein höheres psychologisches Niveau gehoben zu haben. In Wirklichkeit wird das Kunstwort Minderwertigkeitskomplex in der Psychoanalyse kaum verwendet. Es bedeutet uns nichts Einfaches, geschweige denn etwas Elementares. Es auf die Selbstwahrnehmung etwaiger Organverkümmerungen zurückzuführen, wie die Schule der sogenannten Individualpsychologen zu tun beliebt, erscheint uns ein kurzsichtiger Irrtum. Das Gefühl der Minderwertigkeit hat starke erotische Wurzeln. Das Kind fühlt sich minderwertig, wenn es merkt, daß es nicht geliebt wird, und ebenso der Erwachsene. Das einzige Organ, das wirklich als minderwertig betrachtet wird, ist der verkümmerte Penis, die Klitoris des Mädchens. Aber der Hauptanteil des Minderwertigkeitsgefühls stammt aus der Beziehung des Ichs zu seinem Über-Ich, ist ebenso wie das Schuldgefühl ein Ausdruck der Spannung zwischen beiden. Minderwertigkeitsgefühl und Schuldgefühl sind überhaupt schwer auseinanderzuhalten. Vielleicht täte man gut daran, im ersteren die erotische Ergänzung zum moralischen Minderwertigkeitsgefühl zu sehen. Wir haben dieser Frage der begrifflichen Abgrenzung in der Psychoanalyse wenig Aufmerksamkeit geschenkt.
Gerade weil der Minderwertigkeitskomplex so populär geworden ist, gestatte ich mir, Sie hier mit einer kleinen Abschweifung zu unterhalten. Eine historische Persönlichkeit unserer Zeit, die noch lebt, aber gegenwärtig in den Hintergrund gerückt ist, hat von einer Schädigung während der Geburt eine gewisse Verkümmerung eines Gliedes behalten. Ein sehr bekannter Schriftsteller unserer Tage, der am liebsten Biographien hervorragender Personen bearbeitet, hat auch das Leben dieses von mir bezeichneten Mannes behandelt. Nun mag es ja schwer sein, das Bedürfnis nach psychologischer Vertiefung zu unterdrücken, wenn man eine Biographie schreibt. Unser Autor hat darum den Versuch gewagt, die ganze Charakterentwicklung des Helden über dem Minderwertigkeitsgefühl, das jener körperliche Defekt wachrufen mußte, aufzubauen. Er hat dabei eine kleine, aber nicht unwichtige Tatsache übersehen. Es ist gewöhnlich, daß Mütter, denen das Schicksal ein krankes oder

sonst benachteiligtes Kind geschenkt hat, es für diese ungerechte Zurücksetzung durch ein Übermaß von Liebe zu entschädigen suchen. In dem zur Rede stehenden Falle benahm sich die stolze Mutter anders, sie entzog dem Kind ihre Liebe wegen seines Gebrechens. Als aus dem Kinde ein großmächtiger Mann geworden war, bewies dieser durch seine Handlungen unzweideutig, daß er der Mutter nie verziehen hatte. Wenn Sie sich auf die Bedeutung der Mutterliebe für das kindliche Seelenleben besinnen, werden Sie die Minderwertigkeitstheorie des Biographen wohl in Ihren Gedanken korrigieren.

Kehren wir zum Über-Ich zurück! Wir haben ihm die Selbstbeobachtung, das Gewissen und die Idealfunktion zugeteilt. Aus unseren Ausführungen über seine Entstehung geht hervor, daß es eine unsäglich wichtige biologische wie eine schicksalsvolle psychologische Tatsache zu Voraussetzungen hat, nämlich die lange Abhängigkeit des Menschenkindes von seinen Eltern und den Ödipuskomplex, die beide wieder innig miteinander verknüpft sind. Das Über-Ich ist für uns die Vertretung aller moralischen Beschränkungen, der Anwalt des Strebens nach Vervollkommnung, kurz das, was uns von dem sogenannt Höheren im Menschenleben psychologisch greifbar geworden ist. Da es selbst auf den Einfluß der Eltern, Erzieher und dergleichen zurückgeht, erfahren wir noch mehr von seiner Bedeutung, wenn wir uns zu diesen seinen Quellen wenden. In der Regel folgen die Eltern und die ihnen anologen Autoritäten in der Erziehung des Kindes den Vorschriften des eigenen Über-Ichs. Wie immer sich ihr Ich mit ihrem Über-Ich auseinandergesetzt haben mag, in der Erziehung des Kindes sind sie streng und anspruchsvoll. Sie haben die Schwierigkeiten ihrer eigenen Kindheit vergessen, sind zufrieden, sich nun voll mit den eigenen Eltern identifizieren zu können, die ihnen seinerzeit die schweren Einschränkungen auferlegt haben. So wird das Über-Ich des Kindes eigentlich nicht nach dem Vorbild der Eltern, sondern des elterlichen Über-Ichs aufgebaut; es erfüllt sich mit dem gleichen Inhalt, es wird zum Träger der Tradition, all der zeitbeständigen Wertungen, die sich auf diesem Wege über Generationen fortgepflanzt haben. Sie erraten leicht, welch wichtige Hilfen für das Verständnis des sozialen Verhaltens der Menschen, z. B. für das der Verwahrlosung, vielleicht auch welch praktische Winke für die Erziehung sich aus der Berücksichtigung des Über-Ichs ergeben. Wahrscheinlich sündigen die sogenannt materialistischen Geschichtsauffassungen darin, daß sie diesen Faktor unterschätzen. Sie tun ihn mit der Bemerkung ab, daß die »Ideologien« der Menschen nichts anderes sind als Ergebnis und Überbau ihrer aktuellen ökonomischen Verhältnisse. Das ist die Wahrheit, aber sehr wahrscheinlich nicht die ganze Wahrheit. Die Menschheit lebt nie ganz in der Gegenwart, in

den Ideologien des Über-Ichs lebt die Vergangenheit, die Tradition der Rasse und des Volkes fort, die den Einflüssen der Gegenwart, neuen Veränderungen, nur langsam weicht, und solange sie durch das Über-Ich wirkt, eine mächtige, von den ökonomischen Verhältnissen unabhängige Rolle im Menschenleben spielt.
Im Jahre 1921 habe ich versucht, die Differenzierung von Ich und Über-Ich beim Studium der Massenpsychologie zu verwenden. Ich gelangte zu einer Formel wie: Eine psychologische Masse ist eine Vereinigung von Einzelnen, die die nämliche Person in ihr Über-Ich eingeführt und sich auf Grund dieser Gemeinsamkeit in ihrem Ich miteinander identifiziert haben. Sie gilt natürlich nur für Massen, die einen Führer haben. Besäßen wir mehr Anwendungen dieser Art, so würde die Annahme des Über-Ichs das letzte Stück Befremden für uns verlieren und wir würden von jener Befangenheit gänzlich frei werden, die uns doch noch befällt, wenn wir uns, an die Unterweltatmosphäre gewöhnt, in den oberflächlicheren, höheren Schichten des seelischen Apparats bewegen. Wir glauben selbstverständlich nicht, daß wir mit der Sonderung des Über-Ichs das letzte Wort zur Ichpsychologie gesprochen haben. Es ist eher ein erster Anfang, aber in diesem Falle ist nicht nur der Anfang schwer.
Aber nun wartet unser eine andere Aufgabe, am sozusagen entgegengesetzten Ende des Ichs. Sie wird von einer Beobachtung während der analytischen Arbeit gestellt, einer Beobachtung, die eigentlich sehr alt ist. Wie es schon manchmal geht, hat es lange gebraucht, bis man sich zu ihrer Würdigung entschloß. Wie Sie wissen, ist eigentlich die ganze psychoanalytische Theorie über der Wahrnehmung des Widerstands aufgebaut, den uns der Patient bei dem Versuch, ihm sein Unbewußtes bewußt zu machen, leistet. Das objektive Zeichen des Widerstands ist, daß seine Einfälle versagen oder sich weit von dem behandelten Thema entfernen. Er kann den Widerstand auch subjektiv daran erkennen, daß er peinliche Empfindungen verspürt, wenn er sich dem Thema annähert. Aber dies letzte Zeichen kann auch wegbleiben. Dann sagen wir dem Patienten, daß wir aus seinem Verhalten schließen, er befinde sich jetzt im Widerstande, und er antwortet, er wisse nichts davon, er merke nur die Erschwerung der Einfälle. Es zeigt sich, daß wir Recht hatten, aber dann war sein Widerstand auch unbewußt, ebenso unbewußt wie das Verdrängte, an dessen Hebung wir arbeiteten. Man hätte längst die Frage aufwerfen sollen: von welchem Teil seines Seelenlebens geht ein solcher unbewußter Widerstand aus? Der Anfänger in der Psychoanalyse wird rasch mit der Antwort zur Hand sein: Es ist eben der Widerstand des Unbewußten. Eine zweideutige, unbrauchbare Antwort! Wenn damit gemeint ist, er gehe vom Verdrängten aus, so müssen wir sagen: Gewiß nicht! Dem Verdrängten müssen wir eher einen starken Auftrieb zuschreiben, einen Drang,

zum Bewußtsein durchzudringen. Der Widerstand kann nur eine Äußerung des Ichs sein, das seinerzeit die Verdrängung durchgeführt hat und sie jetzt aufrechthalten will. So haben wir's auch früher immer aufgefaßt. Seitdem wir eine besondere Instanz im Ich annehmen, die die einschränkenden und abweisenden Forderungen vertritt, das Über-Ich, können wir sagen, die Verdrängung sei das Werk dieses Über-Ichs, es führe sie entweder selbst durch oder in seinem Auftrag das ihm gehorsame Ich. Wenn nun der Fall vorliegt, daß der Widerstand in der Analyse dem Patienten nicht bewußt wird, so heißt das entweder, daß das Über-Ich und das Ich in ganz wichtigen Situationen unbewußt arbeiten können oder, was noch bedeutsamer wäre, daß Anteile von beiden, Ich und Über-Ich selbst, unbewußt sind. In beiden Fällen haben wir von der unerfreulichen Einsicht Kenntnis zu nehmen, daß (Über-) Ich und bewußt einerseits, Verdrängtes und unbewußt anderseits keineswegs zusammenfallen.
Meine Damen und Herren! Ich empfinde das Bedürfnis, eine Atempause zu machen, die auch Sie als wohltuend begrüßen werden, und mich, ehe ich fortsetze, bei Ihnen zu entschuldigen. Ich will Ihnen Nachträge zu einer Einführung in die Psychoanalyse geben, die ich vor fünfzehn Jahren begonnen habe, und muß mich benehmen, als hätten auch Sie in dieser Zwischenzeit nichts anderes als Psychoanalyse getrieben. Ich weiß, das ist eine ungehörige Zumutung, aber ich bin hilflos, ich kann es nicht anders machen. Es hängt wohl daran, daß es überhaupt so schwer ist, dem, der nicht selbst Psychoanalytiker ist, einen Einblick in die Psychoanalyse zu geben. Sie können mir glauben, daß wir nicht gern den Anschein erwecken, als seien wir Geheimbündler und betrieben eine Geheimwissenschaft. Und doch mußten wir erkennen und als unsere Überzeugung verkünden, daß niemand das Recht hat, in die Psychoanalyse dreinzureden, wenn er sich nicht bestimmte Erfahrungen erworben hat, die man nur durch eine Analyse an seiner eigenen Person erwerben kann. Als ich Ihnen vor fünfzehn Jahren meine Vorlesungen gab, suchte ich Sie mit gewissen spekulativen Stücken unserer Theorie zu verschonen, aber gerade an die knüpfen die Neuerwerbungen an, von denen ich heute zu sprechen habe.
Ich kehre zum Thema zurück. In dem Zweifel, ob Ich und Über-Ich selbst unbewußt sein oder nur unbewußte Wirkungen entfalten können, haben wir uns mit guten Gründen für die erstere Möglichkeit entschieden. Ja, große Anteile des Ichs und Über-Ichs können unbewußt bleiben, sind normalerweise unbewußt. Das heißt, die Person weiß nichts von deren Inhalten und es bedarf eines Aufwands an Mühe, sie ihr bewußt zu machen. Es trifft zu, daß Ich und bewußt, verdrängt und unbewußt nicht zusammenfallen. Wir empfinden das Bedürfnis, unsere Einstellung zum Problem be-

wußt-unbewußt gründlich zu revidieren. Zunächst sind wir geneigt, den Wert des Kriteriums der Bewußtheit, da es sich als so unzuverlässig erwiesen hat, recht herabzusetzen. Aber wir täten Unrecht daran. Es ist damit wie mit unserem Leben; es ist nicht viel wert, aber es ist alles, was wir haben. Ohne die Leuchte der Bewußtseinsqualität wären wir im Dunkel der Tiefenpsychologie verloren; aber wir dürfen versuchen, uns neu zu orientieren.
Was man bewußt heißen soll, brauchen wir nicht zu erörtern, es ist jedem Zweifel entzogen. Die älteste und beste Bedeutung des Wortes »unbewußt« ist die deskriptive; wir nennen unbewußt einen psychischen Vorgang, dessen Existenz wir annehmen müssen, etwa weil wir ihn aus seinen Wirkungen erschließen, von dem wir aber nichts wissen. Wir haben dann zu ihm dieselbe Beziehung wie zu einem psychischen Vorgang bei einem anderen Menschen, nur daß er eben einer unserer eigenen ist. Wenn wir noch korrekter sein wollen, werden wir den Satz dahin modifizieren, daß wir einen Vorgang unbewußt heißen, wenn wir annehmen müssen, er sei *derzeit* aktiviert, obwohl wir *derzeit* nichts von ihm wissen. Diese Einschränkung läßt uns daran denken, daß die meisten bewußten Vorgänge nur kurze Zeit bewußt sind; sehr bald werden sie *latent*, können aber leicht wiederum bewußt werden. Wir könnten auch sagen, sie seien unbewußt geworden, wenn es überhaupt sicher wäre, daß sie im Zustand der Latenz noch etwas Psychisches sind. Soweit hätten wir nichts Neues erfahren, auch nicht das Recht erworben, den Begriff eines Unbewußten in die Psychologie einzuführen. Dann kommt aber die neue Erfahrung, die wir schon an den Fehlleistungen machen können. Wir sehen uns z. B. zur Erklärung eines Versprechens genötigt anzunehmen, daß sich bei dem Betreffenden eine bestimmte Redeabsicht gebildet hatte. Wir erraten sie mit Sicherheit aus der vorgefallenen Störung der Rede, aber sie hatte sich nicht durchgesetzt, sie war also unbewußt. Wenn wir sie nachträglich dem Redner vorführen, kann er sie als eine ihm vertraute anerkennen, dann war sie nur zeitweilig unbewußt, oder sie als ihm fremd verleugnen, dann war sie dauernd unbewußt. Aus dieser Erfahrung schöpfen wir rückgreifend das Recht, auch das als latent Bezeichnete für ein Unbewußtes zu erklären. Die Berücksichtigung dieser dynamischen Verhältnisse gestattet uns jetzt, zweierlei Unbewußtes zu unterscheiden, eines, das leicht, unter häufig hergestellten Bedingungen, sich in Bewußtes umwandelt, ein anderes, bei dem diese Umsetzung schwer, nur unter erheblichem Müheaufwand, möglicherweise niemals erfolgt. Um der Zweideutigkeit zu entgehen, ob wir das eine oder das andere Unbewußte meinen, das Wort im deskriptiven oder im dynamischen Sinn gebrauchen, wenden wir ein erlaubtes, einfaches Auskunftsmittel an. Wir heißen jenes Unbewußte, das nur latent ist und so leicht

bewußt wird, das Vorbewußte, behalten die Bezeichnung »unbewußt« dem anderen vor. Wir haben nun drei Termini: bewußt, vorbewußt, unbewußt, mit denen wir in der Beschreibung der seelischen Phänomene unser Auskommen finden. Nochmals, rein deskriptiv ist auch das Vorbewußte unbewußt, aber wir bezeichnen es nicht so, außer in lockerer Darstellung oder wenn wir die Existenz unbewußter Vorgänge überhaupt im Seelenleben zu verteidigen haben.

Sie werden mir hoffentlich zugeben, das sei soweit nicht gar arg und erlaube eine bequeme Handhabung. Ja, aber leider hat die psychoanalytische Arbeit sich gedrängt gefunden, das Wort unbewußt noch in einem anderen, dritten, Sinn zu verwenden, und das mag allerdings Verwirrung gestiftet haben. Unter dem neuen und starken Eindruck, daß ein weites und wichtiges Gebiet des Seelenlebens der Kenntnis des Ichs normalerweise entzogen ist, so daß die Vorgänge darin als unbewußte im richtigen dynamischen Sinn anerkannt werden müssen, haben wir den Terminus »unbewußt« auch in einem topischen oder systematischen Sinn verstanden, von einem System des Vorbewußten und des Unbewußten gesprochen, von einem Konflikt des Ichs mit dem System Ubw, das Wort immer mehr eher eine seelische Provinz bedeuten lassen als eine Qualität des Seelischen. Die eigentlich unbequeme Entdeckung, daß auch Anteile des Ichs und Über-Ichs im dynamischen Sinne unbewußt sind, wirkt hier wie eine Erleichterung, gestattet uns, eine Komplikation wegzuräumen. Wir sehen, wir haben kein Recht, das ichfremde Seelengebiet das System Ubw zu nennen, da die Unbewußtheit nicht sein ausschließender Charakter ist. Gut, so wollen wir »unbewußt« nicht mehr im systematischen Sinn gebrauchen und dem bisher so Bezeichneten einen besseren, nicht mehr mißverständlichen Namen geben. In Anlehnung an den Sprachgebrauch bei *Nietzsche* und infolge einer Anregung von *G. Groddeck* heißen wir es fortan das *Es*. Dies unpersönliche Fürwort scheint besonders geeignet, den Hauptcharakter dieser Seelenprovinz, ihre Ichfremdheit, auszudrücken. Über-Ich, Ich und Es sind nun die drei Reiche, Gebiete, Provinzen, in die wir den Seelenapparat der Person zerlegen, mit deren gegenseitigen Beziehungen wir uns im weiteren beschäftigen wollen.

Vorher nur eine kurze Einschaltung. Ich vermute, Sie sind unzufrieden damit, daß die drei Qualitäten der Bewußtheit und die drei Provinzen des seelischen Apparats sich nicht zu drei friedlichen Paaren zusammengefunden haben, und sehen darin etwas wie eine Trübung unserer Resultate. Ich meine aber, wir sollten es nicht bedauern und sollten uns sagen, daß wir kein Recht hatten, eine so glatte Anordnung zu erwarten. Lassen Sie mich eine Vergleichung bringen; Vergleiche entscheiden nichts, das ist wahr, aber sie können machen, daß man sich heimischer fühlt. Ich imaginiere ein Land mit mannigfaltiger Bodengestaltung, Hügelland, Ebene und Seenketten, mit gemischter Bevölkerung – es wohnen darin Deutsche, Magyaren und Slowaken, die auch verschiedene Tätigkeiten betreiben. Nun könnte die Verteilung so sein, daß im Hügelland die Deutschen wohnen, die Viehzüchter sind, im Flachland die Magyaren, die Getreide und Wein bauen, an den Seen die Slowaken, die Fische fangen und Schilf flechten. Wenn diese Verteilung glatt und reinlich wäre, würde ein *Wilson* seine Freude an ihr haben; es wäre auch bequem für den Vortrag in der Geographiestunde. Es ist aber wahrscheinlich, daß Sie weniger Ordnung und mehr Vermengung finden, wenn Sie die Gegend bereisen. Deutsche, Magyaren und Slowaken leben überall durcheinander, im Hügelland gibt es auch Äcker, in der Ebene wird auch Vieh gehalten. Einiges ist natürlich so, wie Sie es erwartet haben, denn auf Bergen kann man keine Fische fangen, im Wasser wächst kein Wein. Ja, das Bild der Gegend, das Sie mitgebracht haben, mag im großen und ganzen zutreffend sein; im einzelnen werden Sie sich Abweichungen gefallen lassen.

Sie erwarten nicht, daß ich Ihnen vom *Es* außer dem neuen Namen viel Neues mitzuteilen habe. Es ist der dunkle, unzugängliche Teil unserer Persönlichkeit; das wenige, was wir von ihm wissen, haben wir durch das Studium der Traumarbeit und der neurotischen Symptombildung erfahren und das meiste davon hat negativen Charakter, läßt sich nur als Gegensatz zum Ich beschreiben. Wir nähern uns dem Es mit Vergleichen, nennen es ein Chaos, einen Kessel voll brodelnder Erregungen. Wir stellen uns vor, es sei am Ende gegen das Somatische offen, nehme da die Triebbedürfnisse in sich auf, die in ihm ihren psychischen Ausdruck finden, wir können aber nicht sagen, in welchem Substrat. Von den Trieben her erfüllt es sich mit Energie, aber es hat keine Organisation, bringt keinen Gesamtwillen auf, nur das Bestreben, den Triebbedürfnissen unter Einhaltung des Lustprinzips Befriedigung zu schaffen. Für die Vorgänge im Es gelten die logischen Denkgesetze nicht, vor allem nicht der Satz des Widerspruchs. Gegensätzliche Regungen bestehen nebeneinander, ohne einander aufzuheben oder sich voneinander abzuziehen, höchstens daß sie unter dem herrschenden ökonomischen Zwang zur Abfuhr der Energie zu Kompromißbildungen zusammentreten. Es gibt im Es nichts, was man der Negation gleichstellen könnte, auch nimmt man mit Überraschung die Ausnahme von dem Satz der Philosophen wahr, daß Raum und Zeit notwendige Formen unserer seelischen Akte seien. Im Es findet sich nichts, was der Zeitvorstellung entspricht, keine Anerkennung eines zeitlichen Ablaufs und, was höchst merkwürdig ist und seiner Würdigung im philosophischen Denken wartet, keine Veränderung des seelischen Vorgangs durch den Zeitablauf. Wunschregungen, die das Es nie überschritten haben, aber auch Eindrücke, die durch Verdrängung ins Es versenkt worden sind, sind virtuell unsterblich, verhalten sich nach Dezennien, als ob sie neu vorgefallen wären. Als Vergangenheit erkannt, entwertet und ihrer Energiebesetzung beraubt können sie erst werden, wenn sie durch die analytische Arbeit bewußt geworden sind, und darauf beruht nicht zum kleinsten Teil die therapeutische Wirkung der analytischen Behandlung.

Ich habe immer wieder den Eindruck, daß wir aus dieser über jedem Zweifel feststehenden Tatsache der Unveränderlichkeit des Verdrängten durch die Zeit viel zu wenig für unsere Theorie gemacht haben. Da scheint sich doch ein Zugang zu den tiefsten Einsichten zu eröffnen. Leider bin auch ich da nicht weiter gekommen.

Selbstverständlich kennt das Es keine Wertungen, kein Gut und Böse, keine Moral. Das ökonomische oder, wenn Sie wollen, quantitative Moment, mit dem Lustprinzip innig verknüpft, beherrscht alle Vorgänge. Triebbesetzungen, die nach Abfuhr verlangen, das, meinen wir, sei alles im Es. Es scheint sogar, daß sich die Energie dieser Triebregungen in einem andern Zustand befindet als in den andern seelischen Bezirken, weit leichter beweglich und abfuhrfähig ist, denn sonst würden nicht jene Verschiebungen und Verdichtungen vorfallen, die für das Es charakteristisch sind und die so vollkommen von der Qualität des Besetzten – im Ich würden wir es eine Vorstellung nennen – absehen. Man gäbe was darum, wenn man von diesen Dingen mehr verstehen könnte! Sie sehen übrigens, daß wir in der Lage sind, vom Es noch andere Eigenschaften anzugeben, als daß es unbewußt ist, und Sie erkennen die Möglichkeit, daß Teile vom Ich und Über-Ich unbewußt seien, ohne die nämlichen primitiven und irrationellen Charaktere zu besitzen. Zu einer Charakteristik des eigentlichen Ichs, insofern es sich vom Es und vom Über-Ich sondern läßt, gelangen wir am ehesten, wenn wir seine Beziehung zum äußersten oberflächlichen Stück des seelischen Apparats ins Auge fassen, das wir als das System W-Bw bezeichnen. Dieses System ist der Außenwelt zugewendet, es vermittelt die Wahrnehmungen von ihr, in ihm entsteht während seiner Funktion das Phänomen des Bewußtseins. Es ist das Sinnesorgan des ganzen Apparats, empfänglich übrigens nicht nur für Erregungen, die von außen, sondern auch für solche, die aus dem Inneren des Seelenlebens herankommen. Die Auffassung bedarf kaum einer Rechtfertigung, daß das Ich jener Teil des Es ist, der durch die Nähe und den Einfluß der Außenwelt modifiziert wurde, zur Reizaufnahme und zum Reizschutz eingerichtet, vergleichbar der Rindenschicht, mit der sich ein Klümpchen lebender Substanz umgibt. Die Beziehung zur Außenwelt ist für das Ich entscheidend

geworden, es hat die Aufgabe übernommen, sie bei dem Es zu vertreten, zum Heil des Es, das ohne Rücksicht auf diese übergewaltige Außenmacht im blinden Streben nach Triebbefriedigung der Vernichtung nicht entgehen würde. In der Erfüllung dieser Funktion muß das Ich die Außenwelt beobachten, eine getreue Abbildung von ihr in den Erinnerungsspuren seiner Wahrnehmungen niederlegen, durch die Tätigkeit der Realitätsprüfung fernhalten, was an diesem Bild der Außenwelt Zutat aus inneren Erregungsquellen ist. Im Auftrag des Es beherrscht das Ich die Zugänge zur Motilität, aber es hat zwischen Bedürfnis und Handlung den Aufschub der Denkarbeit eingeschaltet, während dessen es die Erinnerungsreste der Erfahrung verwertet. Auf solche Weise hat es das Lustprinzip entthront, das uneingeschränkt den Ablauf der Vorgänge im Es beherrscht und es durch das Realitätsprinzip ersetzt, das mehr Sicherheit und größeren Erfolg verspricht.
Auch die so schwer zu beschreibende Beziehung zur Zeit wird dem Ich durch das Wahrnehmungssystem vermittelt; es ist kaum zweifelhaft, daß die Arbeitsweise dieses Systems der Zeitvorstellung den Ursprung gibt. Was das Ich zum Unterschied vom Es aber ganz besonders auszeichnet, ist ein Zug zur Synthese seiner Inhalte, zur Zusammenfassung und Vereinheitlichung seiner seelischen Vorgänge, der dem Es völlig abgeht. Wenn wir nächstens einmal von den Trieben im Seelenleben handeln, wird es uns hoffentlich gelingen, diesen wesentlichen Charakter des Ichs auf seine Quelle zurückzuführen. Er allein stellt jenen hohen Grad von Organisation her, dessen das Ich bei seinen besten Leistungen bedarf. Es entwickelt sich von der Triebwahrnehmung zur Triebbeherrschung, aber die letztere wird nur dadurch erreicht, daß die Triebrepräsentanz in einen größeren Verband eingeordnet, in einen Zusammenhang aufgenommen wird. Wenn wir uns populären Redeweisen anpassen, dürfen wir sagen, daß das Ich im Seelenleben Vernunft und Besonnenheit vertritt, das Es aber die ungezähmten Leidenschaften.
Wir haben uns bisher durch die Aufzählung der Vorzüge und Fähigkeiten des Ichs imponieren lassen; es ist jetzt Zeit, auch der Kehrseite zu gedenken. Das Ich ist doch nur ein Stück vom Es, ein durch die Nähe der gefahrdrohenden Außenwelt zweckmäßig verändertes Stück. In dynamischer Hinsicht ist es schwach, seine Energien hat es dem Es entlehnt, und wir sind nicht ganz ohne Einsicht in die Methoden, man könnte sagen: in die Schliche, durch die es dem Es weitere Energiebeträge entzieht. Ein solcher Weg ist zum Beispiel auch die Identifizierung mit beibehaltenen oder aufgegebenen Objekten. Die Objektbesetzungen gehen von den Triebansprüchen des Es aus. Das Ich hat sie zunächst zu registrieren. Aber indem es sich mit dem Objekt identifiziert, empfiehlt es sich dem Es

anstelle des Objekts, will es die Libido des Es auf sich lenken. Wir haben schon gehört, daß das Ich im Lauf des Lebens eine große Anzahl von solchen Niederschlägen ehemaliger Objektbesetzungen in sich aufnimmt. Im ganzen muß das Ich die Absichten des Es durchführen, es erfüllt seine Aufgabe, wenn es die Umstände ausfindig macht, unter denen diese Absichten am besten erreicht werden können. Man könnte das Verhältnis des Ichs zum Es mit dem des Reiters zu seinem Pferd vergleichen. Das Pferd gibt die Energie für die Lokomotion her, der Reiter hat das Vorrecht, das Ziel zu bestimmen, die Bewegung des starken Tieres zu leiten. Aber zwischen Ich und Es ereignet sich allzu häufig der nicht ideale Fall, daß der Reiter das Roß dahin führen muß, wohin es selbst gehen will.
Von einem Teil des Es hat sich das Ich durch Verdrängungswiderstände geschieden. Aber die Verdrängung setzt sich nicht in das Es fort. Das Verdrängte fließt mit mit dem übrigen Es zusammen.
Ein Sprichwort warnt davor, gleichzeitig zwei Herren zu dienen. Das arme Ich hat es noch schwerer, es dient drei gestrengen Herren, ist bemüht, deren Ansprüche und Forderungen in Einklang miteinander zu bringen. Diese Ansprüche gehen immer auseinander, scheinen oft unvereinbar zu sein; kein Wunder, wenn das Ich so oft an seiner Aufgabe scheitert. Die drei Zwingherren sind die Außenwelt, das Über-Ich und das Es. Wenn man die Anstrengungen des Ichs verfolgt, ihnen gleichzeitig gerecht zu werden, besser gesagt: ihnen gleichzeitig zu gehorchen, kann man nicht bereuen, dieses Ich personifiziert, es als ein besonderes Wesen hingestellt zu haben. Es fühlt sich von drei Seiten her eingeengt, von dreierlei Gefahren bedroht, auf die es im Falle der Bedrängnis mit Angstentwicklung reagiert. Durch seine Herkunft aus den Erfahrungen des Wahrnehmungssystems ist es dazu bestimmt, die Anforderungen der Außenwelt zu vertreten, aber es will auch der getreue Diener des Es sein, im Einvernehmen mit ihm bleiben, sich ihm als Objekt empfehlen, seine Libido auf sich ziehen. In seinem Vermittlungsbestreben zwischen Es und Realität ist es oft genötigt, die ubw Gebote des Es mit seinen vbw Rationalisierungen zu bekleiden, die Konflikte des Es mit der Realität zu vertuschen, mit diplomatischer Unaufrichtigkeit eine Rücksichtnahme auf die Realität vorzuspiegeln, auch wenn das Es starr und unnachgiebig geblieben ist. Anderseits wird es auf Schritt und Tritt von dem gestrengen Über-Ich beobachtet, das ihm bestimmte Normen seines Verhaltens vorhält, ohne Rücksicht auf die Schwierigkeiten von Seiten des Es und der Außenwelt zu nehmen, und es im Falle der Nichteinhaltung mit den Spannungsgefühlen der Minderwertigkeit und des Schuldbewußtseins bestraft. So vom Es getrieben, vom Über-Ich eingeengt, von der Realität zurückgestoßen, ringt das Ich um die Bewältigung seiner ökonomischen Aufgabe, die Harmonie unter den Kräften

und Einflüssen herzustellen, die in ihm und auf es wirken, und wir verstehen, warum wir so oft den Ausruf nicht unterdrücken können: Das Leben ist nicht leicht! Wenn das Ich seine Schwäche einbekennen muß, bricht es in Angst aus, Realangst vor der Außenwelt, Gewissensangst vor dem Über-Ich, neurotische Angst vor der Stärke der Leidenschaften im Es.

Die Strukturverhältnisse der seelischen Persönlichkeit, die ich vor Ihnen entwickelt habe, möchte ich in einer anspruchslosen Zeichnung darstellen, die ich Ihnen hier vorlege.

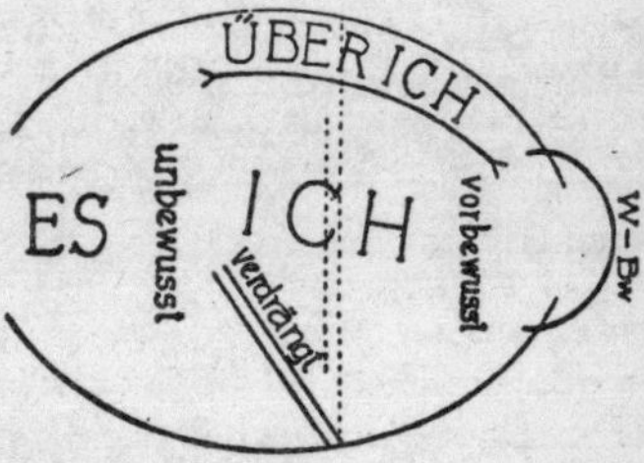

Sie sehen hier, das Über-Ich taucht in das Es ein; als Erbe des Ödipuskomplexes hat es ja intime Zusammenhänge mit ihm; es liegt weiter ab vom Wahrnehmungssystem als das Ich. Das Es verkehrt mit der Außenwelt nur über das Ich, wenigstens in diesem Schema. Es ist gewiß heute schwer zu sagen, inwieweit die Zeichnung richtig ist; in einem Punkt ist sie es gewiß nicht. Der Raum, den das unbewußte Es einnimmt, müßte unvergleichlich größer sein als der des Ichs oder des Vorbewußten. Ich bitte, verbessern Sie das in Ihren Gedanken.

Und nun zum Abschluß dieser gewiß anstrengenden und vielleicht nicht einleuchtenden Ausführungen noch eine Mahnung! Sie denken bei dieser Sonderung der Persönlichkeit in Ich, Über-Ich und Es gewiß nicht an scharfe Grenzen, wie sie künstlich in der politischen Geographie gezogen worden sind. Der Eigenart des Psychischen können wir nicht durch lineare Konturen gerecht werden wie in der Zeichnung oder in der primitiven Malerei, eher durch verschwimmende Farbenfelder wie bei den modernen Malern. Nachdem wir gesondert haben, müssen wir das Gesonderte wieder zusammenfließen lassen. Urteilen Sie nicht zu hart über einen ersten Versuch, das so schwer erfaßbare Psychische anschaulich zu machen. Es ist sehr wahrscheinlich, daß die Ausbildung dieser Sonderungen bei verschiedenen Personen großen Variationen unterliegt, möglich, daß sie bei der Funktion selbst verändert und zeitweilig rückgebildet werden. Besonders für die phylogenetisch letzte und heikelste, die Differenzierung von Ich und Über-Ich, scheint dergleichen zuzu-

treffen. Es ist unzweifelhaft, daß das gleiche durch psychische Erkrankung hervorgerufen wird. Man kann sich auch gut vorstellen, daß es gewissen mystischen Praktiken gelingen mag, die normalen Beziehungen zwischen den einzelnen seelischen Bezirken umzuwerfen, so daß z. B. die Wahrnehmung Verhältnisse im tiefen Ich und im Es erfassen kann, die ihr sonst unzugänglich waren. Ob man auf diesem Weg der letzten Weisheiten habhaft werden wird, von denen man alles Heil erwartet, darf man getrost bezweifeln. Immerhin wollen wir zugeben, daß die therapeutischen Bemühungen der Psychoanalyse sich einen ähnlichen Angriffspunkt gewählt haben. Ihre Absicht ist ja, das Ich zu stärken, es vom Über-Ich unabhängiger zu machen, sein Wahrnehmungsfeld zu erweitern und seine Organisation auszubauen, so daß es sich neue Stücke des Es aneignen kann. Wo Es war, soll ich werden.
Es ist Kulturarbeit etwa wie die Trockenlegung der *Zuydersee.*

32. Vorlesung

ANGST UND TRIEBLEBEN

Meine Damen und Herren! Sie werden nicht überrascht sein zu hören, daß ich Ihnen manche Neuheiten von unserer Auffassung der Angst und der Grundtriebe des Seelenlebens zu berichten habe, auch nicht, daß keine derselben als endgültige Lösung der schwebenden Probleme gelten will. In bestimmter Absicht spreche ich hier von Auffassungen. Es sind die schwierigsten Aufgaben, die uns gestellt werden, aber die Schwierigkeit liegt nicht etwa an der Unzulänglichkeit der Beobachtungen, es sind gerade die häufigsten und vertrautesten Phänomene, die uns jene Rätsel aufgeben; auch nicht an der Entlegenheit der Spekulationen, zu denen sie anregen; spekulative Verarbeitung kommt auf diesem Gebiet wenig in Betracht. Sondern es handelt sich wirklich um Auffassungen, d. h. darum, die richtigen abstrakten Vorstellungen einzuführen, deren Anwendung auf den Rohstoff der Beobachtung Ordnung und Durchsichtigkeit in ihm entstehen läßt.
Der *Angst* habe ich bereits eine Vorlesung der früheren Reihe, die fünfundzwanzigste, gewidmet. Ich muß deren Inhalt in Verkürzung wiederholen. Wir haben gesagt, Angst sei ein Affektzustand, also eine Vereinigung von bestimmten Empfindungen der Lust-Unlust-Reihe mit den ihnen entsprechenden Abfuhrinnervationen und deren Wahrnehmung, wahrscheinlich aber der Niederschlag eines gewissen bedeutungsvollen Ereignisses, durch Vererbung

einverleibt, also vergleichbar dem individuell erworbenen hysterischen Anfall. Als jenes Ereignis, das eine solche Affektspur hinterlassen, haben wir den Vorgang der Geburt in Anspruch genommen, bei dem die der Angst eigenen Beeinflussungen von Herztätigkeit und Atmung zweckmäßig waren. Die allererste Angst wäre also eine toxische gewesen. Wir sind dann von der Unterscheidung zwischen Realangst und neurotischer Angst ausgegangen, die erstere eine uns begreiflich scheinende Reaktion auf die Gefahr, d. h. auf erwartete Schädigung von außen, die andere durchaus rätselhaft, wie zwecklos. In einer Analyse der Realangst haben wir sie auf einen Zustand gesteigerter sensorischer Aufmerksamkeit und motorischer Spannung reduziert, den wir *Angstbereitschaft* heißen. Aus dieser entwickle sich die Angstreaktion. In der seien zwei Ausgänge möglich. Entweder die *Angstentwicklung*, die Wiederholung des alten traumatischen Erlebnisses, beschränkt sich auf ein Signal, dann kann die übrige Reaktion sich der neuen Gefahrlage anpassen, in Flucht oder Verteidigung ausgehen, oder das Alte behält die Oberhand, die gesamte Reaktion erschöpft sich in der Angstentwicklung und dann wird der Affektzustand lähmend und für die Gegenwart unzweckmäßig.
Wir haben uns dann zur neurotischen Angst gewendet und gesagt, daß wir sie unter dreierlei Verhältnissen beobachten. Erstens als frei flottierende, allgemeine Ängstlichkeit, bereit, sich vorübergehend mit jeder neu auftauchenden Möglichkeit zu verknüpfen, als sogenannte Erwartungsangst, wie z. B. bei der typischen Angstneurose. Zweitens fest gebunden an bestimmte Vorstellungsinhalte in den sogenannten *Phobien*, bei denen wir eine Beziehung zur äußeren Gefahr zwar noch erkennen mögen, aber die Angst vor ihr für maßlos übertrieben halten müssen. Endlich drittens die Angst bei der Hysterie und anderen Formen schwerer Neurosen, die entweder Symptome begleitet oder unabhängig auftritt als Anfall oder länger anhaltender Zustand, immer aber ohne ersichtliche Begründung durch eine äußere Gefahr. Wir haben uns dann die zwei Fragen vorgelegt: Wovor fürchtet man sich bei neurotischer Angst? und: Wie kann man diese mit der Realangst vor äußeren Gefahren zusammenbringen?
Unsere Untersuchungen sind keineswegs erfolglos geblieben, wir haben einige wichtige Aufschlüsse gewonnen. In Bezug auf die ängstliche Erwartung hat uns die klinische Erfahrung einen regelmäßigen Zusammenhang mit dem Libidohaushalt im Sexualleben kennen gelehrt. Die gewöhnlichste Ursache der Angstneurose ist die frustrane Erregung. Es wird eine libidinöse Erregung hervorgerufen, aber nicht befriedigt, nicht verwendet; an Stelle dieser von ihrer Verwendung abgelenkten Libido tritt dann die Ängstlichkeit auf. Ich glaubte mich sogar berechtigt zu sagen, diese unbefriedigte

Libido verwandle sich direkt in Angst. Diese Auffassung fand eine Unterstützung in gewissen ganz regelmäßigen Phobien der kleinen Kinder. Viele dieser Phobien sind uns durchaus rätselhaft, andere aber, wie die Angst im Alleinsein und die vor fremden Personen, lassen eine sichere Erklärung zu. Die Einsamkeit sowie das fremde Gesicht erwecken die Sehnsucht nach der vertrauten Mutter; das Kind kann diese libidinöse Erregung nicht beherrschen, nicht in Schwebe erhalten, sondern verwandelt sie in Angst. Diese Kinderangst ist also nicht der Realangst, sondern der neurotischen zuzurechnen. Die Kinderphobien und die Angsterwartung der Angstneurose geben uns zwei Beispiele für die eine Art, wie neurotische Angst entsteht: Durch direkte Umwandlung der Libido. Einen zweiten Mechanismus werden wir sofort kennenlernen; es wird sich zeigen, daß er vom ersten nicht sehr verschieden ist.

Für die Angst bei der Hysterie und anderen Neurosen machen wir nämlich den Vorgang der Verdrängung verantwortlich. Wir meinen, wir können diesen vollständiger als vorhin beschreiben, wenn wir das Schicksal der zu verdrängenden Vorstellung von dem des ihr anhaftenden Libidobetrags gesondert halten. Es ist die Vorstellung, die die Verdrängung erfährt, eventuell zum Unkenntlichen entstellt wird; ihr Affektbetrag aber wird regelmäßig in Angst verwandelt und zwar gleichgültig, von welcher Art er sein mag, ob Aggression oder Liebe. Nun macht es keinen wesentlichen Unterschied, aus welchem Grund ein Libidobetrag unverwendbar geworden ist, ob aus infantiler Schwäche des Ichs wie bei den Kinderphobien, infolge somatischer Vorgänge im Sexualleben wie bei der Angstneurose, oder durch Verdrängung wie bei der Hysterie. Die beiden Mechanismen der Entstehung neurotischer Angst fallen also eigentlich zusammen.

Während dieser Untersuchungen sind wir auf eine höchst bedeutsame Beziehung zwischen Angstentwicklung und Symptombildung aufmerksam geworden, nämlich, daß die beiden einander vertreten und ablösen. Der Agoraphobe z. B. beginnt seine Leidensgeschichte mit einem Angstanfall auf der Straße. Dieser würde sich jedesmal wiederholen, wenn er wieder auf die Straße ginge. Er schafft nun das Symptom der Straßenangst, das man auch eine Hemmung, Funktionseinschränkung des Ichs heißen kann, und erspart sich dadurch den Angstanfall. Das Umgekehrte sieht man, wenn man sich, wie es z. B. bei Zwangshandlungen möglich ist, in die Symptombildung einmengt. Hindert man den Kranken, sein Waschzeremoniell auszuführen, so gerät er in einen schwer erträglichen Angstzustand, gegen den ihn offenbar sein Symptom geschützt hatte. Und zwar scheint es, daß die Angstentwicklung das Frühere, die Symptombildung das Spätere ist, als ob die Symptome geschaffen würden, um den Ausbruch des Angstzustandes zu vermeiden. Und dazu stimmt es auch, daß die ersten Neurosen des Kindesalters Phobien sind, Zustände, an denen man so deutlich erkennt, wie eine anfängliche Angstentwicklung durch die spätere Symptombildung abgelöst wird: man empfängt den Eindruck, daß man von diesen Beziehungen her den besten Zugang zum Verständnis der neurotischen Angst finden wird. Gleichzeitig ist es uns auch gelungen, die Frage zu beantworten, wovor man sich bei neurotischer Angst fürchtet, und so die Verbindung zwischen neurotischer und Realangst herzustellen. Das, wovor man sich fürchtet, ist offenbar die eigene Libido. Der Unterschied von der Situation der Realangst liegt in zwei Punkten, daß die Gefahr eine innerliche ist anstatt einer äußeren und daß sie nicht bewußt erkannt wird.

Bei den Phobien kann man sehr deutlich erkennen, wie diese innerliche Gefahr in eine äußerliche umgesetzt, also neurotische Angst in scheinbare Realangst verwandelt wird. Nehmen wir, um einen oft sehr komplizierten Sachverhalt zu vereinfachen, an, daß der Agoraphobe sich regelmäßig vor den Regungen der Versuchung fürchte, die in ihm durch die Begegnungen auf der Straße geweckt werden. In seiner Phobie nimmt er eine Verschiebung vor und ängstigt sich nun vor einer äußeren Situation. Sein Gewinn dabei ist offenbar, daß er meint, sich so besser schützen zu können. Vor einer äußeren Gefahr kann man sich durch die Flucht retten, der Fluchtversuch vor einer inneren Gefahr ist ein schwieriges Unternehmen.

Am Schlusse meiner damaligen Vorlesung über die Angst habe ich selbst dem Urteil Ausdruck gegeben, daß diese verschiedenen Ergebnisse unserer Untersuchung nicht etwa einander widersprechen, aber doch irgendwie nicht zusammenstimmen. Die Angst ist als Affektzustand die Reproduktion eines alten gefahrdrohenden Ereignisses, die Angst steht im Dienst der Selbsterhaltung und ist ein Signal einer neuen Gefahr, sie entsteht aus irgendwie unverwendbar gewordener Libido, auch bei dem Prozeß der Verdrängung, sie wird durch die Symptombildung abgelöst, gleichsam psychisch gebunden – man verspürt, daß hier etwas fehlt, was aus Stücken eine Einheit macht.

Meine Damen und Herren! Jene Zerlegung der seelischen Persönlichkeit in ein Über-Ich, Ich und Es, die ich Ihnen in der letzten Vorlesung vorgetragen, hat uns auch eine neue Orientierung im Angstproblem aufgenötigt. Mit dem Satz, das Ich ist die alleinige Angststätte, nur das Ich kann Angst produzieren und verspüren, haben wir eine neue, feste Position bezogen, von der aus manche Verhältnisse ein anderes Ansehen zeigen. Und wirklich, wir wüßten nicht, was für Sinn es hätte, von einer »Angst des Es« zu sprechen, oder dem Über-Ich die Fähigkeit zur Ängstlichkeit zuzuschreiben. Hingegen haben wir es als eine erwünschte Entsprechung begrüßt, daß die drei Hauptarten der Angst, die Realangst, die neurotische und die Gewissensangst sich so zwanglos auf die drei Abhängigkeiten des Ichs, von der Außenwelt, vom Es und vom Über-Ich, beziehen lassen. Mit dieser neuen Auffassung ist auch die Funktion der Angst als Signal zur Anzeige einer Gefahrsituation, die uns ja vorher nicht fremd war, in den Vordergrund getreten, die Frage, aus welchem Stoff die Angst gemacht wird, hat an Interesse verloren und die Beziehungen zwischen Realangst und neurotischer Angst haben sich in überraschender Weise geklärt und vereinfacht. Es ist übrigens bemerkenswert, daß wir jetzt die anscheinend komplizierten Fälle von Entstehung der Angst besser verstehen als die für einfach gehaltenen.

Wir haben nämlich neuerlich untersucht, wie die Angst bei gewissen Phobien entsteht, die wir der Angsthysterie zurechnen, und Fälle gewählt, bei denen es sich um die typische Verdrängung der Wunschregungen aus dem Ödipuskomplex handelte. Unserer Erwartung nach hätten wir finden sollen, daß es die libidinöse Besetzung des Mutterobjekts ist, die sich infolge der Verdrängung in Angst verwandelt und nun im symptomatischen Ausdruck als an den Vaterersatz geknüpft auftritt. Ich kann Ihnen die einzelnen Schritte einer solchen Untersuchung nicht vorführen, genug, das überraschende Resultat war das Gegenteil unserer Erwartung. Nicht die Verdrängung schafft die Angst, sondern die Angst ist früher da, die Angst macht die Verdrängung! Aber was für Angst kann es sein? Nur die Angst vor einer drohenden äußeren Gefahr, also eine Realangst. Es ist richtig, der Knabe bekommt Angst vor einem Anspruch seiner Libido, in diesem Fall vor der Liebe zu seiner Mutter, es ist also wirklich ein Fall von neurotischer Angst. Aber diese Verliebtheit erscheint ihm nur darum als eine innere Gefahr, der er sich durch den Verzicht auf dieses Objekt entziehen muß, weil sie eine äußere Gefahrsituation heraufbeschwört. Und in allen Fällen, die wir untersuchen, erhalten wir dasselbe Resultat. Bekennen wir es nur, wir waren nicht darauf gefaßt, daß sich die innere Triebgefahr als eine Bedingung und Vorbereitung einer äußeren, realen Gefahrsituation herausstellen würde.

Wir haben aber noch gar nicht gesagt, was die reale Gefahr ist, die das Kind als Folge seiner Mutterverliebtheit fürchtet. Es ist die Strafe der Kastration, der Verlust seines Gliedes. Natürlich werden Sie einwerfen, das sei doch keine reale Gefahr. Unsere Knaben werden doch nicht kastriert, weil sie in der Phase des Ödipuskomplexes in die Mutter verliebt sind. Aber das ist nicht so einfach abzutun. Vor allem kommt es nicht darauf an, ob die Kastration wirklich geübt wird; entscheidend ist, daß die Gefahr eine von außen drohende ist, und daß das Kind an sie glaubt. Dazu hat es einigen Anlaß, denn man droht ihm oft genug mit dem Abschneiden des Gliedes während seiner phallischen Phase, in der Zeit seiner frühen Onanie, und Andeutungen dieser Strafe dürften regelmäßig eine phylogenetische Verstärkung bei ihm finden. Wir vermuten, in den Urzeiten der menschlichen Familie wurde die Kastration vom eifersüchtigen und grausamen Vater wirklich an den heranwachsenden Knaben vollzogen, und die Beschneidung, die bei den Primitiven so häufig ein Bestandteil des Mannbarkeitsrituals ist, sei ein gut kenntlicher Rest von ihr. Wir wissen, wie weit wir uns damit von der allgemeinen Ansicht entfernen, aber wir müssen daran festhalten, daß die Kastrationsangst einer der häufigsten und stärksten Motoren der Verdrängung und damit der Neurosenbildung ist. Analysen von Fällen, in denen zwar nicht die Kastration, aber wohl die Beschneidung bei Knaben als Therapie oder als Strafe für die Onanie vollzogen wurde, was in der anglo-amerikanischen Gesellschaft gar nicht so selten geschah, haben unserer Überzeugung die letzte Sicherheit gegeben. Es ist eine große Verlockung, an dieser Stelle näher auf den Kastrationskomplex einzugehen, aber wir wollen bei unserem Thema bleiben. Die Kastrationsangst ist natürlich nicht das einzige Motiv der Verdrängung, sie hat ja bereits bei den Frauen keine Stätte, die zwar einen Kastrationskomplex haben, aber keine Kastrationsangst haben können. An ihre Stelle tritt beim anderen Geschlecht die Angst vor dem Liebesverlust, ersichtlich eine Fortbildung der Angst des Säuglings, wenn er die Mutter vermißt. Sie verstehen, welche reale Gefahrsituation durch diese Angst angezeigt wird. Wenn die Mutter abwesend ist oder dem Kind ihre Liebe entzogen hat, ist es ja der Befriedigung seiner Bedürfnisse nicht mehr sicher, möglicherweise den peinlichsten Spannungsgefühlen ausgesetzt. Weisen Sie die Idee nicht ab, daß diese Angstbedingungen im Grunde die Situation der ursprünglichen Geburtsangst wiederholen, die ja auch eine Trennung von der Mutter bedeutete. Ja wenn Sie einem Gedankengang von *Ferenczi* folgen, können Sie auch die Kastrationsangst dieser Reihe anschließen, denn der Verlust des männlichen Gliedes hat ja die Unmöglichkeit einer Wiedervereinigung mit der Mutter oder dem Ersatz für sie im Sexualakt zur Folge. Ich erwähne Ihnen nebenbei, die so häufige Phantasie der Rückkehr in den Mutterleib ist der Ersatz dieses Koituswunsches. Es gäbe hier noch soviel interessante Dinge und überraschende Zusammenhänge zu berichten, aber ich kann nicht über den Rahmen einer Einführung in die Psychoanalyse hinausgehen, will Sie nur noch aufmerksam machen, wie hier psychologische Ermittlungen bis zu biologischen Tatsachen vorstoßen.

Otto *Rank*, dem die Psychoanalyse viele schöne Beiträge verdankt, hat auch das Verdienst, die Bedeutung des Geburtsakts und der Trennung von der Mutter nachdrücklich betont zu haben. Allerdings fanden wir es alle unmöglich, die extremen Folgerungen anzunehmen, die er aus diesem Moment für die Theorie der Neurosen und sogar für die analytische Therapie gezogen hat. Den Kern seiner Lehre, daß das Angsterlebnis der Geburt das Vorbild aller späteren Gefahrsituationen ist, hatte er bereits vorgefunden. Wenn wir bei diesen verweilen, werden wir sagen können, daß eigentlich jedem Entwicklungsalter eine bestimmte Angstbedingung, also Gefahrsituation, als ihm adäquat zugeteilt ist. Die Gefahr der psychischen Hilflosigkeit paßt zum Stadium der frühen Unreife des Ichs, die Gefahr des Objekt- (Liebes-)verlusts zur Unselbständigkeit der ersten Kinderjahre, die Kastrationsgefahr zur phallischen Phase, endlich die Angst vor dem Über-Ich, die eine besondere Stellung einnimmt, zur Latenzzeit. Mit dem Lauf der Entwicklung sollen die alten Angstbedingungen fallen gelassen werden, da die ihnen entsprechenden Gefahrsituationen durch die Erstarkung des Ichs entwertet werden. Aber das ist nur in sehr unvollkommener Weise der Fall. Viele Menschen können die Angst vor dem Liebesverlust nicht überwinden, sie werden nie unabhängig genug von der Liebe anderer und setzen in diesem Punkt ihr infantiles Verhalten fort. Die Angst vor dem Über-Ich soll normalerweise kein Ende finden, da sie als Gewissensangst in den sozialen Beziehungen unentbehrlich ist, und der Einzelne nur in den seltensten Fällen von der menschlichen Gemeinschaft unabhängig werden kann. Einige der alten Gefahrsituationen verstehen es auch, sich in späte Zeiten hinüberzuretten, indem sie ihre Angstbedingungen zeitgemäß modifizieren. So erhält sich z. B. die Kastrationsgefahr unter der Maske der Syphilophobie. Man weiß zwar als Erwachsener, daß die Kastration nicht mehr als Strafe für das Gewährenlassen sexueller Gelüste üblich ist, aber man hat dafür erfahren, daß solche Triebfreiheit mit schweren Erkrankungen bedroht ist. Es ist kein Zweifel, daß die Personen, die wir Neurotiker heißen, in ihrem Verhalten zur Gefahr infantil bleiben und verjährte Angstbedingungen nicht überwunden haben. Nehmen wir dies als tatsächlichen Beitrag zur Charakteristik der Neurotiker an; warum es so ist, kann man nicht so schnell sagen.

Ich hoffe, Sie haben nicht die Übersicht verloren und wissen noch, daß wir dabei sind, die Beziehungen zwischen Angst und Verdrängung zu untersuchen. Wir haben dabei zwei Dinge neu erfahren, erstens, daß die Angst die Verdrängung macht, nicht, wie wir meinten, umgekehrt, und daß eine gefürchtete Triebsituation im Grunde auf eine äußere Gefahrsituation zurückgeht. Die nächste Frage wird lauten: Wie stellen wir uns jetzt den Vorgang einer Verdrängung unter dem Einfluß der Angst vor? Ich denke so: Das Ich merkt, daß die Befriedigung eines auftauchenden Triebanspruchs eine der wohl erinnerten Gefahrsituationen heraufbeschwören würde. Diese Triebbesetzung muß also irgendwie unterdrückt, aufgehoben, ohnmächtig gemacht werden. Wir wissen, diese Aufgabe gelingt dem Ich, wenn es stark ist und die betreffende Triebregung in seine Organisation einbezogen hat. Der Fall der Verdrängung ist aber der, daß die Triebregung noch dem Es angehört und das Ich sich schwach fühlt. Dann hilft sich das Ich durch eine Technik, die im Grunde mit der des normalen Denkens identisch ist. Das Denken ist ein probeweises Handeln mit kleinen Energiemengen, ähnlich wie die Verschiebungen kleiner Figuren auf der Landkarte, ehe der Feldherr seine Truppenmassen in Bewegung setzt. Das Ich antizipiert also die Befriedigung der bedenklichen Triebregung und erlaubt ihr, die Unlustempfindungen zu Beginn der gefürchteten Gefahrsituation zu reproduzieren. Damit ist der Automatismus des Lust-Unlust-Prinzips ins Spiel gebracht, der nun die Verdrängung der gefährlichen Triebregung durchführt.

Halt! werden Sie mir zurufen; da können wir nicht weiter mitgehen! Sie haben Recht, ich muß noch einiges dazu tun, bevor es Ihnen annehmbar erscheinen kann. Zunächst das Zugeständnis, daß ich versucht habe, in die Sprache unseres normalen Denkens zu übersetzen, was in Wirklichkeit ein gewiß nicht bewußter oder vorbewußter Vorgang zwischen Energiebeträgen an einem unvorstellbaren Substrat sein muß. Aber das ist kein starker Einwand; man kann es ja nicht anders machen. Wichtiger ist, daß wir klar unterscheiden, was bei der Verdrängung im Ich und was im Es vorgeht. Was das Ich tut, haben wir eben gesagt. Es wendet eine Probebesetzung an und weckt den Lust-Unlust-Automatismus durch das Angstsignal. Dann sind mehrere Reaktionen möglich oder eine Vermengung von ihnen in wechselnden Beträgen. Entweder der Angstanfall wird voll entwickelt und das Ich zieht sich gänzlich von der anstößigen Erregung zurück; oder es setzt ihr an Stelle der Probebesetzung eine Gegenbesetzung entgegen und diese tritt mit der Energie der verdrängten Regung zur Symptombildung zusammen oder wird als Reaktionsbildung, als Verstärkung bestimmter Dispositionen, als bleibende Veränderung ins Ich aufgenommen. Je mehr die Angstentwicklung auf ein bloßes Signal beschränkt werden kann, desto mehr verwendet das Ich auf die Abwehraktionen, die einer psychischen Bindung des Verdrängten gleich kommen, desto eher nähert sich auch der Vorgang einer normalen Verarbeitung an, gewiß ohne sie zu erreichen. Nebenbei, wir wollen hier einen Augenblick verweilen. Sie haben gewiß schon selbst angenommen, daß jenes schwer Definierbare, das man *Charakter* heißt, durchaus dem Ich zuzuteilen ist. Einiges, was diesen Charakter schafft, haben wir schon erhascht. Vor allem die Einverleibung der früheren Elterninstanz als Über-Ich, wohl das wichtigste, entscheidende Stück, sodann die Identifizierungen mit beiden Eltern der späteren Zeit und anderen einflußreichen Personen und die gleichen Identifizierungen als Niederschläge aufgelassener Objektbeziehungen. Fügen wir jetzt als nie fehlende Beiträge zur Charakterbildung die Reaktionsbildungen hinzu, die das Ich zuerst in seinen Verdrängungen, später, bei den Zurückweisungen unerwünschter Triebregungen, durch normalere Mittel erwirbt.

Nun kehren wir zurück und wenden uns zum Es. Was bei der Verdrängung an der bekämpften Triebregung vorgeht, ist nicht mehr so leicht zu erraten. Unser Interesse fragt ja hauptsächlich, was geschieht mit der Energie, der libidinösen Ladung dieser Erregung, wie wird sie verwendet? Sie erinnern sich, die frühere Annahme war, gerade sie werde durch die Verdrängung in Angst verwandelt. Das getrauen wir uns nicht mehr zu sagen; die bescheidene Antwort wird vielmehr lauten: wahrscheinlich ist ihr Schicksal nicht jedesmal das gleiche. Wahrscheinlich besteht eine intime Entsprechung zwischen dem jemaligen Vorgang im Ich und dem im Es an der verdrängten Regung, die uns bekannt werden sollte. Seitdem wir nämlich das Lust-Unlust-Prinzip, das durch das Angstsignal geweckt wird, in die Verdrängung haben eingreifen lassen, dürfen wir unsere Erwartungen abändern. Dies Prinzip regiert die Vorgänge im Es ganz unumschränkt. Wir können ihm zutrauen, daß es recht tiefgreifende Veränderungen an der betreffenden Triebregung zustande bringt. Wir sind darauf gefaßt, daß es sehr verschiedene Erfolge der Verdrängung geben wird, mehr oder weniger weitgehende. In manchen Fällen mag die verdrängte Triebregung ihre Libidobesetzung behalten, im Es unverändert fortbestehen, wenn auch unter dem ständigen Druck des Ichs. Andere Male scheint es vorzukommen, daß sie eine vollständige Zerstörung erfährt, bei der ihre Libido endgültig in andere Bahnen übergeleitet wird. Ich meinte, es geschehe so bei der normalen Erledigung des Ödipuskomplexes, der also in diesem wünschenswerten Falle nicht einfach verdrängt, sondern im Es zerstört wird. Die klinische Erfahrung hat uns ferner gezeigt, daß in vielen Fällen anstatt des gewohnten Verdrängungserfolgs eine Libidoerniedrigung stattfand, eine Regression der Libidoorganisation zu einer früheren Stufe. Das kann natürlich nur im Es vor sich gehen, und wenn es geschieht, dann unter dem Einfluß desselben Konflikts, der durch das Angstsignal eingeleitet wird. Das auffälligste Beispiel dieser Art gibt die Zwangsneurose, bei der Libidoregression und Verdrängung zusammenwirken.

Meine Damen und Herren! Ich besorge, diese Ausführungen werden Ihnen schwer faßbar erscheinen, und Sie werden erraten, daß sie nicht erschöpfend dargestellt sind. Ich bedauere, Ihr Mißvergnügen erregen zu müssen. Ich kann mir aber kein anderes Ziel setzen, als daß Sie einen Eindruck empfangen von der Art unserer

Ergebnisse und den Schwierigkeiten ihrer Erarbeitung. Je tiefer wir in das Studium der seelischen Vorgänge eindringen, desto mehr erkennen wir deren Reichhaltigkeit und Verwicklung. Manche einfache Formel, die uns anfangs zu entsprechen schien, hat sich später als unzureichend herausgestellt. Wir werden nicht müde, sie abzuändern und zu verbessern. In der Vorlesung über Traumtheorie habe ich Sie in ein Gebiet geführt, auf dem sich in fünfzehn Jahren kaum ein neuer Fund ergeben hatte; hier, wo wir von der Angst handeln, sehen Sie alles in Fluß und Wandlung begriffen. Diese neuen Dinge sind auch noch nicht gründlich durchgearbeitet worden, vielleicht macht ihre Darstellung auch darum Schwierigkeiten. Halten Sie aus, wir werden das Thema der Angst bald verlassen können; ich behaupte nicht, daß es dann zu unserer Befriedigung erledigt sein wird. Hoffentlich sind wir doch um ein Stückchen weiter gekommen. Und unterwegs haben wir allerlei neue Einsichten erworben. So werden wir auch jetzt durch das Studium der Angst veranlaßt, unserer Schilderung des Ichs einen neuen Zug hinzuzufügen. Wir haben gesagt, das Ich sei schwach gegen das Es, sei sein getreuer Diener, bemüht, dessen Befehle durchzuführen, dessen Forderungen zu erfüllen. Wir denken nicht daran, diesen Satz zurückzunehmen. Aber anderseits ist dies Ich doch der besser organisierte, gegen die Realität orientierte Teil des Es. Wir dürfen die Sonderung beider nicht zu sehr übertreiben, auch nicht überrascht sein, wenn dem Ich seinerseits ein Einfluß auf die Vorgänge im Es zustünde. Ich meine, diesen Einfluß übt das Ich aus, indem es mittels des Angstsignals das fast allmächtige Lust-Unlust-Prinzip in Tätigkeit bringt. Allerdings unmittelbar darauf zeigt es wieder seine Schwäche, denn durch den Akt der Verdrängung verzichtet es auf ein Stück seiner Organisation, muß zulassen, daß die verdrängte Triebregung dauernd seinem Einfluß entzogen bleibt.

Und jetzt nur noch eine Bemerkung zum Angstproblem! Die neurotische Angst hat sich uns unter unseren Händen in Realangst verwandelt, in Angst vor bestimmten äußeren Gefahrsituationen. Aber dabei kann es nicht bleiben, wir müssen einen weiteren Schritt machen, der aber ein Schritt zurück sein wird. Wir fragen uns, was ist denn eigentlich das Gefährliche, das Gefürchtete an einer solchen Gefahrsituation? Offenbar nicht die objektiv zu beurteilende Schädigung der Person, die psychologisch gar nichts zu bedeuten brauchte, sondern was von ihr im Seelenleben angerichtet wird. Die Geburt z. B., unser Vorbild für den Angstzustand, kann doch kaum an sich als eine Schädigung betrachtet werden, wenngleich die Gefahr von Schädigungen dabei sein mag. Das Wesentliche an der Geburt wie an jeder Gefahrsituation ist, daß sie im seelischen Erleben einen Zustand von hochgespannter Erregung hervorruft,

der als Unlust verspürt wird und dessen man durch Entladung nicht Herr werden kann. Heißen wir einen solchen Zustand, an dem die Bemühungen des Lustprinzips scheitern, einen *traumatischen* Moment, so sind wir über die Reihe neurotische Angst-Realangst-Gefahrsituation zu dem einfachen Satz gelangt: das Gefürchtete, der Gegenstand der Angst, ist jedesmal das Auftreten eines traumatischen Moments, der nicht nach der Norm des Lustprinzips erledigt werden kann. Wir verstehen sofort, durch die Begabung mit dem Lustprinzip sind wir nicht gegen objektive Schädigungen gesichert worden, sondern nur gegen eine bestimmte Schädigung unserer psychischen Ökonomie. Vom Lustprinzip zum Selbsterhaltungstrieb ist noch ein weiter Weg, es fehlt viel daran, daß beider Absichten sich vom Anfang an decken. Wir sehen aber auch noch etwas anderes; vielleicht ist dies die Lösung, die wir suchen. Nämlich, daß es sich hier überall um die Frage der relativen Quantitäten handelt. Nur die Größe der Erregungssumme macht einen Eindruck zum traumatischen Moment, lähmt die Leistung des Lustprinzips, gibt der Gefahrsituation ihre Bedeutung. Und wenn es sich so verhält, wenn sich diese Rätsel durch eine so nüchterne Auskunft beheben, warum sollte es nicht möglich sein, daß derartige traumatische Momente sich im Seelenleben ohne Beziehung auf die angenommenen Gefahrsituationen ereignen, bei denen also die Angst nicht als Signal geweckt wird, sondern neu mit frischer Begründung entsteht? Die klinische Erfahrung sagt mit Bestimmtheit aus, daß es wirklich so ist. Nur die späteren Verdrängungen zeigen den Mechanismus, den wir beschrieben haben, bei dem die Angst als Signal einer früheren Gefahrsituation wachgerufen wird; die ersten und ursprünglichen entstehen direkt bei dem Zusammentreffen des Ichs mit einem übergroßen Libidoanspruch aus traumatischen Momenten, sie bilden ihre Angst neu, allerdings nach dem Geburtsvorbild. Dasselbe mag für die Angstentwicklung bei Angstneurose durch somatische Schädigung der Sexualfunktion gelten. Daß es die Libido selbst ist, die dabei in Angst verwandelt wird, werden wir nicht mehr behaupten. Aber gegen eine zweifache Herkunft der Angst, einmal als direkte Folge des traumatischen Moments, das andere Mal als Signal, daß die Wiederholung eines solchen droht, sehe ich keinen Einwand.
Meine Damen und Herren! Nun sind Sie gewiß froh, daß Sie nichts mehr über die Angst anzuhören brauchen. Aber Sie haben nichts davon, es kommt nichts Besseres nach. Ich habe den Vorsatz, Sie noch heute auf das Gebiet der Libidotheorie oder Trieblehre zu führen, wo sich gleichfalls manches neu gestaltet hat. Ich will nicht sagen, daß wir hierin große Fortschritte gemacht haben, so daß es Ihnen jede Mühe lohnen würde, davon Kenntnis zu nehmen. Nein, es ist ein Feld, auf dem wir mühsam nach Orientierung und

Einsichten ringen; Sie sollen nur Zeugen unserer Bemühung werden. Auch hier muß ich auf manches zurückgreifen, was ich Ihnen früher vorgetragen habe.

Die Trieblehre ist sozusagen unsere Mythologie. Die Triebe sind mythische Wesen, großartig in ihrer Unbestimmtheit. Wir können in unserer Arbeit keinen Augenblick von ihnen absehen und sind dabei nie sicher, sie scharf zu sehen. Sie wissen, wie sich das populäre Denken mit den Trieben auseinandersetzt. Man nimmt so viele und so verschiedenartige Triebe an, als man eben braucht, einen Geltungs-, Nachahmungs-, Spiel-, Geselligkeitstrieb und viele dergleichen mehr. Man nimmt sie gleichsam auf, läßt jeden seine besondere Arbeit tun und entläßt sie dann wieder. Uns hat immer die Ahnung gerührt, daß hinter diesen vielen kleinen ausgeliehenen Trieben sich etwas Ernsthaftes und Gewaltiges verbirgt, dem wir uns vorsichtig annähern möchten. Unser erster Schritt war bescheiden genug. Wir sagten uns, man gehe wahrscheinlich nicht irre, wenn man zunächst zwei Haupttriebe, Triebarten oder Triebgruppen unterscheide, nach den zwei großen Bedürfnissen: Hunger und Liebe. So eifersüchtig wir sonst die Unabhängigkeit der Psychologie von jeder anderen Wissenschaft verteidigen, hier stehe man doch im Schatten der unerschütterlichen biologischen Tatsache, daß das lebende Einzelwesen zwei Absichten diene, der Selbsterhaltung und der Arterhaltung, die unabhängig voneinander scheinen, unseres Wissens noch keine gemeinsame Ableitung erfahren haben, deren Interessen einander im tierischen Leben oft widerstreiten. Man treibe hier eigentlich biologische Psychologie, studiere die psychischen Begleiterscheinungen biologischer Vorgänge. Als Vertreter dieser Auffassung sind die »Ichtriebe« und die »Sexualtriebe« in die Psychoanalyse eingezogen. Zu den ersteren rechneten wir alles, was mit der Erhaltung, Behauptung, Vergrößerung der Person zu tun hat. Den letzteren mußten wir die Reichhaltigkeit leihen, die das infantile und das perverse Sexualleben verlangen. Da wir bei der Untersuchung der Neurosen das Ich als die einschränkende, verdrängende Macht kennen lernten, die Sexualstrebungen als das Eingeschränkte, Verdrängte, glaubten wir nicht nur die Verschiedenheit, sondern auch den Konflikt zwischen beiden Triebgruppen mit Händen zu greifen. Gegenstand unseres Studiums waren zunächst nur die Sexualtriebe, deren Energie wir »Libido« benannten. An ihnen versuchten wir unsere Vorstellungen, was ein Trieb sei und was man ihm zuschreiben dürfe, zu klären. Dies ist die Stelle der Libidotheorie.

Ein Trieb unterscheidet sich also von einem Reiz darin, daß er aus Reizquellen im Körperinnern stammt, wie eine konstante Kraft wirkt und daß die Person sich ihm nicht durch die Flucht entziehen kann, wie es beim äußeren Reiz möglich ist. Man kann am Trieb

Quelle, Objekt und Ziel unterscheiden. Die Quelle ist ein Erregungszustand im Körperlichen, das Ziel die Aufhebung dieser Erregung, auf dem Wege von der Quelle zum Ziel wird der Trieb psychisch wirksam. Wir stellen ihn vor als einen gewissen Energiebetrag, der nach einer bestimmten Richtung drängt. Von diesem Drängen hat er den Namen: Trieb. Man spricht von aktiven und passiven Trieben, sollte richtiger sagen: aktiven und passiven Triebzielen; auch zur Erreichung eines passiven Zieles bedarf es eines Aufwands von Aktivität. Das Ziel kann am eigenen Körper erreicht werden, in der Regel ist ein äußeres Objekt eingeschoben, an dem der Trieb sein äußeres Ziel erreicht; sein inneres bleibt jedesmal die als Befriedigung empfundene Körperveränderung. Ob die Beziehung zur somatischen Quelle dem Trieb eine Spezifität verleiht und welche, ist uns nicht klargeworden. Daß Triebregungen aus einer Quelle sich solchen aus anderen Quellen anschließen und deren weiteres Schicksal teilen, daß überhaupt eine Triebbefriedigung durch eine andere ersetzt werden kann, sind nach dem Zeugnis der analytischen Erfahrung unzweifelhafte Tatsachen. Gestehen wir nur, daß wir sie nicht besonders gut verstehen. Auch die Beziehung des Triebs zu Ziel und Objekt läßt Abänderungen zu, beide können gegen andere vertauscht werden, die Beziehung zum Objekt ist immerhin leichter zu lockern. Eine gewisse Art von Modifikation des Ziels und Wechsel des Objekts, bei der unsere soziale Wertung in Betracht kommt, zeichnen wir als *Sublimierung* aus. Wir haben außerdem noch Grund, *zielgehemmte* Triebe zu unterscheiden, Triebregungen aus gut bekannten Quellen mit unzweideutigem Ziel, die aber auf dem Weg zur Befriedigung haltmachen, so daß eine dauernde Objektbesetzung und eine anhaltende Strebung zustande kommt. Solcher Art ist z. B. die Zärtlichkeitsbeziehung, die unzweifelhaft aus den Quellen sexueller Bedürftigkeit herrührt und regelmäßig auf deren Befriedigung verzichtet. Sie sehen, wieviel von den Eigenschaften und Schicksalen der Triebe sich noch unserem Verständnis entzieht; wir sollten hier auch eines Unterschieds gedenken, der sich zwischen Sexualtrieben und Selbsterhaltungstrieben zeigt und der theoretisch höchst bedeutsam wäre, wenn er die ganze Gruppe beträfe. Die Sexualtriebe fallen uns auf durch ihre Plastizität, die Fähigkeit, ihre Ziele zu wechseln, durch ihre Vertretbarkeit, indem sich eine Triebbefriedigung durch eine andere ersetzen läßt, und durch ihre Aufschiebbarkeit, von der uns eben die zielgehemmten Triebe ein gutes Beispiel gegeben haben. Diese Eigenschaften möchten wir den Selbsterhaltungstrieben absprechen und von ihnen aussagen, daß sie unbeugsam, unaufschiebbar, in ganz anderer Weise imperativ sind und zur Verdrängung wie zur Angst ein ganz anderes Verhältnis haben. Allein die nächste Überlegung sagt uns, daß diese

Ausnahmestellung nicht allen Ichtrieben, nur dem Hunger und dem Durst zukommt und offenbar durch eine Besonderheit der Triebquellen begründet ist. Ein gutes Stück des verwirrenden Eindrucks kommt noch daher, daß wir nicht gesondert betrachtet haben, welche Veränderungen die ursprünglich dem Es angehörigen Triebregungen unter dem Einfluß des organisierten Ichs erfahren.

Auf festerem Boden bewegen wir uns, wenn wir untersuchen, auf welche Weise das Triebleben der Sexualfunktion dient. Hier haben wir ganz entscheidende Einsichten erworben, die Ihnen auch nicht mehr neu sind. Es ist also nicht so, daß man einen Sexualtrieb erkennt, der von Anfang an die Strebung nach dem Ziel der Sexualfunktion, der Vereinigung der beiden Geschlechtszellen, trägt. Sondern wir sehen eine große Anzahl von Partialtrieben, von verschiedenen Körperstellen und Regionen her, die ziemlich unabhängig voneinander nach Befriedigung streben und diese Befriedigung in etwas finden, was wir *Organlust* heißen können. Die Genitalien sind die spätesten unter diesen *erogenen Zonen*, ihrer Organlust wird man den Namen *sexuelle* Lust nicht mehr verweigern. Nicht alle dieser nach Lust strebenden Regungen werden in die schließliche Organisation der Sexualfunktion aufgenommen. Manche von ihnen werden als unbrauchbar beseitigt, durch Verdrängung oder anderswie, einige werden in der vorhin erwähnten merkwürdigen Weise von ihrem Ziel abgelenkt und zur Verstärkung anderer Regungen verwendet, noch andere bleiben in Nebenrollen erhalten, dienen zur Durchführung einleitender Akte, zur Erzeugung von Vorlust. Sie haben gehört, daß sich in dieser lang hingezogenen Entwicklung mehrere Phasen einer vorläufigen Organisation erkennen lassen, auch wie sich aus dieser Geschichte der Sexualfunktion ihre Abirrungen und Verkümmerungen erklären. Die erste dieser *prägenitalen* Phasen heißen wir die *orale*, weil entsprechend der Art, wie der Säugling ernährt wird, die erogene Mundzone auch beherrscht, was man die sexuelle Tätigkeit dieser Lebensperiode heißen darf. Auf einer zweiten Stufe drängen sich die *sadistischen* und die *analen* Impulse vor, gewiß im Zusammenhang mit dem Auftreten der Zähne, der Erstarkung der Muskulatur und der Beherrschung der Sphinkterfunktionen. Wir haben gerade über diese auffällige Entwicklungsstufe viel interessante Einzelheiten erfahren. Als dritte erscheint die *phallische* Phase, in der bei beiden Geschlechtern das männliche Glied und, was ihm beim Mädchen entspricht, eine nicht mehr zu übersehende Bedeutung gewinnt. Den Namen der *genitalen* Phase haben wir der endgültigen Sexualorganisation vorbehalten, die sich nach der Pubertät herstellt, in der erst das weibliche Genitale die Anerkennung findet, die das männliche längst erworben hatte.

Soweit ist das alles abgeblaßte Wiederholung. Und glauben Sie nicht, daß all das, was ich diesmal nicht erwähnt habe, auch nicht mehr gilt. Es bedurfte dieser Wiederholung, um den Bericht über Fortschritte in unseren Einsichten daran anzuknüpfen. Wir können uns rühmen, daß wir gerade über die frühen Organisationen der Libido viel Neues erfahren und die Bedeutung des Alten klarer erfaßt haben, was ich Ihnen wenigstens an einzelnen Proben zeigen will. *Abraham* hat 1924 dargetan, daß man an der sadistisch-analen Phase zwei Stufen unterscheiden kann. Auf der früheren dieser beiden walten die destruktiven Tendenzen des Vernichtens und Verlierens vor, auf der späteren die objektfreundlichen des Festhaltens und Besitzens. In der Mitte dieser Phase tritt also zuerst die Rücksicht auf das Objekt auf als Vorläufer einer späteren Liebesbesetzung. Ebenso berechtigt ist es, eine solche Unterteilung auch für die erste orale Phase anzunehmen. Auf der ersten Unterstufe handelt es sich nur um die orale Einverleibung, es fehlt auch jede Ambivalenz in der Beziehung zum Objekt der Mutterbrust. Die zweite Stufe, durch das Auftreten der Beißtätigkeit ausgezeichnet, kann als die *oralsadistische* bezeichnet werden; sie zeigt zum erstenmal die Erscheinungen der Ambivalenz, die dann in der nächsten, der sadistisch-analen Phase so viel deutlicher werden. Der Wert dieser neuen Unterscheidungen zeigt sich besonders, wenn man bei bestimmten Neurosen – Zwangsneurose, Melancholie – nach den Dispositionsstellen in der Libidoentwicklung sucht. Rufen Sie sich hier ins Gedächtnis zurück, was wir über den Zusammenhang von Libidofixierung, Disposition und Regression erfahren haben.

Unsere Einstellung zu den Phasen der Libidoorganisation hat sich überhaupt ein wenig verschoben. Wenn wir früher vor allem betonten, wie die eine derselben vor der nächsten vergeht, so gehört unsere Aufmerksamkeit jetzt den Tatsachen, die uns zeigen, wieviel von jeder früheren Phase neben und hinter den späteren Gestaltungen erhalten bleibt und sich eine dauernde Vertretung im Libidohaushalt und im Charakter der Person erwirbt. Noch bedeutsamer sind Studien geworden, die uns gelehrt haben, wie häufig sich unter pathologischen Bedingungen Regressionen zu früheren Phasen ereignen, und daß bestimmte Regressionen für bestimmte Krankheitsformen charakteristisch sind. Aber das kann ich hier nicht behandeln; es gehört in eine spezielle Neurosenpsychologie.

Triebumsetzungen und ähnliche Vorgänge haben wir besonders an der Analerotik, den Erregungen aus den Quellen der erogenen Analzone, studieren können und waren überrascht, wie vielfältigen Verwendungen diese Triebregungen zugeführt werden. Es ist vielleicht nicht leicht, sich von der Geringschätzung frei zu machen, die im Laufe der Entwicklung gerade diese Zone betroffen hat. Lassen

wir uns darum von *Abraham* daran mahnen, daß der Anus embryologisch dem Urmund entspricht, welcher bis zum Darmende herabgewandert ist. Wir erfahren dann, daß mit der Entwertung des eigenen Kots, der Exkremente, dieses Triebinteresse aus analer Quelle auf Objekte übergeht, die als *Geschenk* gegeben werden können. Und dies mit Recht, denn der Kot war das erste Geschenk, das der Säugling machen konnte, dessen er sich aus Liebe zu seiner Pflegerin entäußerte. Im weiteren, durchaus analog dem Bedeutungswandel in der Sprachentwicklung, setzt sich dies alte Kotinteresse in die Wertschätzung von *Gold* und *Geld* um, gibt aber auch seinen Beitrag zur affektiven Besetzung von *Kind* und von *Penis*. Nach der Überzeugung aller Kinder, die ja lange Zeit an der Kloakentheorie festhalten, wird das Kind wie ein Stück Kot aus dem Darm geboren; die Defäkation ist das Vorbild des Geburtsaktes. Aber auch der Penis hat seinen Vorläufer in der Kotsäule, die das Schleimhautrohr des Darmes ausfüllt und reizt. Wenn das Kind, widerwillig genug, zur Kenntnis genommen hat, daß es menschliche Wesen gibt, die dieses Glied nicht besitzen, erscheint ihm der Penis als etwas vom Körper Ablösbares und rückt in unverkennbare Analogie zum Exkrement, das ja das erste Stück Leiblichkeit war, auf das man verzichten mußte. Ein großes Stück Analerotik wird so in Penisbesetzung überführt, aber das Interesse an diesem Körperteil hat außer der analerotischen eine vielleicht noch mächtigere orale Wurzel, denn nach der Einstellung des Säugens erbt der Penis auch von der Brustwarze des mütterlichen Organs.
Es ist unmöglich, sich in den Phantasien, den vom Unbewußten beeinflußten Einfällen und in der Symptomsprache des Menschen zurechtzufinden, wenn man diese tiefliegenden Beziehungen nicht kennt. Kot-Geld-Geschenk-Kind-Penis werden hier wie gleichbedeutend behandelt, auch durch gemeinsame Symbole vertreten. Vergessen Sie auch nicht, daß ich Ihnen nur sehr unvollständige Mitteilungen machen konnte. Ich kann etwa eilig hinzufügen, daß auch das später erwachende Interesse an der Vagina hauptsächlich analerotischer Herkunft ist. Es ist nicht verwunderlich, denn die Vagina selbst ist nach einem guten Wort von *Lou Andreas-Salomé* dem Enddarm »abgemietet«; im Leben der Homosexuellen, die ein gewisses Stück der Sexualentwicklung nicht mitgemacht haben, wird sie auch wieder durch diesen vertreten. In Träumen kommt häufig eine Lokalität vor, die früher ein einziger Raum war und jetzt durch eine Wand in zwei geteilt ist oder auch umgekehrt. Damit ist immer das Verhältnis der Vagina zum Darm gemeint. Wir können auch schön verfolgen, wie beim Mädchen normalerweise der ganz und gar unweibliche Wunsch nach dem Besitz eines Penis sich in den Wunsch nach einem Kind und dann nach einem Mann als Träger des Penis und Spender des Kindes umwandelt, so daß auch

hier sichtbar wird, wie ein Stück ursprünglich anal-erotischen Interesses die Aufnahme in die spätere Genitalorganisation erwirbt.

Während solcher Studien an den prägenitalen Phasen der Libido haben sich uns auch einige neue Einblicke in die Charakterbildung ergeben. Wir sind auf eine Trias von Eigenschaften aufmerksam geworden, die ziemlich regelmäßig beisammen sind: Ordentlichkeit, Sparsamkeit und Eigensinn, und haben aus der Analyse solcher Personen erschlossen, daß diese Eigenschaften aus der Aufzehrung und andersartigen Verwendung ihrer Analerotik hervorgegangen sind. Wir sprechen also von einem *Analcharakter*, wo wir diese auffällige Vereinigung finden, und bringen den Analcharakter in einen gewissen Gegensatz zur unaufgearbeiteten Analerotik. Eine ähnliche, vielleicht noch festere Beziehung fanden wir zwischen dem Ehrgeiz und der Urethralerotik. Eine merkwürdige Anspielung auf diesen Zusammenhang entnahmen wir der Sage, daß Alexander der Große in derselben Nacht geboren wurde, in der ein gewisser *Herostrat* aus eitler Ruhmsucht den viel bewunderten Tempel der Artemis zu *Ephesos* in Brand steckte. Als ob den Alten ein solcher Zusammenhang nicht unbekannt gewesen wäre! Wie viel das Urinieren mit Feuer und Feuerlöschen zu tun hat, wissen Sie ja. Natürlich erwarten wir, daß auch andere Charaktereigenschaften sich in ähnlicher Weise als Niederschläge oder Reaktionsbildungen bestimmter prägenitaler Libidoformationen ergeben werden, können es aber noch nicht aufzeigen.

Nun ist es aber an der Zeit, daß ich in der Geschichte wie im Thema zurückgreife und die allgemeinsten Probleme des Trieblebens wieder aufnehme. Unserer Libidotheorie lag zunächst der Gegensatz von Ichtrieben und Sexualtrieben zugrunde. Als wir dann später begannen, das Ich selbst näher zu studieren und den Gesichtspunkt des Narzißmus erfaßten, verlor diese Unterscheidung selbst ihren Boden. In seltenen Fällen kann man erkennen, daß das Ich sich selbst zum Objekt nimmt, sich benimmt, als ob es in sich selbst verliebt wäre. Daher der der griechischen Sage entlehnte *Narzißmus*. Aber das ist nur eine extreme Übersteigerung eines normalen Sachverhalts. Man lernt verstehen, daß das Ich immer das Hauptreservoir der Libido ist, von dem libidinöse Besetzungen der Objekte ausgehen, und in das dieselben wieder zurückkehren, während der Großteil dieser Libido stetig im Ich verbleibt. Es wird also unausgesetzt Ichlibido in Objektlibido umgewandelt und Objektlibido in Ichlibido. Dann können die beiden aber ihrer Natur nach nicht verschieden sein, dann hat es keinen Sinn, die Energie der einen von der der anderen zu sondern, man kann die Bezeichnung Libido fallen lassen oder sie als gleichbedeutend mit psychischer Energie überhaupt gebrauchen.

Wir sind nicht lange auf diesem Standpunkt verblieben. Die Ahnung von einer Gegensätzlichkeit innerhalb des Trieblebens hat sich bald einen anderen, noch schärferen Ausdruck verschafft. Diese Neuheit in der Trieblehre möchte ich aber nicht vor Ihnen ableiten; auch sie ruht im wesentlichen auf biologischen Erwägungen; ich werde sie Ihnen als fertiges Produkt vorführen. Wir nehmen an, daß es zwei wesensverschiedene Arten von Trieben gibt, die Sexualtriebe, im weitesten Sinne verstanden, den *Eros*, wenn Sie diese Benennung vorziehen, und die *Aggressions*triebe, deren Ziel die Destruktion ist. Wenn Sie es so hören, werden Sie es kaum als Neuheit gelten lassen; es scheint ein Versuch zur theoretischen Verklärung des banalen Gegensatzes zwischen Lieben und Hassen, der vielleicht mit jener anderen Polarität von Anziehung und Abstoßung zusammenfällt, welche die Physik für die anorganische Welt annimmt. Aber es ist merkwürdig, daß diese Aufstellung doch von vielen als Neuerung empfunden wird, und zwar als eine sehr unerwünschte, die möglichst bald wieder beseitigt werden sollte. Ich nehme an, daß ein starkes affektives Moment sich in dieser Ablehnung durchsetzt. Warum haben wir selbst so lange Zeit gebraucht, ehe wir uns zur Anerkennung eines Aggressionstriebs entschlossen, warum nicht Tatsachen, die offen zu Tage liegen und jedermann bekannt sind, ohne Zögern für die Theorie verwertet? Wahrscheinlich würde es auf geringen Widerstand stoßen, wenn man den Tieren einen Trieb mit solchem Ziel zuschreiben wollte. Aber ihn in die menschliche Konstitution aufzunehmen, erscheint frevelhaft; es widerspricht zu vielen religiösen Voraussetzungen und sozialen Konventionen. Nein, der Mensch muß von Natur aus gut oder wenigstens gutmütig sein. Wenn er sich gelegentlich brutal, gewalttätig, grausam zeigt, so sind das vorübergehende Trübungen seines Gefühlslebens, meist provoziert, vielleicht nur Folge der unzweckmäßigen Gesellschaftsordnungen, die er sich bisher gegeben hat.
Leider spricht, was uns die Geschichte berichtet und was wir selbst erlebt haben, nicht in diesem Sinne, sondern rechtfertigt eher das Urteil, daß der Glaube an die »Güte« der menschlichen Natur eine jener schlimmen Illusionen ist, von denen die Menschen eine Verschönerung und Erleichterung ihres Lebens erwarten, während sie in Wirklichkeit nur Schaden bringen. Wir brauchen diese Polemik nicht fortzusetzen, denn nicht wegen der Lehren von der Geschichte und Lebenserfahrung haben wir die Annahme eines besonderen Aggressions- und Destruktionstriebs beim Menschen befürwortet, sondern es geschah auf Grund allgemeiner Erwägungen, zu denen uns die Würdigung der Phänomene des *Sadismus* und des *Masochismus* führte. Sie wissen, wir heißen es Sadismus, wenn die sexuelle Befriedigung an die Bedingung geknüpft ist, daß

das Sexualobjekt Schmerzen, Mißhandlungen und Demütigungen erleide, Masochismus, wenn das Bedürfnis besteht, selbst dieses mißhandelte Objekt zu sein. Sie wissen auch, daß ein gewisser Zusatz dieser beiden Strebungen in die normale Sexualbeziehung aufgenommen ist, und daß wir sie als Perversionen bezeichnen, wenn sie die anderen Sexualziele zurückdrängen und ihre eigenen Ziele an deren Stelle setzen. Es wird Ihnen auch kaum entgangen sein, daß der Sadismus zur Männlichkeit, der Masochismus zur Weiblichkeit eine intimere Beziehung unterhält, als ob hier eine geheime Verwandtschaft bestünde, obwohl ich Ihnen sogleich sagen muß, daß wir nicht auf diesem Weg weiter gekommen sind. Beide, Sadismus wie Masochismus, sind für die Libidotheorie recht rätselhafte Phänomene, der Masochismus ganz besonders, und es ist nur in der Ordnung, wenn das, was für die eine Theorie den Stein des Anstoßes gebildet hat, für die sie ersetzende den Eckstein abgeben sollte.

Wir meinen also, daß wir im Sadismus und im Masochismus zwei ausgezeichnete Beispiele von der Vermischung beider Triebarten, des Eros mit der Aggression, vor uns haben, und machen nun die Annahme, daß dies Verhältnis vorbildlich ist, daß alle Triebregungen, die wir studieren können, aus solchen Mischungen oder Legierungen der beiden Triebarten bestehen. Natürlich in den verschiedenartigsten Mischungsverhältnissen. Dabei würden die erotischen Triebe die Mannigfaltigkeit ihrer Sexualziele in die Mischung einführen, während die anderen nur Milderungen und Abstufungen ihrer eintönigen Tendenz zuließen. Durch diese Annahme haben wir uns die Aussicht auf Untersuchungen eröffnet, die einmal eine große Bedeutung für das Verständnis pathologischer Vorgänge bekommen können. Denn Mischungen mögen auch zerfallen und solchen Triebentmischungen darf man die schwersten Folgen für die Funktion zutrauen. Aber diese Gesichtspunkte sind noch zu neu; niemand hat bisher versucht, sie in der Arbeit zu verwerten.

Wir kehren zu dem besonderen Problem zurück, das uns der Masochismus aufgibt. Sehen wir für den Augenblick von seiner erotischen Komponente ab, so bürgt er uns für die Existenz einer Strebung, welche die Selbstzerstörung zum Ziel hat. Wenn es auch für den Destruktionstrieb zutrifft, daß das Ich – aber wir meinen hier vielmehr das Es, die ganze Person – ursprünglich alle Triebregungen in sich schließt, so ergibt sich die Auffassung, daß der Masochismus älter ist als der Sadismus, der Sadismus aber ist nach außen gewendeter Destruktionstrieb, der damit den Charakter der Aggression erwirbt. Soundsoviel vom ursprünglichen Destruktionstrieb mag noch im Inneren verbleiben; es scheint, daß unsere Wahrnehmung seiner nur unter diesen zwei Bedingungen habhaft wird, wenn er sich mit erotischen Trieben zum Masochismus verbindet, oder wenn er sich als Aggression – mit größerem oder geringerem erotischen Zusatz – gegen die Außenwelt wendet. Nun drängt sich uns die Bedeutung der Möglichkeit auf, daß die Aggression in der Außenwelt Befriedigung nicht finden kann, weil sie auf reale Hindernisse stößt. Sie wird dann vielleicht zurücktreten, das Ausmaß der im Inneren waltenden Selbstdestruktion vermehren. Wir werden hören, daß dies wirklich so geschieht und wie wichtig dieser Vorgang ist. Verhinderte Aggression scheint eine schwere Schädigung zu bedeuten; es sieht wirklich so aus, als müßten wir anderes und andere zerstören, um uns nicht selbst zu zerstören, um uns vor der Tendenz zur Selbstdestruktion zu bewahren. Gewiß eine traurige Eröffnung für den Ethiker!

Aber der Ethiker wird sich noch auf lange hinaus mit der Unwahrscheinlichkeit unserer Spekulationen trösten. Ein sonderbarer Trieb, der sich mit der Zerstörung seines eigenen organischen Heims befaßt! Die Dichter sprechen zwar von solchen Dingen, aber Dichter sind unverantwortlich, sie genießen das Vorrecht der poetischen Lizenz. Allerdings sind ähnliche Vorstellungen auch der Physiologie nicht fremd, z. B. die der Magenschleimhaut, die sich selbst verdaut. Aber es ist zuzugeben, daß unser Selbstzerstörungstrieb einer breiteren Unterstützung bedarf. Eine Annahme von solcher Tragweite kann man doch nicht bloß darum wagen, weil einige arme Narren ihre Sexualbefriedigung an eine sonderbare Bedingung geknüpft haben. Ich meine, ein vertieftes Studium der Triebe wird uns geben, was wir brauchen. Die Triebe regieren nicht allein das seelische, sondern auch das vegetative Leben, und diese organischen Triebe zeigen einen Charakterzug, der unser stärkstes Interesse verdient. Ob es ein allgemeiner Charakter der Triebe ist, werden wir erst später beurteilen können. Sie enthüllen sich nämlich als Bestreben, einen früheren Zustand wiederherzustellen. Wir können annehmen, vom Moment an, da ein solcher einmal erreichter Zustand gestört worden, entsteht ein Trieb, ihn neu zu schaffen, und bringt Phänomene hervor, die wir als *Wiederholungszwang* bezeichnen können. So ist die Embryologie ein einziges Stück Wiederholungszwang; weit hinauf in die Tierreihe erstreckt sich ein Vermögen, verlorene Organe neu zu bilden, und der Heiltrieb, dem wir, neben den therapeutischen Hilfeleistungen, unsere Genesungen verdanken, dürfte der Rest dieser bei niederen Tieren so großartig entwickelten Fähigkeit sein. Die Laichwanderungen der Fische, vielleicht die Vogelflüge, möglicherweise alles, was wir bei den Tieren als Instinktäußerung bezeichnen, erfolgt unter dem Gebot des Wiederholungszwangs, der die *konservative Natur* der Triebe zum Ausdruck bringt. Auch auf seelischem Gebiet brauchen wir nicht lange nach Äußerungen desselben zu suchen. Es ist uns aufgefallen, daß die vergessenen und verdrängten Erlebnisse der früheren Kindheit sich während der analytischen Arbeit in Träumen und Reaktionen, besonders in denen der Übertragung reproduzieren, obwohl ihre Wiedererweckung dem Interesse des Lustprinzips zuwiderläuft, und wir haben uns die Erklärung gegeben, daß in diesen Fällen ein Wiederholungszwang sich selbst über das Lustprinzip hinaussetzt. Auch außerhalb der Analyse kann man Ähnliches beobachten. Es gibt Menschen, die in ihrem Leben ohne Korrektur immer die nämlichen Reaktionen zu ihrem Schaden wiederholen, oder die selbst von einem unerbittlichen Schicksal verfolgt scheinen, während doch eine genauere Untersuchung lehrt, daß sie sich dieses Schicksal unwissentlich selbst bereiten. Wir schreiben dann dem Wiederholungszwang den *dämonischen* Charakter zu.

Was kann aber dieser konservative Zug der Triebe für das Verständnis unserer Selbstzerstörung leisten? Welchen früheren Zustand wollte ein solcher Trieb wiederherstellen? Nun, die Antwort liegt nicht ferne und eröffnet weite Perspektiven. Wenn es wahr ist, daß – in unvordenklicher Zeit und auf unvorstellbare Weise – einmal aus unbelebter Materie das Leben hervorgegangen ist, so muß nach unserer Voraussetzung damals ein Trieb entstanden sein, der das Leben wieder aufheben, den anorganischen Zustand wieder herstellen will. Erkennen wir in diesem Trieb die Selbstdestruktion unserer Annahme wieder, so dürfen wir diese als Ausdruck eines *Todestriebes* erfassen, der in keinem Lebensprozeß vermißt werden kann. Und nun scheiden sich uns die Triebe, an die wir glauben, in die zwei Gruppen der erotischen, die immer mehr lebende Substanz zu größeren Einheiten zusammenballen wollen, und der Todestriebe, die sich diesem Streben widersetzen und das Lebende in den anorganischen Zustand zurückführen. Aus dem Miteinander- und Gegeneinanderwirken der beiden gehen die Lebenserscheinungen hervor, denen der Tod ein Ende setzt.

Sie werden vielleicht achselzuckend sagen: Das ist nicht Naturwissenschaft, das ist *Schopenhauer*sche Philosophie. Aber warum, meine Damen und Herren, sollte nicht ein kühner Denker erraten haben, was dann nüchterne und mühselige Detailforschung bestätigt? Und dann, alles ist schon einmal gesagt worden und vor Schopenhauer haben viele Ähnliches gesagt. Und weiter, was wir sagen, ist nicht einmal richtiger *Schopenhauer*. Wir behaupten nicht, der Tod sei das einzige Ziel des Lebens; wir übersehen nicht neben dem Tod das Leben. Wir anerkennen zwei Grundtriebe und lassen jedem sein eigenes Ziel. Wie sich die beiden im Lebensprozeß vermengen, wie der Todestrieb den Absichten des Eros dienstbar gemacht wird, zumal in seiner Wendung nach außen als Aggression, das sind Aufgaben, die der Forschung der Zukunft überlassen bleiben. Wir kommen nicht weiter als bis zur Stelle, wo sich eine solche Aussicht vor uns auftut. Auch die Frage, ob der konservative Charakter nicht allen Trieben ausnahmslos eignet, ob nicht auch die erotischen Triebe einen früheren Zustand wiederbringen wollen, wenn sie die Synthese des Lebenden zu größeren Einheiten anstreben, auch diese Frage werden wir unbeantwortet lassen müssen.

Wir haben uns ein wenig weit von unserer Basis entfernt. Ich will Ihnen nachträglich mitteilen, welches der Ausgangspunkt dieser Überlegungen zur Trieblehre war. Derselbe, der uns zur Revision der Beziehung zwischen dem Ich und dem Unbewußten geführt hat, der Eindruck aus der analytischen Arbeit, daß der Patient, der Widerstand leistet, so oft von diesem Widerstand nichts weiß. Aber nicht nur die Tatsache des Widerstands ist ihm unbewußt, auch die Motive desselben sind es. Wir mußten nach diesen Motiven oder diesem Motiv forschen und fanden es zu unserer Überraschung in einem starken Strafbedürfnis, das wir nur den masochistischen Wünschen anreihen konnten. Die praktische Bedeutung dieses Fundes steht hinter seiner theoretischen nicht zurück, denn dies Strafbedürfnis ist der schlimmste Feind unserer therapeutischen Bemühung. Es wird durch das Leiden befriedigt, das mit der Neurose verbunden ist, und hält darum am Kranksein fest. Es scheint, daß dieses Moment, das unbewußte Strafbedürfnis, an jeder neurotischen Erkrankung beteiligt ist. Geradezu überzeugend wirken hier Fälle, in denen sich das neurotische Leiden durch ein andersartiges ablösen läßt. Ich will Ihnen von einer solchen Erfahrung berichten. Es war mir einmal gelungen, ein älteres Mädchen von dem Symptomkomplex zu befreien, der sie durch etwa 15 Jahre zu einer qualvollen Existenz verurteilt und von der Teilnahme am Leben ausgeschlossen hatte. Sie empfand sich nun als gesund und stürzte sich in eine eifrige Tätigkeit, um ihre nicht geringfügigen Talente zu entwickeln und sich noch ein Stück Geltung, Genuß und Erfolg zu erhaschen. Aber jeder ihrer Versuche endete damit, daß man sie wissen ließ oder daß sie selbst einsah, sie sei zu alt geworden, um auf diesem Gebiet etwas zu erreichen. Nach jedem solchen Ausgang wäre der Rückfall in die Krankheit das nächste gewesen, aber das konnte sie nicht mehr zustande bringen; anstatt dessen ereigneten sich ihr jedesmal Unfälle, die sie für eine Zeit lang außer Tätigkeit setzten und leiden ließen. Sie war gefallen und hatte sich einen Fuß verstaucht oder ein Knie verletzt, bei irgend einer Hantierung eine Hand beschädigt. Aufmerksam gemacht, wie groß ihr eigener Anteil an diesen anscheinenden Zufällen sein könnte, änderte sie sozusagen ihre Technik. Anstatt der Unfälle traten bei den gleichen Veranlassungen leichte Erkrankungen auf, Katarrhe, Anginen, grippeartige Zustände, rheumatische Schwellungen, bis endlich mit der Resignation, zu der sie sich entschloß,

der ganze Spuk vorüber war.
Über die Herkunft dieses unbewußten Strafbedürfnisses, meinen wir, ist kein Zweifel. Es benimmt sich wie ein Stück des Gewissens, wie die Fortsetzung unseres Gewissens ins Unbewußte, es wird auch dieselbe Herkunft haben wie das Gewissen, also einem Stück Aggression entsprechen, das verinnerlicht und vom Über-Ich übernommen wurde. Würden die Worte nur besser zusammenpassen, so wäre es für alle praktischen Belange nur gerechtfertigt, es »unbewußtes Schuldgefühl« zu heißen. Theoretisch sind wir eigentlich im Zweifel, ob wir annehmen sollen, daß alle aus der Außenwelt zurückgekehrte Aggression vom Über-Ich gebunden und somit gegen das Ich gewendet werde, oder daß ein Teil von ihr seine stumme und unheimliche Tätigkeit als freier Destruktionstrieb im Ich und Es ausübe. Wahrscheinlicher ist eine solche Verteilung, doch wissen wir nichts weiter darüber. Bei der ersten Einsetzung des Über-Ichs ist gewiß zur Ausstattung dieser Instanz jenes Stück Aggression gegen die Eltern verwendet worden, dem das Kind infolge seiner Liebesfixierung wie der äußeren Schwierigkeiten keine Abfuhr nach außen schaffen konnte, und darum braucht die Strenge des Über-Ichs nicht einfach der Härte der Erziehung zu entsprechen. Es ist sehr wohl möglich, daß bei späteren Anlässen zur Unterdrückung der Aggression der Trieb denselben Weg nimmt, der ihm in jenem entscheidenden Zeitpunkte eröffnet wurde.
Personen, bei denen dies unbewußte Schuldgefühl übermächtig ist, verraten sich in der analytischen Behandlung durch die prognostisch so unliebsame negative therapeutische Reaktion. Wenn man ihnen eine Symptomlösung mitgeteilt hat, auf die normalerweise ein wenigstens zeitweiliges Schwinden des Symptoms folgen sollte, erzielt man bei ihnen im Gegenteil eine momentane Verstärkung des Symptoms und des Leidens. Es reicht oft hin, sie für ihr Benehmen in der Kur zu beloben, einige hoffnungsvolle Worte über den Fortschritt der Analyse zu äußern, um eine unverkennbare Verschlimmerung ihres Befindens herbeizuführen. Der Nicht-Analytiker würde sagen, er vermisse den »Genesungswillen«; nach analytischer Denkweise sehen Sie in diesem Benehmen eine Äußerung des unbewußten Schuldgefühls, dem Kranksein mit seinen Leiden und Verhinderungen eben recht ist. Die Probleme, die das unbewußte Schuldgefühl aufgerollt hat, seine Beziehungen zu Moral, Pädagogik, Kriminalität und Verwahrlosung sind gegenwärtig das bevorzugte Arbeitsgebiet der Psychoanalytiker. An unerwarteter Stelle sind wir hier aus der psychischen Unterwelt in den offenen Markt eingebrochen. Ich kann Sie nicht weiter führen, aber mit einem Gedankengang muß ich Sie noch aufhalten, ehe ich Sie für diesmal verabschiede. Es ist uns geläufig geworden zu sagen,

daß unsere Kultur auf Kosten sexueller Strebungen aufgebaut ist, die von der Gesellschaft gehemmt, zum Teil zwar verdrängt, zum anderen Teil aber für neue Ziele nutzbar gemacht werden. Wir haben auch bei allem Stolz auf unsere kulturellen Errungenschaften zugestanden, daß es uns nicht leicht wird, die Anforderungen dieser Kultur zu erfüllen, uns in ihr wohl zu fühlen, weil die uns auferlegten Triebbeschränkungen eine schwere psychische Belastung bedeuten. Nun, was wir für die Sexualtriebe erkannt haben, gilt im gleichen, vielleicht in noch höherem Maße, für die anderen, die Aggressionstriebe. Diese sind es vor allem, die das Zusammenleben der Menschen erschweren und dessen Fortdauer bedrohen; Einschränkung seiner Aggression ist das erste, vielleicht das schwerste Opfer, das die Gesellschaft vom Einzelnen zu fordern hat. Wir haben erfahren, in wie ingeniöser Weise diese Bändigung des Widerspenstigen vollzogen wird. Die Einsetzung des Über-Ichs, das die gefährlichen aggressiven Regungen an sich reißt, bringt gleichsam eine Besatzung in die zum Aufruhr geneigte Stätte. Aber anderseits, rein psychologisch betrachtet, muß man bekennen, das Ich fühlt sich nicht wohl dabei, wenn es so den Bedürfnissen der Gesellschaft geopfert wird, wenn es sich den destruktiven Tendenzen der Aggression unterwerfen muß, die es gern selbst gegen andere betätigt hätte. Es ist wie eine Fortsetzung jenes Dilemmas vom Fressen und Gefressenwerden, das die organische Lebewelt beherrscht, aufs psychische Gebiet. Zum Glück sind die Aggressionstriebe niemals allein, immer mit den erotischen legiert. Diese letzteren haben unter den Bedingungen der vom Menschen geschaffenen Kultur vieles zu mildern und zu verhüten.

33. Vorlesung

DIE WEIBLICHKEIT

Meine Damen und Herren! Die ganze Zeit über, während ich mich vorbereite, mit Ihnen zu sprechen, ringe ich mit einer inneren Schwierigkeit. Ich fühle mich sozusagen meiner Lizenz nicht sicher. Es ist ja richtig, daß die Psychoanalyse sich in fünfzehn Arbeitsjahren verändert und bereichert hat, aber darum könnte doch eine Einführung in die Psychoanalyse unverändert und unergänzt bleiben. Immer schwebt es mir vor, daß diesen Vorträgen die Daseinsberechtigung fehlt. Den Analytikern sage ich zu wenig und überhaupt nichts Neues, Ihnen aber zu viel und solche Dinge, für deren Verständnis Sie nicht ausgerüstet sind, die nicht für Sie gehören.

Ich habe nach Entschuldigungen ausgeschaut und jede einzelne Vorlesung durch eine andere Begründung rechtfertigen wollen. Die erste, über die Traumtheorie, sollte Sie mit einem Schlage wieder mitten in die analytische Atmosphäre versetzen und Ihnen zeigen, wie haltbar sich unsere Anschauungen erwiesen haben. An der zweiten, die die Wege vom Traum zum sogenannten Okkultismus verfolgt, reizte mich die Gelegenheit, ein freies Wort über ein Arbeitsgebiet zu sagen, auf dem heute vorurteilsvolle Erwartungen gegen leidenschaftliche Widerstände kämpfen, und ich durfte hoffen, Ihr am Beispiel der Psychoanalyse zur Toleranz erzogenes Urteil werde mir die Begleitung auf diesen Ausflug nicht verweigern. Die dritte Vorlesung, die über die Zerlegung der Persönlichkeit, stellte gewiß die härtesten Zumutungen an Sie, so fremdartig war ihr Inhalt, aber ich konnte diesen ersten Ansatz einer Ichpsychologie Ihnen unmöglich vorenthalten, und wenn wir ihn vor fünfzehn Jahren besessen hätten, hätte ich ihn schon damals erwähnen müssen. Die letzte Vorlesungen endlich, der Sie wahrscheinlich nur unter großer Anspannung gefolgt sind, brachte notwendige Berichtigungen, neue Lösungsversuche der wichtigsten Rätselfragen, und meine Einführung wäre zu einer Irreführung geworden, wenn ich darüber geschwiegen hätte. Sie sehen, wenn man es unternimmt, sich zu entschuldigen, kommt es am Ende darauf hinaus, daß alles unvermeidlich war, alles Verhängnis. Ich unterwerfe mich; ich bitte Sie, tun Sie es auch.
Auch die heutige Vorlesung sollte keine Aufnahme in eine Einführung finden, aber sie kann Ihnen eine Probe einer analytischen Detailarbeit geben, und ich kann zweierlei zu ihrer Empfehlung sagen. Sie bringt nichts als beobachtete Tatsachen, fast ohne Beisatz von Spekulation, und sie beschäftigt sich mit einem Thema, das Anspruch auf Ihr Interesse hat wie kaum ein anderes. Über das Rätsel der Weiblichkeit haben die Menschen zu allen Zeiten gegrübelt:

»Häupter in Hieroglyphenmützen,
Häupter in Turban und schwarzem Barett,
Perückenhäupter und tausend andere
Arme, schwitzende Menschenhäupter – – –«
(*Heine*, Nordsee)

Auch Sie werden sich von diesem Grübeln nicht ausgeschlossen haben, insofern Sie Männer sind; von den Frauen unter Ihnen erwartet man es nicht, sie sind selbst dieses Rätsel. Männlich oder weiblich ist die erste Unterscheidung, die Sie machen, wenn Sie mit einem anderen menschlichen Wesen zusammentreffen, und Sie sind gewöhnt, diese Unterscheidung mit unbedenklicher Sicherheit zu machen. Die anatomische Wissenschaft teilt Ihre Sicherheit in einem Punkt und nicht weit darüber hinaus. Männlich ist das

männliche Geschlechtsprodukt, das Spermatozoon und sein Träger, weiblich das Ei und der Organismus, der es beherbergt. Bei beiden Geschlechtern haben sich Organe gebildet, die ausschließlich den Geschlechtsfunktionen dienen, wahrscheinlich aus der nämlichen Anlage zu zwei verschiedenen Gestaltungen entwickelt. Bei beiden zeigen außerdem die anderen Organe, die Körperformen und Gewebe eine Beeinflussung durch das Geschlecht, aber diese ist inkonstant und ihr Ausmaß wechselnd, die sogenannten sekundären Geschlechtscharaktere. Und dann sagt Ihnen die Wissenschaft etwas, was Ihren Erwartungen zuwiderläuft und wahrscheinlich geeignet ist, Ihre Gefühle zu verwirren. Sie macht Sie darauf aufmerksam, daß Teile des männlichen Geschlechtsapparats sich auch am Körper des Weibes finden, wenngleich in verkümmertem Zustand, und das gleiche im anderen Falle. Sie sieht in diesem Vorkommen das Anzeichen einer Zwiegeschlechtigkeit, *Bisexualität*, als ob das Individuum nicht Mann oder Weib wäre, sondern jedesmal beides, nur von dem einen so viel mehr als vom andern. Sie werden dann aufgefordert, sich mit der Idee vertraut zu machen, daß das Verhältnis, nach dem sich Männliches und Weibliches im Einzelwesen vermengt, ganz erheblichen Schwankungen unterliegt. Da aber doch, von allerseltensten Fällen abgesehen, bei einer Person nur einerlei Geschlechtsprodukte – Eier oder Samenzellen – vorhanden sind, müssen Sie an der entscheidenden Bedeutung dieser Elemente irre werden und den Schluß ziehen, das, was die Männlichkeit oder die Weiblichkeit ausmache, sei ein unbekannter Charakter, den die Anatomie nicht erfassen kann.
Kann es vielleicht die Psychologie? Wir sind gewohnt, männlich und weiblich auch als seelische Qualitäten zu gebrauchen, und haben ebenso den Gesichtspunkt der Bisexualität auf das Seelenleben übertragen. Wir sprechen also davon, daß ein Mensch, ob Männchen oder Weibchen, sich in diesem Punkt männlich, in jenem weiblich benehme. Aber Sie werden bald einsehen, das ist bloß Gefügigkeit gegen die Anatomie und gegen die Konvention. Sie können den Begriffen männlich und weiblich *keinen* neuen Inhalt geben. Die Unterscheidung ist keine psychologische; wenn Sie männlich sagen, meinen Sie in der Regel »aktiv«, und wenn Sie weiblich sagen, »passiv«. Nun ist es richtig, daß eine solche Beziehung besteht. Die männliche Geschlechtszelle ist aktiv beweglich, sucht die weibliche auf und diese, das Ei, ist unbeweglich, passiv erwartend. Dies Verhalten der geschlechtlichen Elementarorganismen ist sogar vorbildlich für das Benehmen der Geschlechtsindividuen beim Sexualverkehr. Das Männchen verfolgt das Weibchen zum Zweck der sexuellen Vereinigung, greift es an, dringt in dasselbe ein. Aber damit haben Sie eben für die Psychologie den Charakter des Männlichen auf das Moment der Aggression redu-

ziert. Sie werden zweifeln, ob Sie damit etwas Wesentliches getroffen haben, wenn Sie erwägen, daß in manchen Tierklassen die Weibchen die stärkeren und aggressiven sind, die Männchen nur aktiv bei dem einen Akt der geschlechtlichen Vereinigung. So ist es z. B. bei den Spinnen. Auch die Funktionen der Brutpflege und Aufzucht, die uns als so exquisit weiblich erscheinen, sind bei Tieren nicht regelmäßig an das weibliche Geschlecht geknüpft. Bei recht hochstehenden Arten beobachtet man, daß die Geschlechter sich in die Aufgabe der Brutpflege teilen oder selbst, daß das Männchen sich allein ihr widmet. Selbst auf dem Gebiet des menschlichen Sexuallebens merken Sie bald, wie unzureichend es ist, das männliche Benehmen durch Aktivität, das weibliche durch Passivität zu decken. Die Mutter ist in jedem Sinn aktiv gegen das Kind, selbst vom Saugakt können Sie ebensowohl sagen, sie säugt das Kind als sie läßt sich vom Kinde säugen. Je weiter Sie sich dann vom engeren sexuellen Gebiet entfernen, desto deutlicher wird jener »Überdekkungsfehler«. Frauen können große Aktivität nach verschiedenen Richtungen entfalten, Männer können nicht mit ihresgleichen zusammenleben, wenn sie nicht ein hohes Maß von passiver Gefügigkeit entwickeln. Wenn Sie jetzt sagen, diese Tatsachen enthielten eben den Beweis, daß Männer wie Weiber im psychologischen Sinn bisexuell sind, so entnehme ich daraus, daß Sie bei sich beschlossen haben, »aktiv« mit »männlich«, »passiv« mit »weiblich« zusammenfallen zu lassen. Aber ich rate Ihnen davon ab. Es erscheint mir unzweckmäßig und es bringt keine neue Erkenntnis.

Man könnte daran denken, die Weiblichkeit psychologisch durch die Bevorzugung passiver Ziele zu charakterisieren. Das ist natürlich nicht dasselbe wie die Passivität; es mag ein großes Stück Aktivität notwendig sein, um ein passives Ziel durchzusetzen. Vielleicht geht es so zu, daß sich beim Weib von ihrem Anteil an der Sexualfunktion her eine Bevorzugung passiven Verhaltens und passiver Zielstrebungen ein Stück weit ins Leben hinein erstreckt, mehr oder weniger weit, je nachdem sich diese Vorbildlichkeit des Sexuallebens begrenzt oder ausbreitet. Dabei müssen wir aber achthaben, den Einfluß der sozialen Ordnungen nicht zu unterschätzen, die das Weib gleichfalls in passive Situationen drängen. Das ist alles noch sehr ungeklärt. Eine besonders konstante Beziehung zwischen Weiblichkeit und Triebleben wollen wir nicht übersehen. Die dem Weib konstitutionell vorgeschriebene und sozial auferlegte Unterdrückung seiner Aggression begünstigt die Ausbildung starker masochistischer Regungen, denen es ja gelingt, die nach innen gewendeten destruktiven Tendenzen erotisch zu binden. Der Masochismus ist also, wie man sagt, echt weiblich. Wenn Sie aber dem Masochismus, wie so häufig, bei Männern begegnen,

was bleibt Ihnen übrig, als zu sagen, diese Männer zeigen sehr deutliche weibliche Züge?
Nun sind Sie bereits vorbereitet darauf, daß auch die Psychologie das Rätsel der Weiblichkeit nicht lösen wird. Diese Aufklärung muß wohl anderswoher kommen und kann nicht kommen, ehe wir erfahren haben, wie die Differenzierung der lebenden Wesen in zwei Geschlechter überhaupt entstanden ist. Nichts wissen wir darüber, und die Zweigeschlechtlichkeit ist doch ein so auffälliger Charakter des organischen Lebens, durch den es sich scharf von der unbelebten Natur scheidet. Unterdes finden wir an jenen menschlichen Individuen, die durch den Besitz von weiblichen Genitalien als manifest oder vorwiegend weiblich charakterisiert sind, genug zu studieren. Der Eigenart der Psychoanalyse entspricht es dann, daß sie nicht beschreiben will, was das Weib ist, – das wäre eine für sie kaum lösbare Aufgabe, – sondern untersucht, wie es wird, wie sich das Weib aus dem bisexuell veranlagten Kind entwickelt. Wir haben darüber einiges in letzter Zeit erfahren, dank dem Umstande, daß mehrere unserer trefflichen Kolleginnen in der Analyse begonnen haben, diese Frage zu bearbeiten. Die Diskussion darüber hat aus dem Unterschied der Geschlechter einen besonderen Reiz bezogen, denn jedesmal, wenn eine Vergleichung zu Ungunsten ihres Geschlechts auszufallen schien, konnten unsere Damen den Verdacht äußern, daß wir, die männlichen Analytiker, gewisse tief eingewurzelte Vorurteile gegen die Weiblichkeit nicht überwunden hätten, was sich nun durch die Parteilichkeit unserer Forschung strafte. Wir hatten es dagegen auf dem Boden der Bisexualität leicht, jede Unhöflichkeit zu vermeiden. Wir brauchten nur zu sagen: Das gilt nicht für Sie. Sie sind eine Ausnahme, in diesem Punkt mehr männlich als weiblich.
Mit zwei Erwartungen treten wir auch an die Untersuchung der weiblichen Sexualentwicklung heran: Die erste, daß auch hier die Konstitution sich nicht ohne Sträuben in die Funktion fügen wird. Die andere, daß die entscheidenden Wendungen bereits vor der Pubertät angebahnt oder vollzogen sein werden. Beide sind bald bestätigt. Des weiteren sagt uns der Vergleich mit den Verhältnissen beim Knaben, daß die Entwicklung des kleinen Mädchens zum normalen Weib die schwierigere und kompliziertere ist, denn sie umfaßt zwei Aufgaben mehr, zu denen die Entwicklung des Mannes kein Gegenstück zeigt. Verfolgen wir die Parallele von ihrem Anfang an. Gewiß ist schon das Material bei Knabe und Mädchen verschieden; um das festzustellen, braucht es keine Psychoanalyse. Der Unterschied in der Bildung der Genitalien wird von anderen körperlichen Verschiedenheiten begleitet, die zu bekannt sind, als daß sie der Erwähnung bedürften. Auch in der Triebanlage treten Differenzen hervor, die das spätere Wesen des Weibes ahnen lassen.

Das kleine Mädchen ist in der Regel weniger aggressiv, trotzig und selbstgenügsam, es scheint mehr Bedürfnis nach Zärtlichkeit zu haben, die man ihm erweisen soll, darum abhängiger und gefügiger zu sein. Daß es sich leichter und schneller zur Beherrschung der Exkretionen erziehen läßt, ist sehr wahrscheinlich nur die Folge dieser Gefügigkeit; Harn und Stuhl sind ja die ersten Geschenke, die das Kind seinen Pflegepersonen macht, deren Beherrschung die erste Konzession, die sich das kindliche Triebleben abringen läßt. Man empfängt auch den Eindruck, daß das kleine Mädchen intelligenter, lebhafter ist als der gleichaltrige Knabe, es kommt der Außenwelt mehr entgegen, macht zur gleichen Zeit stärkere Objektbesetzungen. Ich weiß nicht, ob dieser Vorsprung der Entwicklung durch exakte Feststellungen erhärtet worden ist, jedenfalls steht es fest, daß das Mädchen nicht intellektuell rückständig genannt werden kann. Aber diese Geschlechtsunterschiede kommen nicht sehr in Betracht, sie können durch individuelle Variationen aufgewogen werden. Für die Absichten, die wir zunächst verfolgen, können wir sie vernachlässigen.

Die frühen Phasen der Libidoentwicklung scheinen beide Geschlechter in gleicher Weise durchzumachen. Man hätte erwarten können, daß sich beim Mädchen bereits in der sadistisch-analen Phase ein Zurückbleiben der Aggression äußert, aber das trifft nicht ein. Die Analyse des Kinderspiels hat unseren weiblichen Analytikern gezeigt, daß die aggressiven Impulse der kleinen Mädchen an Reichlichkeit und Heftigkeit nichts zu wünschen übrig lassen. Mit dem Eintritt in die phallische Phase treten die Unterschiede der Geschlechter vollends gegen die Übereinstimmungen zurück. Wir müssen nun anerkennen, das kleine Mädchen sei ein kleiner Mann. Diese Phase ist beim Knaben bekanntlich dadurch ausgezeichnet, daß er sich von seinem kleinen Penis lustvolle Sensationen zu verschaffen weiß und dessen erregten Zustand mit seinen Vorstellungen von sexuellem Verkehr zusammenbringt. Das nämliche tut das Mädchen mit ihrer noch kleineren Klitoris. Es scheint, daß sich bei ihr alle onanistischen Akte an diesem Penisäquivalent abspielen, daß die eigentlich weibliche Vagina noch für beide Geschlechter unentdeckt ist. Vereinzelte Stimmen berichten zwar auch von frühzeitigen vaginalen Sensationen, aber es dürfte nicht leicht sein, solche von analen oder Vorhofsensationen zu unterscheiden; auf keinen Fall können sie eine große Rolle spielen. Wir dürfen daran festhalten, daß in der phallischen Phase des Mädchens die Klitoris die leitende erogene Zone ist. Aber so soll es ja nicht bleiben, mit der Wendung zur Weiblichkeit soll die Klitoris ihre Empfindlichkeit und damit ihre Bedeutung ganz oder teilweise an die Vagina abtreten, und dies wäre die eine der beiden Aufgaben, die von der Entwicklung des Weibes zu lösen sind, während der glücklichere

Mann zur Zeit der Geschlechtsreife nur fortzusetzen braucht, was er in der Periode der sexuellen Frühblüte vorgeübt hatte.

Wir werden auf die Rolle der Klitoris noch zurückkommen, wenden uns jetzt zur zweiten Aufgabe, mit der die Entwicklung des Mädchens belastet ist. Das erste Liebesobjekt des Knaben ist die Mutter, sie bleibt es auch in der Formation des Ödipuskomplexes, im Grunde genommen durchs ganze Leben hindurch. Auch fürs Mädchen muß die Mutter – und die mit ihr verschmelzenden Gestalten der Amme, Pflegerin – das erste Objekt sein; die ersten Objektbesetzungen erfolgen ja in Anlehnung an die Befriedigung der großen und einfachen Lebensbedürfnisse, und die Verhältnisse der Kinderpflege sind für beide Geschlechter die gleichen. In der Ödipussituation ist aber für das Mädchen der Vater das Liebesobjekt geworden, und wir erwarten, daß sie bei normalem Ablauf der Entwicklung vom Vaterobjekt aus den Weg zur endgültigen Objektwahl finden wird. Das Mädchen soll also im Wandel der Zeiten erogene Zone und Objekt tauschen, die beide der Knabe beibehält. Es entsteht dann die Frage, wie geht das vor sich, im besonderen: wie kommt das Mädchen von der Mutter zur Bindung an den Vater, oder mit anderen Worten: aus ihrer männlichen in die ihr biologisch bestimmte weibliche Phase?

Nun wäre es eine Lösung von idealer Einfachheit, wenn wir annehmen dürften, von einem bestimmten Alter an mache sich der elementare Einfluß der gegengeschlechtlichen Anziehung geltend und dränge das kleine Weib zum Mann, während dasselbe Gesetz dem Knaben das Beharren bei der Mutter gestatte. Ja, man könnte hinzunehmen, daß die Kinder dabei den Winken folgen, die ihnen die geschlechtliche Bevorzugung der Eltern gibt. Aber so gut sollen wir es nicht haben, wir wissen kaum, ob wir an jene geheimnisvolle, analytisch nicht weiter zersetzbare Macht, von der die Dichter soviel schwärmen, im Ernst glauben dürfen. Wir haben eine Auskunft ganz anderer Art aus mühevollen Untersuchungen gewonnen, für welche wenigstens das Material leicht zu beschaffen war. Sie müssen nämlich wissen, daß die Zahl der Frauen, die bis in späte Zeiten in der zärtlichen Abhängigkeit vom Vaterobjekt, ja noch vom realen Vater verbleiben, eine sehr große ist. An solchen Frauen mit intensiver und lang andauernder Vaterbindung haben wir überraschende Feststellungen gemacht. Wir wußten natürlich, daß es ein Vorstadium von Mutterbindung gegeben hatte, aber wir wußten nicht, daß es so inhaltsreich sein, so lang anhalten, so viel Anlässe zu Fixierungen und Dispositionen hinterlassen könne. Während dieser Zeit ist der Vater nur ein lästiger Rivale; in manchen Fällen überdauert die Mutterbindung das vierte Jahr. Fast alles, was wir später in der Vaterbeziehung finden, war schon in ihr vorhanden und ist nachher auf den Vater übertragen worden. Kurz, wir gewinnen die Überzeugung, daß man das Weib nicht verstehen kann, wenn man nicht diese Phase der *präödipalen Mutterbindung* würdigt.

Nun wollen wir gerne wissen, welches die libidinösen Beziehungen des Mädchens zur Mutter sind. Die Antwort lautet: sie sind sehr mannigfaltig. Da sie durch alle drei Phasen der kindlichen Sexualität gehen, nehmen sie auch die Charaktere der einzelnen Phasen an, drücken sich durch orale, sadistisch-anale und phallische Wünsche aus. Diese Wünsche vertreten sowohl aktive als passive Regungen; wenn man sie auf die später auftretende Differenzierung der Geschlechter bezieht, was man aber möglichst vermeiden soll, kann man sie männliche und weibliche heißen. Sie sind überdies voll ambivalent, ebensowohl zärtlicher als feindselig-aggressiver Natur. Die letzteren kommen oft erst zum Vorschein, nachdem sie in Angstvorstellungen verwandelt worden sind. Es ist nicht immer leicht, die Formulierung dieser frühen Sexualwünsche aufzuzeigen; am deutlichsten drückt sich der Wunsch aus, der Mutter ein Kind zu machen, wie der ihm entsprechende, ihr ein Kind zu gebären, beide der phallischen Zeit angehörig, befremdend genug, aber durch die analytische Beobachtung über jeden Zweifel festgestellt. Der Reiz dieser Untersuchungen liegt in den überraschenden Einzelfunden, die sie uns bringen. So z. B. entdeckt man die Angst, umgebracht oder vergiftet zu werden, die später den Kern einer paranoischen Erkrankung bilden kann, schon in dieser präödipalen Zeit auf die Mutter bezogen. Oder ein anderer Fall: Sie erinnern sich an eine interessante Episode aus der Geschichte der analytischen Forschung, die mir viele peinliche Stunden verursacht hat. In der Zeit, da das Hauptinteresse auf die Aufdeckung sexueller Kindheitstraumen gerichtet war, erzählten mir fast alle meine weiblichen Patienten, daß sie vom Vater verführt worden waren. Ich mußte endlich zur Einsicht kommen, daß diese Berichte unwahr seien, und lernte so verstehen, daß die hysterischen Symptome sich von Phantasien, nicht von realen Begebenheiten ableiten. Später erst konnte ich in dieser Phantasie von der Verführung durch den Vater den Ausdruck des typischen Ödipuskomplexes beim Weibe erkennen. Und nun findet man in der präödipalen Vorgeschichte der Mädchen die Verführungsphantasie wieder, aber die Verführerin ist regelmäßig die Mutter. Hier aber berührt die Phantasie den Boden der Wirklichkeit, denn es war wirklich die Mutter, die bei den Verrichtungen der Körperpflege Lustempfindungen am Genitale hervorrufen, vielleicht sogar zuerst erwecken mußte.

Ich erwarte, daß Sie zu dem Verdacht bereit seien, diese Schilderung von der Reichhaltigkeit und der Stärke der sexuellen Beziehungen des kleinen Mädchens zu seiner Mutter sei sehr überzeichnet. Man hat doch Gelegenheit, kleine Mädchen zu sehen, und merkt ihnen nichts dergleichen an. Aber der Einwand trifft nicht zu; man kann genug an den Kindern sehen, wenn man zu beobachten versteht, und überdies wollen Sie bedenken, wie wenig von seinen sexuellen Wünschen das Kind zu vorbewußtem Ausdruck bringen oder gar mitteilen kann. Wir bedienen uns dann nur eines guten Rechts, wenn wir nachträglich die Residuen und Konsequenzen dieser Gefühlswelt an Personen studieren, bei denen diese Entwicklungsvorgänge eine besonders deutliche oder selbst eine übermäßige Ausbildung erreicht hatten. Die Pathologie hat uns ja immer den Dienst geleistet, durch Isolierung und Übertreibung Verhältnisse kenntlich zu machen, die in der Normalität verdeckt geblieben wären. Und da unsere Untersuchungen keineswegs an schwer abnormen Menschen ausgeführt worden sind, meine ich, wir dürfen ihre Ergebnisse für glaubwürdig halten.

Wir werden jetzt unser Interesse auf die eine Frage richten, woran denn diese mächtige Mutterbindung des Mädchens zu Grunde geht. Wir wissen, das ist ihr gewöhnliches Schicksal; sie ist dazu bestimmt, der Vaterbindung den Platz zu räumen. Da stoßen wir auf eine Tatsache, die uns den weiteren Weg weist. Es handelt sich bei diesem Schritt in der Entwicklung nicht um einen einfachen Wechsel des Objekts. Die Abwendung von der Mutter geschieht im Zeichen der Feindseligkeit, die Mutterbindung geht in Haß aus. Ein solcher Haß kann sehr auffällig werden und durchs ganze Leben anhalten, er kann später sorgfältig überkompensiert werden, in der Regel wird ein Teil von ihm überwunden, ein anderer Teil bleibt bestehen. Darauf haben die Begebenheiten späterer Jahre natürlich starken Einfluß. Wir beschränken uns aber darauf, ihn zur Zeit der Wendung zum Vater zu studieren und nach seinen Motivierungen zu befragen. Wir hören dann eine lange Liste von Anklagen und Beschwerden gegen die Mutter, die die feindseligen Gefühle des Kindes rechtfertigen sollen, von sehr verschiedenem Wert, deren Würdigung wir nicht unterlassen werden. Manche sind offenkundige Rationalisierungen, die wirklichen Quellen der Feindschaft haben wir zu finden. Ich hoffe, Sie werden Anteil daran nehmen, wenn ich Sie diesmal durch alle Details einer psychoanalytischen Untersuchung führe.

Der Vorwurf gegen die Mutter, der am weitesten zurückgreift, lautet, daß sie dem Kind zu wenig Milch gespendet hat, was ihr als Mangel an Liebe ausgelegt wird. Nun hat dieser Vorwurf in unseren Familien eine gewisse Berechtigung. Die Mütter haben oft nicht genug Nahrung für das Kind und begnügen sich damit, es einige Monate, ein halbes oder dreiviertel Jahr zu säugen. Bei primitiven Völkern werden die Kinder bis zu zwei und drei Jahren an der Mutterbrust genährt. Die Gestalt der nährenden Amme wird in der Regel mit der Mutter verschmolzen; wo dies nicht geschehen ist, wandelt sich der Vorwurf in den anderen, daß sie die Amme, die das Kind so bereitwillig nährte, zu früh weggeschickt hat. Aber was immer der wirkliche Sachverhalt gewesen sein mag, es ist unmöglich, daß der Vorwurf des Kindes so oft berechtigt ist, als man ihm begegnet. Es scheint vielmehr, daß die Gier des Kindes nach seiner ersten Nahrung überhaupt unstillbar ist, daß es den Verlust der Mutterbrust niemals verschmerzt. Ich wäre gar nicht überrascht, wenn die Analyse eines Primitiven, der noch an der Mutterbrust saugen durfte, als er schon laufen und sprechen konnte, denselben Vorwurf zu Tage fördern würde. Mit der Entziehung der Brust hängt wahrscheinlich auch die Angst vor Vergiftung zusammen. Gift ist die Nahrung, die einen krank macht. Vielleicht führt das Kind auch seine frühen Erkrankungen auf diese Versagung zurück. Es gehört bereits ein gut Stück intellektueller Schulung dazu, um an Zufall zu glauben; der Primitive, der Ungebildete, gewiß auch das Kind, wissen für alles, was geschieht, einen Grund anzugeben. Vielleicht war es ursprünglich ein Motiv im Sinne des Animismus. In manchen Schichten unserer Bevölkerung kann noch heute niemand sterben, der nicht von einem anderen umgebracht worden wäre, am besten vom Doktor. Und die regelmäßige neurotische Reaktion auf den Tod einer nahestehenden Person ist doch die Selbstbeschuldigung, daß man selbst diesen Tod verursacht hat.

Die nächste Anklage gegen die Mutter flammt auf, wenn das nächste Kind in der Kinderstube erscheint. Wenn möglich, hält sie den Zusammenhang mit der oralen Versagung fest. Die Mutter konnte oder wollte dem Kind nicht mehr Milch geben, weil sie die Nahrung für das neu Angekommene brauchte. Im Falle, daß die beiden Kinder so nahe beisammen sind, daß die Laktation durch die zweite Gravidität geschädigt wird, erwirbt ja dieser Vorwurf eine reale Begründung, und merkwürdigerweise ist das Kind auch bei einer Altersdifferenz von nur 11 Monaten nicht zu jung, um den Sachverhalt zur Kenntnis zu nehmen. Aber nicht allein die Milchnahrung mißgönnt das Kind dem unerwünschten Eindringling und Rivalen, sondern ebenso alle anderen Zeichen der mütterlichen Fürsorge. Es fühlt sich entthront, beraubt, in seinen Rechten geschädigt, wirft einen eifersüchtigen Haß auf das Geschwisterchen und entwickelt einen Groll auf die ungetreue Mutter, der sich sehr oft in einer unliebsamen Veränderung seines Benehmens Ausdruck schafft. Es wird etwa »schlimm«, reizbar, unfolgsam und macht seine Erwerbungen in der Beherrschung der Ausscheidungen rückgängig. Das ist alles längst bekannt und wird als selbstverständlich hingenommen, aber wir machen uns selten die richtige Vorstellung von der Stärke dieser eifersüchtigen Regungen, von der Zähigkeit, mit der sie haften bleiben, sowie von der Größe ihres Einflusses auf die spätere Entwicklung. Besonders, da dieser Eifersucht in den späteren Kinderjahren immer neue Nahrung zugeführt wird und die ganze Erschütterung sich bei jedem neuen Geschwisterchen wiederholt. Es ändert auch nicht viel daran, wenn das Kind etwa der bevorzugte Liebling der Mutter bleibt; die Liebesansprüche des Kindes sind unmäßig, fordern Ausschließlichkeit, lassen keine Teilung zu.

Eine reichliche Quelle für die Feindseligkeit des Kindes gegen die Mutter ergeben seine mannigfachen, je nach der Libidophase wechselnden Sexualwünsche, die meist nicht befriedigt werden können. Die stärkste dieser Versagungen ereignet sich in der phallischen Zeit, wenn die Mutter die lustvolle Betätigung am Genitale verbietet, – oft unter harten Drohungen und mit allen Zeichen des Unwillens, – zu der sie doch das Kind selbst angeleitet hatte. Man sollte meinen, das wären Motive genug, die Abwendung des Mädchens von der Mutter zu begründen. Man würde dann urteilen, diese Entzweiung folge unvermeidlicherweise aus der Natur der kindlichen Sexualität, aus der Unmäßigkeit der Liebesansprüche und der Unerfüllbarkeit der Sexualwünsche. Ja vielleicht denkt man, diese erste Liebesbeziehung des Kindes sei zum Untergang verurteilt, eben darum, weil sie die erste ist, denn diese frühzeitigen Objektbesetzungen sind regelmäßig im hohen Grade ambivalent; neben der starken Liebe ist immer eine starke Aggressionsneigung vorhanden, und je leidenschaftlicher das Kind sein Objekt liebt, desto empfindlicher wird es gegen Enttäuschungen und Versagungen von dessen Seite. Endlich muß die Liebe der angehäuften Feindseligkeit erliegen. Oder man kann eine solche ursprüngliche Ambivalenz der Liebesbesetzungen ablehnen und darauf hinweisen, daß es die besondere Natur des Mutter-Kind-Verhältnisses ist, die mit der gleichen Unvermeidlichkeit zur Störung der kindlichen Liebe führt, denn auch die mildeste Erziehung kann nicht anders als Zwang ausüben und Einschränkungen einführen, und jeder solche Eingriff in seine Freiheit muß beim Kind als Reaktion die Neigung zur Auflehnung und Aggression hervorrufen. Ich meine, die Diskussion dieser Möglichkeiten könnte sehr interessant werden, aber da stellt sich plötzlich ein Einwand ein, der unser Interesse in eine andere Richtung drängt. Alle diese Momente, die Zurücksetzungen, Liebesenttäuschungen, die Eifersucht, die Verführung mit nachfolgendem Verbot, kommen doch auch im Verhältnis des Knaben zur Mutter zur Wirksamkeit und sind doch nicht imstande, ihn dem Mutterobjekt zu entfremden. Wenn wir nicht etwas finden, was für das Mädchen spezifisch ist, beim Knaben nicht oder nicht so vorkommt, haben wir den Ausgang der Mutterbindung beim Mädchen nicht erklärt.

Ich meine, wir haben dies spezifische Moment gefunden, und zwar an erwarteter Stelle, wenn auch in überraschender Form. An erwarteter Stelle, sage ich, denn es liegt im Kastrationskomplex. Der anatomische Unterschied muß sich doch in psychischen Folgen ausprägen. Eine Überraschung war es aber, aus den Analysen zu erfahren, daß das Mädchen die Mutter für seinen Penismangel verantwortlich macht und ihr diese Benachteiligung nicht verzeiht.

Sie hören, wir schreiben auch dem Weib einen Kastrationskomplex zu. Mit gutem Grund, aber er kann nicht denselben Inhalt haben wie beim Knaben. Bei diesem entsteht der Kastrationskomplex, nachdem er durch den Anblick eines weiblichen Genitales erfahren hat, daß das von ihm so hoch geschätzte Glied nicht notwendig mit dem Körper beisammen sein muß. Er entsinnt sich dann der Drohungen, die er sich durch seine Beschäftigung mit dem Glied zugezogen, fängt an, ihnen Glauben zu schenken, und gerät von da an unter den Einfluß der *Kastrationsangst*, die der mächtigste Motor seiner weiteren Entwicklung wird. Auch der Kastrationskomplex des Mädchens wird durch den Anblick des anderen Genitales eröffnet. Es merkt sofort den Unterschied und – man muß es zugestehen – auch seine Bedeutung. Es fühlt sich schwer beeinträchtigt, äußert oft, es möchte »auch so etwas haben« und verfällt nun dem *Penisneid*, der unvertilgbare Spuren in seiner Entwicklung und Charakterbildung hinterlassen, auch im günstigsten Fall nicht ohne schweren psychischen Aufwand überwunden werden wird. Daß das Mädchen die Tatsache ihres Penismangels anerkennt, will nicht etwa besagen, daß sie sich ihr leichthin unterwirft. Im Gegenteil, sie hält noch lange an dem Wunsch fest, auch so etwas zu bekommen, glaubt an diese Möglichkeit bis in unwahrscheinlich weite Jahre, und noch zu Zeiten, wenn das Wissen um die Realität die Erfüllung dieses Wunsches längst als unerreichbar beiseite geworfen hat, kann die Analyse nachweisen, daß er im Unbewußten erhalten geblieben ist und eine ansehnliche Energiebesetzung bewahrt hat. Der Wunsch, den ersehnten Penis endlich doch zu bekommen, kann noch seinen Beitrag zu den Motiven leisten, die das gereifte Weib in die Analyse drängen, und was sie verständigerweise von der Analyse erwarten kann, etwa die Fähigkeit, einen intellektuellen Beruf auszuüben, läßt sich oft als eine sublimierte Abwandlung dieses verdrängten Wunsches erkennen.

An der Bedeutsamkeit des Penisneides kann man nicht gut zweifeln. Hören Sie sich als ein Beispiel männlicher Ungerechtigkeit die Behauptung an, daß Neid und Eifersucht im Seelenleben der Frauen eine noch größere Rolle spielen als bei den Männern. Nicht daß diese Eigenschaften bei Männern vermißt würden oder daß sie bei Frauen keine andere Wurzel hätten als den Penisneid, aber wir sind geneigt, das Mehr bei den Frauen diesem letzteren Einfluß zuzuschreiben. Es hat sich aber bei manchen Analytikern die Neigung ergeben, jenen ersten Schub von Penisneid, in der phallischen Phase, in seiner Bedeutung herabzudrücken. Sie meinen, was man von dieser Einstellung bei der Frau findet, sei der Hauptsache nach eine sekundäre Bildung, die bei Gelegenheit späterer Konflikte durch Regression auf jene frühinfantile Regung zustande gekommen. Nun ist das ein allgemeines Problem der Tiefenpsychologie. Bei vielen pathologischen – oder auch nur ungewöhnlichen – Triebeinstellungen, z. B. bei allen sexuellen Perversionen, fragt es sich, wieviel von deren Stärke den frühinfantilen Fixierungen, wieviel dem Einfluß späterer Erlebnisse und Entwicklungen zuzuteilen ist. Es handelt sich dabei fast immer um Ergänzungsreihen, wie wir sie bei der Erörterung der Neurosenätiologie angenommen haben. Beide Momente teilen sich in wechselndem Ausmaß in die Verursachung; ein Minder auf der einen Seite wird durch ein Mehr auf der anderen wettgemacht. Das Infantile ist in allen Fällen richtunggebend, ausschlaggebend nicht immer, aber doch oftmals. Gerade im Fall des Penisneides möchte ich mit Entschiedenheit für das Übergewicht des infantilen Moments eintreten.

Die Entdeckung seiner Kastration ist ein Wendepunkt in der Entwicklung des Mädchens. Drei Entwicklungsrichtungen gehen von ihr aus; die eine führt zur Sexualhemmung oder zur Neurose, die nächste zur Charakterveränderung im Sinne eines Männlichkeitskomplexes, die letzte endlich zur normalen Weiblichkeit. Über alle drei haben wir ziemlich viel, wenn auch nicht alles erfahren. Der wesentliche Inhalt der ersten ist, daß das kleine Mädchen, welches bisher männlich gelebt hatte, sich durch Erregung seiner Klitoris Lust zu verschaffen wußte und diese Betätigung mit seinen oft aktiven Sexualwünschen, die der Mutter galten, in Beziehung brachte, sich durch den Einfluß des Penisneides den Genuß seiner phallischen Sexualität verderben läßt. Durch den Vergleich mit dem so viel besser ausgestatteten Knaben in seiner Selbstliebe gekränkt, verzichtet es auf die masturbatorische Befriedigung an der Klitoris, verwirft seine Liebe zur Mutter und verdrängt dabei nicht selten ein gutes Stück seiner Sexualstrebungen überhaupt. Die Abwendung von der Mutter erfolgt wohl nicht mit einem Schlag, denn das Mädchen hält seine Kastration zuerst für ein individuelles Unglück, erst allmählich dehnt sie dieselbe auf andere weibliche Wesen, endlich auch auf die Mutter aus. Ihre Liebe hatte der phallischen Mutter gegolten; mit der Entdeckung, daß die Mutter kastriert ist, wird es möglich, sie als Liebesobjekt fallen zu lassen, so daß die lange angesammelten Motive zur Feindseligkeit die Oberhand gewinnen. Das heißt also, daß durch die Entdeckung der Penislosigkeit das Weib dem Mädchen ebenso entwertet wird wie dem Knaben und später vielleicht dem Manne.

Sie wissen alle, welche überragende ätiologische Bedeutung unsere

Neurotiker ihrer Onanie einräumen. Sie machen sie für alle ihre Beschwerden verantwortlich, und wir haben große Mühe, sie glauben zu machen, daß sie im Irrtum sind. Aber eigentlich sollten wir ihnen zugestehen, daß sie im Recht sind, denn die Onanie ist die Exekutive der kindlichen Sexualität, an deren Fehlentwicklung sie allerdings leiden. Nun beschuldigen die Neurotiker meist die Onanie der Pubertätszeit; die frühkindliche, auf die es in Wirklichkeit ankommt, haben sie meist vergessen. Ich wollte, ich hätte einmal die Gelegenheit, Ihnen ausführlich darzulegen, wie wichtig alle tatsächlichen Einzelheiten der frühen Onanie für die spätere Neurose oder den Charakter des Einzelnen werden, ob sie entdeckt wurde oder nicht, wie die Eltern sie bekämpften oder zuließen, ob es ihm selbst gelang, sie zu unterdrücken. Das alles hat unvergängliche Spuren in seiner Entwicklung hinterlassen. Aber ich bin vielmehr froh, daß ich dies nicht zu tun brauche; es wäre eine schwere, langwierige Aufgabe und am Ende würden Sie mich in Verlegenheit bringen, weil Sie ganz gewiß praktische Ratschläge von mir forderten, wie man sich als Elternteil oder als Erzieher gegen die Onanie der kleinen Kinder verhalten soll. In der Entwicklung der Mädchen, die ich Ihnen vorführe, hören Sie nun ein Beispiel dafür, daß das Kind sich selbst um die Befreiung von der Onanie bemüht. Aber es gelingt ihm nicht immer. Wo der Penisneid einen starken Impuls gegen die klitoridische Onanie erweckt hat und diese doch nicht weichen will, entspinnt sich ein heftiger Befreiungskampf, in dem das Mädchen gleichsam die Rolle der jetzt abgesetzten Mutter selbst aufnimmt und seine ganze Unzufriedenheit mit der minderwertigen Klitoris im Widerstreben gegen die Befriedigung an ihr zum Ausdruck bringt. Noch viele Jahre später, wenn die onanistische Betätigung längst unterdrückt ist, setzt sich ein Interesse fort, das wir als Abwehr einer noch immer gefürchteten Versuchung deuten müssen. Es äußert sich im Auftauchen von Sympathie für Personen, denen man ähnliche Schwierigkeiten zumutet, es geht als Motiv in die Eheschließung ein, ja es kann die Wahl des Ehe- oder Liebespartners bestimmen. Die Erledigung der frühkindlichen Masturbation ist wahrlich keine leichte oder gleichgültige Sache.

Mit dem Aufgeben der klitoridischen Masturbation wird auf ein Stück Aktivität verzichtet. Die Passivität hat nun die Oberhand, die Wendung zum Vater wird vorwiegend mit Hilfe passiver Triebregungen vollzogen. Sie erkennen, daß ein solcher Entwicklungsschub, der die phallische Aktivität aus dem Weg räumt, der Weiblichkeit den Boden ebnet. Wenn dabei nicht zuviel durch Verdrängung verlorengeht, kann diese Weiblichkeit normal ausfallen. Der Wunsch, mit dem sich das Mädchen an den Vater wendet, ist wohl ursprünglich der Wunsch nach dem Penis, den ihr die Mutter

versagt hat und den sie nun vom Vater erwartet. Die weibliche Situation ist aber erst hergestellt, wenn sich der Wunsch nach dem Penis durch den nach dem Kind ersetzt, das Kind also nach alter symbolischer Äquivalenz an die Stelle des Penis tritt. Es entgeht uns nicht, daß sich das Mädchen schon früher, in der ungestörten phallischen Phase, ein Kind gewünscht hatte; das war ja der Sinn ihres Spieles mit Puppen. Aber dies Spiel war nicht eigentlich der Ausdruck ihrer Weiblichkeit, es diente der Mutteridentifizierung in der Absicht der Ersetzung der Passivität durch Aktivität. Sie spielte die Mutter und die Puppe war sie selbst; nun konnte sie an dem Kind all das tun, was die Mutter an ihr zu tun pflegte. Erst mit dem Einmünden des Peniswunsches wird das Puppenkind ein Kind vom Vater und von da an das stärkste weibliche Wunschziel. Das Glück ist groß, wenn dieser Kinderwunsch später einmal seine reale Erfüllung findet, ganz besonders aber, wenn das Kind ein Knäblein ist, das den ersehnten Penis mitbringt. In der Zusammenstellung »Ein Kind vom Vater« ruht der Akzent häufig genug auf dem Kind und läßt den Vater unbetont. So schimmert der alte männliche Wunsch nach dem Besitz des Penis noch durch die vollendete Weiblichkeit durch. Aber vielleicht sollten wir diesen Peniswunsch eher als einen exquisit weiblichen anerkennen.
Mit der Übertragung des Kind-Penis-Wunsches auf den Vater ist das Mädchen in die Situation des Ödipuskomplexes eingetreten. Die Feindseligkeit gegen die Mutter, die nicht erst neu geschaffen zu werden brauchte, erfährt jetzt eine große Verstärkung, denn sie wird zur Rivalin, die vom Vater all das erhält, was das Mädchen von ihm begehrt. Der Ödipuskomplex des Mädchens hat uns lange den Einblick in dessen präödipale Mutterbindung verhüllt, die doch so wichtig ist und so nachhaltige Fixierungen hinterläßt. Für das Mädchen ist die Ödipussituation der Ausgang einer langen und schwierigen Entwicklung, eine Art vorläufiger Erledigung, eine Ruheposition, die man nicht so bald verläßt, besonders da der Beginn der Latenzzeit nicht fern ist. Und nun fällt uns im Verhältnis des Ödipuskomplexes zum Kastrationskomplex ein Unterschied zwischen den Geschlechtern auf, der wahrscheinlich folgenschwer ist. Der Ödipuskomplex des Knaben, in dem er seine Mutter begehrt und seinen Vater als Rivalen beseitigen möchte, entwickelt sich natürlich aus der Phase seiner phallischen Sexualität. Die Kastrationsdrohung zwingt ihn aber, diese Einstellung aufzugeben. Unter dem Eindruck der Gefahr, den Penis zu verlieren, wird der Ödipuskomplex verlassen, verdrängt, im normalsten Falle gründlich zerstört, und als sein Erbe ein strenges Über-Ich eingesetzt. Was beim Mädchen geschieht, ist beinahe das Gegenteil. Der Kastrationskomplex bereitet den Ödipuskomplex vor anstatt ihn zu zerstören, durch den Einfluß des Penisneides wird das Mädchen aus der

Mutterbindung vertrieben und läuft in die Ödipussituation wie in einen Hafen ein. Mit dem Wegfall der Kastrationsangst entfällt das Hauptmotiv, das den Knaben gedrängt hatte, den Ödipuskomplex zu überwinden. Das Mädchen verbleibt in ihm unbestimmt lange, baut ihn nur spät und dann unvollkommen ab. Die Bildung des Über-Ichs muß unter diesen Verhältnissen leiden, es kann nicht die Stärke und die Unabhängigkeit erreichen, die ihm seine kulturelle Bedeutung verleihen und – Feministen hören es nicht gerne, wenn man auf die Auswirkungen dieses Moments für den durchschnittlichen weiblichen Charakter hinweist.
Um nun zurückzugreifen: als die zweite der möglichen Reaktionen nach der Entdeckung der weiblichen Kastration haben wir die Entwicklung eines starken Männlichkeitskomplexes erwähnt. Damit ist gemeint, daß das Mädchen sich gleichsam weigert, die unliebsame Tatsache anzuerkennen, in trotziger Auflehnung seine bisherige Männlichkeit noch übertreibt, an seiner klitoridischen Betätigung festhält und seine Zuflucht zu einer Identifizierung mit der phallischen Mutter oder dem Vater nimmt. Was kann für diesen Ausgang entscheidend sein? Wir können uns nichts anderes vorstellen als einen konstitutionellen Faktor, ein größeres Ausmaß von Aktivität, wie es sonst für das Männchen charakteristisch ist. Das Wesentliche des Vorganges ist doch, daß an dieser Stelle der Entwicklung der Passivitätsschub vermieden wird, der die Wendung zur Weiblichkeit eröffnet. Als die äußerste Leistung dieses Männlichkeitskomplexes erscheint uns die Beeinflussung der Objektwahl im Sinne einer manifesten Homosexualität. Die analytische Erfahrung lehrt uns zwar, daß die weibliche Homosexualität selten oder nie die infantile Männlichkeit gradlinig fortsetzt. Es scheint dazuzugehören, daß auch solche Mädchen für eine Weile den Vater zum Objekt nehmen und sich in die Ödipussituation begeben. Dann aber werden sie durch die unausbleiblichen Enttäuschungen am Vater zur Regression auf ihren frühen Männlichkeitskomplex gedrängt. Man darf die Bedeutung dieser Enttäuschungen nicht überschätzen; sie bleiben auch dem zur Weiblichkeit bestimmten Mädchen nicht erspart, ohne den gleichen Erfolg zu haben. Die Übermacht des konstitutionellen Moments scheint unbestreitbar, aber die zwei Phasen in der Entwicklung der weiblichen Homosexualität spiegeln sich sehr schön in den Praktiken der Homosexuellen, die ebenso oft und ebenso deutlich Mutter und Kind miteinander spielen wie Mann und Weib.
Was ich Ihnen da erzählt habe, ist sozusagen die Vorgeschichte des Weibes. Es ist eine Erwerbung der allerletzten Jahre, mag Ihnen als Probe analytischer Kleinarbeit interessant gewesen sein. Da die Frau selbst das Thema ist, gestatte ich mir, diesmal einige Frauen namentlich zu erwähnen, denen diese Untersuchung wichtige Bei-

träge verdankt. *Dr. Ruth Mack Brunswick* hat als die erste einen Fall von Neurose beschrieben, der auf eine Fixierung im präödipalen Stadium zurückging und die Ödipussituation überhaupt nicht erreicht hatte. Er hatte die Form einer Eifersuchtsparanoia und erwies sich der Therapie zugänglich. *Dr. Jeanne Lampl-de Groot* hat die so unglaubwürdige phallische Aktivität des Mädchens gegen die Mutter in gesicherten Beobachtungen festgestellt, *Dr. Helene Deutsch* gezeigt, daß die Liebesakte homosexueller Frauen die Mutter-Kind-Beziehungen reproduzieren.

Das weitere Verhalten der Weiblichkeit durch die Pubertät bis in die Zeit der Reife zu verfolgen, liegt nicht in meiner Absicht. Unsere Einsichten wären auch unzureichend dafür. Einige Züge werde ich im nachfolgenden zusammenstellen. An die Vorgeschichte anknüpfend, will ich hier nur hervorheben, daß die Entfaltung der Weiblichkeit der Störung durch die Resterscheinungen der männlichen Vorzeit ausgesetzt bleibt. Regressionen zu den Fixierungen jener präödipalen Phasen ereignen sich sehr häufig; in manchen Lebensläufen kommt es zu einem wiederholten Alternieren von Zeiten, in denen die Männlichkeit oder die Weiblichkeit die Oberhand gewonnen hat. Ein Stück dessen, was wir Männer das »Rätsel des Weibes« heißen, leitet sich vielleicht von diesem Ausdruck der Bisexualität im weiblichen Leben ab. Aber eine andere Frage scheint während dieser Untersuchungen spruchreif geworden zu sein. Wir haben die Triebkraft des Sexuallebens Libido genannt. Das Sexualleben wird von der Polarität Männlich-Weiblich beherrscht; also liegt es nahe, das Verhältnis der Libido zu diesem Gegensatz ins Auge zu fassen. Es wäre nicht überraschend, wenn sich herausstellte, daß jeder Sexualität ihre besondere Libido zugeordnet wäre, so daß eine Art von Libido die Ziele des männlichen, eine andere die des weiblichen Sexuallebens verfolgen würde. Aber nichts dergleichen ist der Fall. Es gibt nur eine Libido, die in den Dienst der männlichen wie der weiblichen Sexualfunktion gestellt wird. Wir können ihr selbst kein Geschlecht geben; wenn wir sie nach der konventionellen Gleichstellung von Aktivität und Männlichkeit selbst männlich heißen wollen, dürfen wir nicht vergessen, daß sie auch Strebungen mit passiven Zielen vertritt. Immerhin, die Zusammenstellung »weibliche Libido« läßt jede Rechtfertigung vermissen. Es ist dann unser Eindruck, daß der Libido mehr Zwang angetan wurde, wenn sie in den Dienst der weiblichen Funktion gepreßt ist, und daß – um teleologisch zu reden – die Natur ihren Ansprüchen weniger sorgfältig Rechnung trägt als im Falle der Männlichkeit. Und das mag – wiederum teleologisch gedacht – seinen Grund darin haben, daß die Durchsetzung des biologischen Ziels der Aggression des Mannes anvertraut und von der Zustimmung des Weibes einigermaßen unabhängig gemacht worden ist.

Die sexuelle Frigidität des Weibes, deren Häufigkeit diese Zurücksetzung zu bestätigen scheint, ist ein erst ungenügend verstandenes Phänomen. Manchmal psychogen und dann der Beeinflussung zugänglich, legt sie in anderen Fällen die Annahme einer konstitutionellen Bedingtheit, selbst den Beitrag eines anatomischen Faktors, nahe.

Ich habe versprochen, Ihnen noch einige psychische Besonderheiten der reifen Weiblichkeit vorzuführen, wie sie uns in der analytischen Beobachtung entgegentreten. Mehr als durchschnittlichen Wahrheitswert nehmen wir für diese Behauptungen nicht in Anspruch; auch ist es nicht immer leicht auseinanderzuhalten, was dem Einfluß der Sexualfunktion und was der sozialen Züchtung zuzuschreiben ist. Wir schreiben also der Weiblichkeit ein höheres Maß von Narzißmus zu, das noch ihre Objektwahl beeinflußt, so daß geliebt zu werden dem Weib ein stärkeres Bedürfnis ist als zu lieben. An der körperlichen Eitelkeit des Weibes ist noch die Wirkung des Penisneides mitbeteiligt, da sie ihre Reize als späte Entschädigung für die ursprüngliche sexuelle Minderwertigkeit um so höher einschätzen muß. Der Scham, die als eine exquisit weibliche Eigenschaft gilt, aber weit mehr konventionell ist, als man denken sollte, schreiben wir die ursprüngliche Absicht zu, den Defekt des Genitales zu verdecken. Wir vergessen nicht, daß sie späterhin andere Funktionen übernommen hat. Man meint, daß die Frauen zu den Entdeckungen und Erfindungen der Kulturgeschichte wenig Beiträge geleistet haben, aber vielleicht haben sie doch eine Technik erfunden, die des Flechtens und Webens. Wenn dem so ist, so wäre man versucht, das unbewußte Motiv dieser Leistung zu erraten. Die Natur selbst hätte das Vorbild für diese Nachahmung gegeben, indem sie mit der Geschlechtsreife die Genitalbehaarung wachsen ließ, die das Genitale verhüllt. Der Schritt, der dann noch zu tun war, bestand darin, die Fasern aneinander haften zu machen, die am Körper in der Haut staken und nur miteinander verfilzt waren. Wenn Sie diesen Einfall als phantastisch zurückweisen und mir den Einfluß des Penismangels auf die Gestaltung der Weiblichkeit als eine fixe Idee anrechnen, bin ich natürlich wehrlos.

Die Bedingungen der Objektwahl des Weibes sind häufig genug durch soziale Verhältnisse unkenntlich gemacht. Wo sie sich frei zeigen darf, erfolgt sie oft nach dem narzißtischen Ideal des Mannes, der zu werden das Mädchen gewünscht hatte. Ist das Mädchen in der Vaterbindung, also im Ödipuskomplex, verblieben, so wählt es nach dem Vatertypus. Da bei der Wendung von der Mutter zum Vater die Feindseligkeit der ambivalenten Gefühlsbeziehung bei der Mutter verblieben ist, sollte eine solche Wahl eine glückliche Ehe versichern. Aber sehr oft tritt der Ausgang ein, der eine solche Erledigung des Ambivalenzkonflikts im allgemeinen bedroht. Die zurückgelassene Feindseligkeit kommt der positiven Bindung nach und greift auf das neue Objekt über. Der Ehemann, der zunächst vom Vater geerbt hatte, tritt mit der Zeit auch das Muttererbe an. So kann es leicht geschehen, daß die zweite Hälfte des Lebens einer Frau von dem Kampf gegen ihren Mann erfüllt wird wie die kürzere erste von der Auflehnung gegen ihre Mutter. Nachdem die Reaktion ausgelebt worden ist, kann sich eine zweite Ehe leicht sehr viel befriedigender gestalten. Eine andere Wandlung im Wesen der Frau, für die die Liebenden nicht vorbereitet sind, mag eintreten, nachdem in der Ehe das erste Kind geboren worden ist. Unter dem Eindruck der eigenen Mutterschaft kann eine Identifizierung mit der eigenen Mutter wiederbelebt werden, gegen die sich das Weib bis zur Ehe gesträubt hatte, und alle verfügbare Libido an sich reißen, so daß der Wiederholungszwang eine unglückliche Ehe der Eltern reproduziert. Daß das alte Moment des Penismangels seine Kraft noch immer nicht eingebüßt hat, zeigt sich in der verschiedenen Reaktion der Mutter auf die Geburt eines Sohnes oder einer Tochter. Nur das Verhältnis zum Sohn bringt der Mutter uneingeschränkte Befriedigung; es ist überhaupt die vollkommenste, am ehesten ambivalenzfreie aller menschlichen Beziehungen. Auf den Sohn kann die Mutter den Ehrgeiz übertragen, den sie bei sich unterdrücken mußte, von ihm die Befriedigung all dessen erwarten, was ihr von ihrem Männlichkeitskomplex verblieben ist. Selbst die Ehe ist nicht eher versichert, als bis es der Frau gelungen ist, ihren Mann auch zu ihrem Kind zu machen und die Mutter gegen ihn zu agieren.

Die Mutteridentifizierung des Weibes läßt zwei Schichten erkennen, die präödipale, die auf der zärtlichen Bindung an die Mutter beruht und sie zum Vorbild nimmt, und die spätere aus dem Ödipuskomplex, die die Mutter beseitigen und beim Vater ersetzen will. Von beiden bleibt viel für die Zukunft übrig, man hat wohl ein Recht zu sagen, keine wird im Laufe der Entwicklung in ausreichendem Maße überwunden. Aber die Phase der zärtlichen präödipalen Bindung ist die für die Zukunft des Weibes entscheidende; in ihr bereitet sich die Erwerbung jener Eigenschaften vor, mit denen sie später ihrer Rolle in der Sexualfunktion genügen und ihre unschätzbaren sozialen Leistungen bestreiten wird. In dieser Identifizierung gewinnt sie auch die Anziehung für den Mann, die dessen ödipale Mutterbindung zur Verliebtheit entfacht. Nur daß dann so häufig erst der Sohn das erhält, um was er für sich geworben hatte. Man hat den Eindruck, die Liebe des Mannes und die der Frau sind um eine psychologische Phasendifferenz auseinander.

Daß man dem Weib wenig Sinn für Gerechtigkeit zuerkennen muß, hängt wohl mit dem Überwiegen des Neids in ihrem Seelenleben zusammen, denn die Gerechtigkeitsforderung ist eine Verarbei-

tung des Neids, gibt die Bedingung an, unter der man ihn fahren lassen kann. Wir sagen auch von den Frauen aus, daß ihre sozialen Interessen schwächer und ihre Fähigkeit zur Triebsublimierung geringer sind als die der Männer. Das erstere leitet sich wohl vom dissozialen Charakter ab, der allen Sexualbeziehungen unzweifelhaft eignet. Liebende finden aneinander Genüge und noch die Familie widerstrebt der Aufnahme in umfassendere Verbände. Die Eignung zur Sublimierung ist den größten individuellen Schwankungen unterworfen. Hingegen kann ich es nicht unterlassen, einen Eindruck zu erwähnen, den man immer wieder in der analytischen Tätigkeit empfängt. Ein Mann um die Dreißig erscheint als ein jugendliches, eher unfertiges Individuum, von dem wir erwarten, daß es die Möglichkeiten der Entwicklung, die ihm die Analyse eröffnet, kräftig ausnützen wird. Eine Frau um die gleiche Lebenszeit aber erschreckt uns häufig durch ihre psychische Starrheit und Unveränderlichkeit. Ihre Libido hat endgültige Positionen eingenommen und scheint unfähig, sie gegen andere zu verlassen. Wege zu weiterer Entwicklung ergeben sich nicht; es ist, als wäre der ganze Prozeß bereits abgelaufen, bliebe von nun an unbeeinflußbar, ja als hätte die schwierige Entwicklung zur Weiblichkeit die Möglichkeiten der Person erschöpft. Wir beklagen diesen Sachverhalt als Therapeuten, selbst wenn es uns gelingt, dem Leiden durch die Erledigung des neurotischen Konflikts ein Ende zu machen.
Das ist alles, was ich Ihnen über die Weiblichkeit zu sagen hatte. Es ist gewiß unvollständig und fragmentarisch, klingt auch nicht immer freundlich. Vergessen Sie aber nicht, daß wir das Weib nur insofern beschrieben haben, als sein Wesen durch seine Sexualfunktion bestimmt wird. Dieser Einfluß geht freilich sehr weit, aber wir behalten im Auge, daß die einzelne Frau auch sonst ein menschliches Wesen sein mag. Wollen Sie mehr über die Weiblichkeit wissen, so befragen Sie Ihre eigenen Lebenserfahrungen, oder Sie wenden sich an die Dichter, oder Sie warten, bis die Wissenschaft Ihnen tiefere und besser zusammenhängende Auskünfte geben kann.

34. Vorlesung

AUFKLÄRUNGEN, ANWENDUNGEN, ORIENTIERUNGEN

Meine Damen und Herren! Darf ich einmal, sozusagen des trockenen Tones satt, über Dinge vor Ihnen reden, die sehr wenig theoretische Bedeutung haben, die Sie aber doch nahe angehen, insoferne Sie der Psychoanalyse freundlich gesinnt sind? Setzen wir z. B. den Fall, daß Sie in Ihren Mußestunden einen deutschen, englischen oder amerikanischen Roman zur Hand nehmen, in dem Sie eine Schilderung der Menschen und der Zustände von heute zu finden erwarten. Nach wenigen Seiten stoßen Sie auf eine erste Äußerung über Psychoanalyse und dann bald auf weitere, auch wenn der Zusammenhang es nicht zu erfordern scheint. Sie müssen nicht meinen, daß es sich dabei um Anwendungen der Tiefenpsychologie zum besseren Verständnis der Personen im Text oder ihrer Taten handelt; es gibt allerdings auch ernsthaftere Dichtungen, in denen das wirklich versucht wird. Nein, es sind meist spöttische Bemerkungen, mit denen der Verfasser des Romans seine Belesenheit oder seine intellektuelle Überlegenheit dartun will. Nicht immer bekommen Sie auch den Eindruck, daß er das wirklich kennt, worüber er sich ausspricht. Oder Sie gehen zu Ihrer Erholung in eine gesellige Vereinigung; es muß nicht gerade in Wien sein. Nach kurzer Zeit geht das Gespräch auf die Psychoanalyse, Sie hören die verschiedensten Leute ihr Urteil abgeben, meist im Tone unbeirrter Sicherheit. Dies Urteil ist ganz gewöhnlich ein geringschätzendes, oft eine Schmähung, zum mindesten wieder eine Spötterei. Wenn Sie so unvorsichtig sind zu verraten, daß Sie etwas von dem Gegenstand verstehen, fallen alle über Sie her, verlangen Auskünfte und Erklärungen und geben Ihnen nach kurzer Zeit die Überzeugung, daß alle diese strengen Urteile vor jeder Information gefällt worden waren, daß kaum einer von diesen Gegnern je ein analytisches Buch zur Hand genommen hat, oder wenn doch, daß er nicht über den ersten Widerstand beim Zusammentreffen mit dem neuen Stoff hinweggekommen ist.

Von einer Einführung in die Psychoanalyse erwarten Sie vielleicht auch eine Anweisung, welche Argumente man zur Richtigstellung der offenkundigen Irrtümer über die Analyse verwenden, welche Bücher man zur besseren Information empfehlen, oder selbst, welche Beispiele aus Ihrer Lektüre oder Erfahrung Sie in der Diskussion anrufen sollen, um die Einstellung der Gesellschaft zu ändern. Ich bitte Sie, tun Sie nichts von alledem. Es wäre unnütz; am besten Sie verbergen überhaupt Ihr besseres Wissen. Wenn das nicht mehr möglich ist, so beschränken Sie sich darauf zu sagen, Sie meinen, soweit Sie orientiert sind, daß die Psychoanalyse ein besonderer Wissenszweig sei, recht schwer zu verstehen und zu beurteilen, daß sie sich mit sehr ernsthaften Dingen beschäftige, so daß man ihr mit ein paar Scherzen nicht nahekomme, und daß man sich für gesellschaftliche Unterhaltungen lieber ein anderes Spielzeug aussuchen solle. Natürlich beteiligen Sie sich auch nicht an Deutungsversuchen, wenn unvorsichtige Leute ihre Träume erzählen, und widerstehen auch der Versuchung, durch Berichte von Heilungen um Gunst für die Analyse zu werben.

Sie können aber die Frage aufwerfen, warum diese Leute, sowohl die Bücher schreiben als die Konversation machen, sich so inkorrekt benehmen, und Sie werden zur Annahme neigen, daß dies nicht nur an den Leuten, sondern auch an der Psychoanalyse liegt. Das meine ich auch; was Ihnen in Literatur und Gesellschaft als Vorurteil entgegentritt, ist die Nachwirkung eines früheren Urteils – nämlich des Urteils, das die Vertreter der offiziellen Wissenschaft über die junge Psychoanalyse gefällt hatten. Ich habe mich schon einmal in einer historischen Darstellung darüber beklagt und werde es nicht wieder tun, – vielleicht war schon dies eine Mal zuviel, – aber wirklich, es gab keine Verletzung der Logik, aber auch keine des Anstands und guten Geschmacks, die sich die wissenschaftlichen Gegner der Psychoanalyse damals nicht gestattet hätten. Es war eine Situation, wie sie im Mittelalter verwirklicht war, wenn ein Missetäter oder auch nur ein politischer Gegner an den Pranger gestellt und der Mißhandlung durch den Pöbel preisgegeben wurde. Und Sie machen es sich vielleicht nicht klar, wie weit hinauf in unserer Gesellschaft die Pöbelhaftigkeit reicht und welchen Unfug sich die Menschen erlauben, wenn sie sich als Massenbestandteil und der persönlichen Verantwortung überhoben fühlen. Ich war zu Beginn jener Zeiten ziemlich allein, sah bald ein, daß Polemisieren keine Aussicht habe, daß aber auch das Sich-beklagen und die Anrufung besserer Geister sinnlos sei, da es ja keine Instanzen gäbe, bei denen die Klage anzubringen wäre. Somit ging ich einen anderen Weg; ich machte die erste Anwendung der Psychoanalyse, indem ich mir das Benehmen der Masse als Phänomen desselben Widerstands aufklärte, den ich bei den einzelnen Patienten zu bekämpfen hatte, enthielt mich selbst der Polemik und beeinflußte meine Anhänger, als sie allmählich hinzukamen, nach derselben Richtung. Das Verfahren war gut, der Bann, in den damals die Analyse getan wurde, ist seither aufgehoben worden, aber wie ein verlassener Glaube als Aberglaube fortlebt, eine von der Wissenschaft aufgegebene Theorie als Volksmeinung erhalten bleibt, so setzt sich heute jene ursprüngliche Ächtung der Psychoanalyse durch wissenschaftliche Kreise in der spöttischen Geringschätzung der

Bücher schreibenden oder Konversation machenden Laien fort. Darüber werden Sie sich also nicht mehr verwundern.
Nun erwarten Sie aber nicht, die frohe Botschaft zu hören, der Kampf um die Analyse sei zu Ende und habe mit ihrer Anerkennung als Wissenschaft, ihrer Zulassung als Lehrstoff zur Universität geendet. Es ist keine Rede davon, er setzt sich fort, nur in mehr gesitteten Formen. Neu ist auch, daß sich in der wissenschaftlichen Gesellschaft eine Art von Pufferschicht zwischen der Analyse und ihren Gegnern gebildet hat, Leute, die etwas an der Analyse gelten lassen, es auch unter ergötzlichen Verklausulierungen bekennen, dafür anderes ablehnen, wie sie nicht laut genug verkünden können. Was sie bei dieser Auswahl bestimmt, ist nicht leicht zu erraten. Es scheinen persönliche Sympathien zu sein. Der eine nimmt Anstoß an der Sexualität, der andere am Unbewußten; besonders unbeliebt scheint die Tatsache der Symbolik zu sein. Daß das Gebäude der Psychoanalyse, obwohl unfertig, doch schon heute eine Einheit darstellt, aus der nicht jeder nach seiner Willkür Elemente herausbrechen kann, scheint für diese Eklektiker nicht in Betracht zu kommen. Von keinem dieser Halb- oder Viertelanhänger konnte ich den Eindruck bekommen, daß ihre Ablehnung auf Nachprüfung begründet war. Auch manche hervorragende Männer gehören zu diese Kategorie. Sie sind freilich entschuldigt durch die Tatsache, daß ihre Zeit wie ihr Interesse anderen Dingen gehören, nämlich jenen, in deren Bewältigung sie so Bedeutendes geleistet haben. Aber sollten sie dann nicht lieber mit ihrem Urteil zurückhalten, anstatt so entschieden Partei zu nehmen? Bei einem dieser Großen gelang mir einmal eine rasche Bekehrung. Es war ein weltberühmter Kritiker, der den geistigen Strömungen der Zeit mit wohlwollendem Verständnis und prophetischem Scharfblick gefolgt war. Ich lernte ihn erst kennen, als er das achtzigste Jahr überschritten hatte, aber er war noch immer bezaubernd im Gespräch. Sie werden leicht erraten, wen ich meine. Ich war es auch nicht, der auf die Psychoanalyse zu reden kam. Er tat es, indem er sich auf die bescheidenste Weise an mir maß. »Ich bin nur ein Literat«, sagte er, »aber Sie sind ein Naturforscher und Entdecker. Aber das eine muß ich Ihnen sagen: ich habe nie sexuelle Gefühle für meine Mutter gehabt.« »Aber das brauchen Sie ja gar nicht gewußt zu haben«, war meine Erwiderung, »das sind ja für den Erwachsenen unbewußte Vorgänge.« »Ach, so meinen Sie das«, sagte er erleichtert und drückte meine Hand. Wir plauderten noch einige Stunden im besten Einvernehmen. Ich hörte später, daß er in dem kurzen Lebensrest, der ihm noch vergönnt war, sich wiederholt freundlich über die Analyse äußerte und gerne das ihm neue Wort »Verdrängung« gebrauchte.
Ein bekannter Spruch mahnt, man soll von seinen Feinden lernen.

Ich gestehe, daß mir dies nie gelungen ist, aber ich dachte doch, es könnte für Sie lehrreich werden, wenn ich mit Ihnen eine Musterung aller der Vorwürfe und Einwendungen vornähme, die die Gegner der Psychoanalyse gegen sie erhoben haben, und dann auf die so leicht aufzudeckenden Ungerechtigkeiten und Verstöße gegen die Logik hinwiese. Aber *»on second thoughts«* habe ich mir gesagt, das würde gar nicht interessant, sondern ermüdend und peinlich werden und gerade das sein, was ich in all diesen Jahren sorgfältig vermieden habe. Entschuldigen Sie mich also, wenn ich diesen Weg nicht weiter verfolge und Sie mit den Urteilen unserer sogenannten wissenschaftlichen Gegner verschone. Handelt es sich doch fast immer um Personen, deren einziger Befähigungsnachweis die Unbefangenheit ist, die sie sich durch Fernhaltung von den Erfahrungen der Psychoanalyse bewahrt haben. Aber ich weiß, so leichten Kaufs werden Sie mich nicht in anderen Fällen entlassen. Sie werden mir vorhalten: Es gibt doch soviel Personen, für die Ihre letzte Bemerkung nicht zutrifft. Diese sind der analytischen Erfahrung nicht ausgewichen, haben Patienten analysiert, sind vielleicht selbst analysiert worden, waren sogar eine Zeitlang Ihre Mitarbeiter und sind doch zu anderen Auffassungen und Theorien gekommen, auf Grund deren sie von Ihnen abgefallen sind und selbständige Schulen der Psychoanalyse begründet haben. Über die Möglichkeit und Bedeutung dieser in der Geschichte der Analyse so häufigen Abfallsbewegungen sollten Sie uns Aufklärung geben.

Ja, ich will es versuchen; in Kürze zwar, denn es kommt dabei weniger für das Verständnis der Analyse heraus, als Sie erwarten mögen. Ich weiß, Sie denken in erster Linie an die *Adler*sche Individualpsychologie, die z. B. in Amerika als eine gleichberechtigte Nebenlinie unserer Psychoanalyse betrachtet und regelmäßig mit ihr zusammen genannt wird. In Wirklichkeit hat sie sehr wenig mit ihr zu tun, führt aber infolge gewisser historischer Umstände eine Art von parasitärer Existenz auf ihre Kosten. Auf ihren Gründer treffen die Bedingungen, die wir für die Gegner dieser Gruppe angenommen haben, nur in geringem Ausmaß zu. Der Name selbst ist unpassend, scheint ein Produkt der Verlegenheit; wir können uns seine berechtigte Verwendung als Gegensatz zu Massenpsychologie nicht stören lassen; auch was wir treiben ist zumeist und vor allem Psychologie des menschlichen Individuums. In eine objektive Kritik der Adlerschen Individualpsychologie werde ich heute nicht eingehen, sie liegt nicht im Plan dieser Einführung, auch habe ich sie schon einmal versucht und habe wenig Anlaß, etwas an ihr zu ändern. Den Eindruck, den sie hervorruft, will ich aber durch eine kleine Begebenheit in den Jahren vor der Analyse illustrieren.

In der Nähe der mährischen Kleinstadt, in der ich geboren bin und die ich als Kind von drei Jahren verlassen habe, befindet sich ein bescheidener Kurort, schön im Grünen gelegen. In den Gymnasialjahren war ich mehrmals auf Ferien dort. Etwa zwei Jahrzehnte später wurde die Erkrankung einer nahen Verwandten der Anlaß, diesen Ort wiederzusehen. In einer Unterhaltung mit dem Kurarzt, der meiner Verwandten Beistand geleistet hatte, erkundigte ich mich auch nach seinen Beziehungen zu den – ich glaube – slowakischen Bauern, die im Winter seine einzige Klientel bildeten. Er erzählte, die ärztliche Tätigkeit spiele sich in folgender Weise ab: Zur Stunde seiner Ordination kommen die Patienten in sein Zimmer und stellen sich in einer Reihe auf. Einer nach dem anderen tritt dann hervor und klagt über seine Beschwerden. Er hat Kreuzschmerzen oder Magenkrämpfe oder Müdigkeit in den Beinen usw. Dann untersucht er ihn und nachdem er sich orientiert hat, ruft er ihm die Diagnose zu, in jedem Fall die nämliche. Er übersetzte mir das Wort, es heiße soviel wie »verhext«. Ich fragte erstaunt, ob die Bauern denn keinen Anstoß daran nehmen, daß er bei allen Kranken denselben Befund habe. »O nein«, erwiderte er, »sie sind sehr zufrieden damit, es ist das, was sie erwartet haben. Jeder, der in die Reihe zurücktritt, deutet den anderen durch Mienen und Gebärden: ›Ja, das ist einer, der's versteht.‹« Wenig ahnte ich damals, unter welchen Verhältnissen ich einer analogen Situation wieder begegnen würde.

Ob nämlich einer ein Homosexueller ist oder ein Nekrophile, ein verängstigter Hysteriker, ein abgesperrter Zwangsneurotiker oder ein tobender Wahnsinniger, in jedem Fall wird der Individualpsychologe Adlerscher Richtung als das treibende Motiv seines Zustandes angeben, daß er sich zur Geltung bringen, seine Minderwertigkeit überkompensieren, oben bleiben, von der weiblichen auf die männliche Linie gelangen will. Etwas ganz Ähnliches hatten wir als junge Studenten auf der Klinik gehört, wenn einmal ein Fall von Hysterie vorgestellt wurde: Die Hysterischen erzeugen ihre Symptome, um sich interessant zu machen, die Aufmerksamkeit auf sich zu ziehen. Wie doch alte Weisheiten immer wiederkehren! Aber dieses Stückchen Psychologie schien uns schon damals die Rätsel der Hysterie nicht zu decken, es ließ z. B. unerklärt, warum die Kranken sich keiner anderen Mittel zur Erreichung ihrer Absicht bedienen. Etwas an dieser Lehre der Individualpsychologen muß natürlich richtig sein, ein Partikelchen für das Ganze. Der Selbsterhaltungstrieb wird versuchen, sich jede Situation zunutze zu machen, das Ich wird auch das Kranksein zum Vorteil wenden wollen. Man nennt das in der Psychoanalyse den »sekundären Krankheitsgewinn«. Freilich, wenn man an die Tatsachen des Masochismus denkt, des unbewußten Strafbedürfnisses und der neurotischen Selbstschädigung, die die Annahme von Triebregungen nahelegen, welche der Selbsterhaltung zuwiderlaufen, wird man auch an der Allgemeingültigkeit jener banalen Wahrheit irre, auf der das Lehrgebäude der Individualpsychologie erbaut ist. Aber der großen Menge muß eine solche Lehre hoch willkommen sein, die keine Komplikationen anerkennt, keinen neuen, schwer faßbaren Begriffe einführt, vom Unbewußten nichts weiß, das auf allen lastende Problem der Sexualität mit einem Hieb beseitigt, sich auf die Aufdeckung der Schliche beschränkt, mit denen man sich das Leben bequem machen will. Denn die Menge ist selbst bequem, verlangt zur Erklärung nicht mehr als einen Grund, dankt der Wissenschaft nicht für ihre Weitläufigkeiten, will einfache Lösungen haben und Probleme erledigt wissen. Erwägt man, wie sehr die Individualpsychologie diesen Anforderungen entgegenkommt, so kann man die Erinnerung an einen Satz im *Wallenstein* nicht zurückdrängen:

»Wär' der Gedank' nicht so verwünscht gescheit,
Man wär' versucht, ihn herzlich dumm zu nennen.«

Die Kritik der Fachkreise, so unerbittlich gegen die Psychoanalyse, hat die Individualpsychologie im allgemeinen mit Samthandschuhen angefaßt. Es hat sich zwar in Amerika ereignet, daß einer der angesehensten Psychiater einen Aufsatz gegen *Adler* veröffentlichte, den er *»Enough«* überschrieb, in dem er seinem Überdruß an dem »Wiederholungszwang« der Individualpsychologen energischen Ausdruck gab. Wenn andere sich weit liebenswürdiger benommen haben, so hat wohl die Gegnerschaft gegen die Analyse viel dazu getan.
Über andere Schulen, die von unserer Psychoanalyse abgezweigt haben, brauche ich nicht viel zu sagen. Daß es geschehen ist, läßt sich weder für noch gegen den Wahrheitsgehalt der Psychoanalyse verwerten. Denken Sie an die starken affektiven Momente, die es vielen schwermachen, sich einzuordnen oder unterzuordnen, und an die noch größere Schwierigkeit, die der Spruch *quot capita tot sensus* mit Recht betont. Wenn die Meinungsverschiedenheiten ein gewisses Maß überschritten hatten, wurde es das Zweckmäßigste, sich zu trennen und von da an verschiedene Wege zu gehen, besonders wenn die theoretische Differenz eine Änderung des praktischen Handelns zur Folge hatte. Nehmen Sie z. B. an, daß ein Analytiker den Einfluß der persönlichen Vergangenheit geringschätzt und die Verursachung der Neurosen ausschließlich in gegenwärtigen Motiven und auf die Zukunft gerichteten Erwartungen sucht. Dann wird er auch die Analyse der Kindheit vernachlässigen, überhaupt eine andere Technik einschlagen und den Ausfall der Ergebnisse aus der Kindheitsanalyse durch Steigerung seines lehrhaften Einflusses und durch direkte Hinweise auf bestimmte

Lebensziele wettmachen müssen. Wir anderen werden dann sagen: Das mag eine Schule der Weisheit sein, ist aber keine Analyse mehr. Oder ein anderer mag zur Einsicht gekommen sein, daß das Angsterlebnis der Geburt den Keim zu allen späteren neurotischen Störungen legt; dann mag es ihm rechtmäßig erscheinen, die Analyse auf die Wirkungen dieses einen Eindrucks einzuschränken und therapeutischen Erfolg von einer drei- bis viermonatigen Behandlung zu versprechen. Sie merken, ich habe zwei Beispiele gewählt, die von diametral entgegengesetzten Voraussetzungen ausgehen. Es ist ein fast allgemeiner Charakter dieser »Abfallsbewegungen«, daß eine jede sich eines Stücks aus dem Motivenreichtum der Psychoanalyse bemächtigt und sich auf Grund dieser Besitzergreifung selbständig macht, etwa des Machttriebs, des ethischen Konflikts, der Mutter, der Genitalität usw. Wenn es Ihnen scheint, daß solche Sezessionen in der Geschichte der Psychoanalyse heute schon häufiger sind als bei anderen geistigen Bewegungen, so weiß ich nicht, ob ich Ihnen Recht geben soll. Wenn es so ist, so muß man die innigen Beziehungen zwischen theoretischen Ansichten und therapeutischem Handeln dafür verantwortlich machen, die in der Psychoanalyse bestehen. Meinungsverschiedenheiten allein würden weit länger ertragen werden. Man liebt es, uns Psychoanalytikern Intoleranz vorzuwerfen. Die einzige Äußerung dieser häßlichen Eigenschaft war eben die Trennung von den anders Denkenden. Sonst wurde ihnen nichts angetan; im Gegenteil, sie sind auf die Butterseite gefallen, haben es seither besser als vorhin, denn bei ihrem Ausscheiden haben sie sich gewöhnlich von einer der Belastungen frei gemacht, unter denen wir keuchen – vom Odium der kindlichen Sexualität etwa oder von der Lächerlichkeit der Symbolik – und gelten jetzt der Umwelt als halbwegs ehrlich, was wir, die Zurückgebliebenen, noch immer nicht sind. Auch haben sie sich – bis auf eine bemerkenswerte Ausnahme – selbst ausgeschlossen.

Was für Ansprüche erheben Sie noch im Namen der Toleranz? Daß, wenn jemand eine Meinung geäußert hat, die wir für grundfalsch halten, wir ihm sagen: »Danke Ihnen schön, daß Sie diesen Widerspruch geäußert haben. Sie schützen uns gegen die Gefahr der Selbstgefälligkeit und geben uns Gelegenheit, den Amerikanern zu beweisen, daß wir wirklich so ›*broadminded*‹ sind, wie sie es immer wünschen. Wir glauben zwar kein Wort von dem, was Sie sagen, aber das macht nichts. Wahrscheinlich haben Sie ebenso recht wie wir. Wer kann denn überhaupt wissen, wer recht hat? Erlauben Sie uns, daß wir trotz der Gegnerschaft Ihre Ansicht in der Literatur vertreten. Wir hoffen, Sie werden die Liebenswürdigkeit haben, sich dafür für unsere einzusetzen, die Sie verwerfen.« Dies wird offenbar in der Zukunft die Gepflogenheit im wissenschaftlichen

Betrieb werden, wenn sich der Mißbrauch der *Einstein*schen Relativität vollends durchgesetzt hat. Es ist wahr, vorläufig haben wir es noch nicht so weit gebracht. Wir beschränken uns nach alter Manier darauf, nur unsere eigenen Überzeugungen zu vertreten, setzen uns der Gefahr des Irrtums aus, weil man sich dagegen nicht schützen kann, und lehnen ab, was uns widerspricht. Von dem Recht, unsere Meinungen abzuändern, wenn wir glauben, etwas Besseres gefunden zu haben, haben wir in der Psychoanalyse reichlich Gebrauch gemacht.

Es war eine der ersten Anwendungen der Psychoanalyse, daß sie uns die Gegnerschaft verstehen lehrte, die uns die Mitwelt bewies, weil wir Psychoanalyse trieben. Andere Anwendungen, von objektiver Natur, können ein allgemeineres Interesse beanspruchen. Unsere erste Absicht war ja, die Störungen des menschlichen Seelenlebens zu verstehen, weil eine merkwürdige Erfahrung gezeigt hatte, daß hier Verständnis und Heilung beinahe zusammenfallen, daß ein gangbarer Weg von dem einen zum anderen führt. Es war auch lange Zeit die einzige Absicht. Aber dann erkannten wir die nahen Beziehungen, ja die innere Identität zwischen den pathologischen und den sogenannt normalen Vorgängen, die Psychoanalyse wurde zur Tiefenpsychologie, und da nichts, was Menschen schaffen oder treiben, ohne Mithilfe der Psychologie verständlich ist, ergaben sich die Anwendungen der Psychoanalyse auf zahlreiche Wissensgebiete, besonders geisteswissenschaftliche, von selbst, drängten sich auf und forderten Bearbeitung. Leider stießen diese Aufgaben auf Hindernisse, die, in der Sachlage begründet, auch heute noch nicht überwunden sind. Eine solche Anwendung setzt fachliche Kenntnisse voraus, die der Analytiker nicht besitzt, während diejenigen, die sie besitzen, die Fachleute, von Analyse nichts wissen und vielleicht nichts wissen wollen. Es hat sich also ergeben, daß die Analytiker als Dilettanten mit mehr oder weniger zureichender Ausrüstung, oft in Eile zusammengerafft, Einfälle in jene Wissensgebiete unternommen haben, wie Mythologie, Kulturgeschichte, Ethnologie, Religionswissenschaft usw. Sie wurden von den dort ansässigen Forschern nicht besser behandelt als Eindringlinge überhaupt, ihre Methoden wie ihre Resultate, soweit sie Aufmerksamkeit fanden, zunächst abgelehnt. Aber diese Verhältnisse sind in stetiger Besserung, auf allen Gebieten wächst die Anzahl der Personen, die Psychoanalyse studieren, um sie in ihrem Spezialfach zu verwerten, als Kolonisten die Pioniere abzulösen. Wir dürfen hier eine reiche Ernte an neuen Einsichten erwarten. Anwendungen der Analyse sind auch immer Bestätigungen derselben. Dort, wo die wissenschaftliche Arbeit von einer praktischen Betätigung weiter entfernt ist, werden wohl auch die unvermeidlichen Meinungskämpfe weniger erbittert ausfallen.

Ich empfinde es als eine starke Versuchung, Sie durch all die Anwendungen der Psychoanalyse auf die Geisteswissenschaften zu führen. Es sind Dinge, wissenswert für jeden Menschen mit geistigen Interessen, und eine Zeitlang nichts von Abnormität und Krankheit zu hören, wäre eine verdiente Erholung. Aber ich muß darauf verzichten, es führte uns wiederum über den Rahmen dieser Vorträge hinaus und, ehrlich gestanden, ich wäre der Aufgabe auch nicht gewachsen. Auf einigen dieser Gebiete habe ich zwar selbst den ersten Schritt getan, aber heute übersehe ich die Fülle nicht mehr und hätte viel zu studieren, um zu bewältigen, was seit meinen Anfängen hinzugekommen ist. Die unter Ihnen, die durch meine Absage enttäuscht sind, mögen sich an unserer Zeitschrift *»Imago«* schadlos halten, die für die nichtmedizinischen Anwendungen der Analyse bestimmt ist.

Nur an einem Thema kann ich nicht so leicht vorbeigehen, nicht weil ich besonders viel davon verstehe oder selbst soviel dazugetan habe. Ganz im Gegenteil, ich habe mich kaum je damit beschäftigt. Aber es ist so überaus wichtig, so reich an Hoffnungen für die Zukunft, vielleicht das Wichtigste von allem, was die Analyse betreibt. Ich meine die Anwendung der Psychoanalyse auf die Pädagogik, die Erziehung der nächsten Generation. Ich freue mich wenigstens sagen zu können, daß meine Tochter *Anna Freud* sich diese Arbeit zur Lebensaufgabe gesetzt hat, mein Versäumnis auf solche Art wiedergutmacht. Der Weg, der zu dieser Anwendung geführt hat, ist leicht zu übersehen. Wenn wir in der Behandlung eines erwachsenen Neurotikers der Determinierung seiner Symptome nachspürten, wurden wir regelmäßig bis in seine frühe Kindheit zurückgeleitet. Die Kenntnis der späteren Ätiologie reichte weder für das Verständnis noch für die therapeutische Wirkung aus. So wurden wir genötigt, uns mit den psychischen Besonderheiten des Kindesalters bekanntzumachen, und erfuhren eine Menge von Dingen, die anders als durch Analyse nicht zu erfahren waren, konnten auch viele allgemein geglaubte Meinungen über die Kindheit richtigstellen. Wir erkannten, daß den ersten Kinderjahren (etwa bis fünf) aus mehreren Gründen eine besondere Bedeutung zukommt. Erstens, weil sie die Frühblüte der Sexualität enthalten, die für das Sexualleben der Reifezeit entscheidende Anregungen hinterläßt. Zweitens, weil die Eindrücke dieser Zeit auf ein unfertiges und schwaches Ich treffen, auf das sie wie Traumen wirken. Das Ich kann sich der Affektstürme, die sie hervorrufen, nicht anders als durch Verdrängung erwehren und erwirbt solcherart im Kindesalter alle Dispositionen zu späteren Erkrankungen und Funktionsstörungen. Wir haben verstanden, die Schwierigkeit der Kindheit liegt darin, daß das Kind in einer kurzen Spanne Zeit sich die Resultate einer Kulturentwicklung aneignen soll, die sich über Jahrzehntausende erstreckt, Triebbeherrschung und soziale Anpassung, wenigstens die ersten Stücke von beiden. Nur einen Teil dieser Veränderung kann es durch seine eigene Entwicklung erreichen, vieles muß ihm von der Erziehung aufgedrängt werden. Wir verwundern uns nicht, wenn das Kind diese Aufgabe oft nur unvollkommen bewältigt. Viele Kinder machen in diesen frühen Zeiten Zustände durch, die man den Neurosen gleichstellen darf, gewiß alle, die späterhin manifest erkranken. Bei manchen Kindern wartet die neurotische Erkrankung nicht die Zeit der Reife ab, sie bricht schon in der Kinderzeit aus und macht Eltern und Ärzten zu schaffen.

Wir haben kein Bedenken getragen, die analytische Therapie bei solchen Kindern anzuwenden, die entweder unzweideutige neurotische Symptome zeigen oder auf dem Weg zu einer ungünstigen Charakterentwicklung waren. Die Besorgnis, dem Kind durch die Analyse zu schaden, der Gegner der Analyse Ausdruck gegeben haben, erwies sich als unbegründet. Unser Gewinn bei diesen Unternehmungen war, daß wir am lebenden Objekt bestätigen konnten, was wir beim Erwachsenen sozusagen aus historischen Dokumenten erschlossen hatten. Aber auch der Gewinn für die Kinder war sehr erfreulich. Es ergab sich, daß das Kind ein sehr günstiges Objekt für die analytische Therapie ist; die Erfolge sind gründliche und halten an. Natürlich muß man die für Erwachsene ausgearbeitete Technik der Behandlung für das Kind weitgehend abändern. Das Kind ist psychologisch ein anderes Objekt als der Erwachsene, es besitzt noch kein Über-Ich, die Methode der freien Assoziation trägt nicht weit, die Übertragung spielt, da die realen Eltern noch vorhanden sind, eine andere Rolle. Die inneren Widerstände, die wir beim Erwachsenen bekämpfen, sind beim Kind zumeist durch äußere Schwierigkeiten ersetzt. Wenn sich die Eltern zu Trägern des Widerstandes machen, wird oft das Ziel der Analyse oder diese selbst gefährdet, daher ist es oft notwendig, mit der Analyse des Kindes ein Stück analytischer Beeinflußung der Eltern zu verbinden. Anderseits werden die unvermeidlichen Abweichungen der Kinderanalyse von der Erwachsener durch den Umstand verringert, daß manche unserer Patienten soviel infantile Charakterzüge bewahrt haben, daß der Analytiker, wiederum in Anpassung an das Objekt, nicht umhin kann, sich bei ihnen gewisser Techniken der Kinderanalyse zu bedienen. Es hat sich von selbst ergeben, daß die Kinderanalyse die Domäne weiblicher Analytiker geworden ist, und dabei wird es wohl bleiben.

Die Einsicht, daß die meisten unserer Kinder in ihrer Entwicklung eine neurotische Phase durchmachen, trägt den Keim einer hygienischen Forderung in sich. Man kann die Frage aufwerfen, ob es nicht zweckmäßig wäre, dem Kind mit einer Analyse zu

Hilfe zu kommen, auch wenn es keine Anzeichen von Störung zeigt, als eine Maßregel der Fürsorge für seine Gesundheit, so wie man heute gesunde Kinder gegen Diphtherie impft, ohne abzuwarten, ob sie an Diphtherie erkranken. Die Diskussion dieser Frage hat heute nur ein akademisches Interesse; ich kann mir gestatten, sie vor Ihnen zu erörtern; der großen Menge unserer Zeitgenossen würde schon das Projekt als ein ungeheurer Frevel erscheinen, und bei der Stellung der meisten Elternpersonen zur Analyse muß man derzeit jede Hoffnung auf dessen Durchführung aufgeben. Eine solche Prophylaxe der Nervosität, die wahrscheinlich sehr wirksam sein würde, setzt auch eine ganz andere Verfassung der Gesellschaft voraus. Das Stichwort für die Anwendung der Psychoanalyse auf die Erziehung fällt heute an anderer Stelle. Machen wir uns klar, was die nächste Aufgabe der Erziehung ist. Das Kind soll Triebbeherrschung lernen. Ihm die Freiheit geben, daß es uneingeschränkt allen seinen Impulsen folgt, ist unmöglich. Es wäre ein sehr lehrreiches Experiment für Kinderpsychologen, aber die Eltern könnten dabei nicht leben und die Kinder selbst würden zu großem Schaden kommen, wie es sich zum Teil sofort, zum anderen Teil in späteren Jahren zeigen würde. Die Erziehung muß also hemmen, verbieten, unterdrücken und hat dies auch zu allen Zeiten reichlich besorgt. Aber aus der Analyse haben wir erfahren, daß gerade diese Triebunterdrückung die Gefahr der neurotischen Erkrankung mit sich bringt. Sie erinnern sich, wir haben eingehend untersucht, auf welchen Wegen dies geschieht. Die Erziehung hat also ihren Weg zu suchen zwischen der Scylla des Gewährenlassens und der Charybdis des Versagens. Wenn die Aufgabe nicht überhaupt unlösbar ist, muß ein Optimum für die Erziehung aufzufinden sein, wie sie am meisten leisten und am wenigsten schaden kann. Es wird sich darum handeln zu entscheiden, wieviel man verbieten darf, zu welchen Zeiten und mit welchen Mitteln. Und dann hat man noch in Rechnung zu setzen, daß die Objekte der erziehlichen Beeinflussung sehr verschiedene konstitutionelle Veranlagungen mitbringen, so daß das nämliche Vorgehen des Erziehers unmöglich für alle Kinder gleich gut sein kann. Die nächste Erwägung lehrt, daß die Erziehung bisher ihre Aufgabe sehr schlecht erfüllt und den Kindern großen Schaden zugefügt hat. Wenn sie das Optimum findet und ihre Aufgabe in idealer Weise löst, dann kann sie hoffen, den einen Faktor in der Ätiologie der Erkrankung, den Einfluß der akzidentellen Kindheitstraumen, auszulöschen. Den anderen, die Macht einer unbotmäßigen Triebkonstitution, kann sie auf keinen Fall beseitigen. Überlegt man nun die schwierigen Aufgaben, die dem Erzieher gestellt sind, die konstitutionelle Eigenart des Kindes zu erkennen, aus kleinen Anzeichen zu erraten, was sich in seinem unfertigen Seelenleben abspielt, ihm das richtige Maß von Liebe zuzuteilen und doch ein wirksames Stück Autorität aufrechtzuhalten, so sagt man sich, die einzig zweckmäßige Vorbereitung für den Beruf des Erziehers ist eine gründliche psychoanalytische Schulung. Am besten ist es, wenn er selbst analysiert worden ist, denn ohne Erfahrung an der eigenen Person kann man sich die Analyse doch nicht zu eigen machen. Die Analyse der Lehrer und Erzieher scheint eine wirksamere prophylaktische Maßregel als die der Kinder selbst, auch setzen sich ihrer Durchführung geringere Schwierigkeiten entgegen.

Nur nebenbei sei einer indirekten Förderung der Kindererziehung durch die Analyse gedacht, die mit der Zeit zu größerem Einfluß kommen kann. Eltern, die selbst eine Analyse erfahren haben und ihr viel verdanken, darunter die Einsicht in die Fehler ihrer eigenen Erziehung, werden ihre Kinder mit besserem Verständnis behandeln und ihnen vieles ersparen, was ihnen selbst nicht erspart geblieben war. Parallel mit den Bemühungen der Analytiker um die Beeinflussung der Erziehung laufen andere Untersuchungen über die Entstehung und Verhütung der Verwahrlosung und der Kriminalität. Auch hier öffne ich Ihnen nur die Türe und zeige Ihnen die Gemächer dahinter, führe Sie aber nicht hinein. Ich weiß, wenn Ihr Interesse der Psychoanalyse treu bleibt, werden Sie über diese Dinge viel Neues und Wertvolles hören können. Ich mag aber das Thema der Erziehung nicht verlassen, ohne eines bestimmten Gesichtspunktes zu gedenken. Es ist – und gewiß mit Recht – gesagt worden, jede Erziehung sei eine parteiisch gerichtete, strebe an, daß sich das Kind der bestehenden Gesellschaftsordnung einordne, ohne Rücksicht darauf, wie wertvoll oder wie haltbar diese an sich sei. Wenn man von den Mängeln unserer gegenwärtigen sozialen Einrichtungen überzeugt ist, kann man es nicht rechtfertigen, die psychoanalytisch gerichtete Erziehung noch in ihren Dienst zu stellen. Man muß ihr ein anderes, höheres Ziel setzen, das sich von den herrschenden sozialen Anforderungen frei gemacht hat. Ich meine aber, dies Argument ist hier nicht am Platz. Die Forderung geht über die Funktionsberechtigung der Analyse hinaus. Auch der Arzt, der zur Behandlung einer Pneumonie gerufen wird, hat sich nicht darum zu kümmern, ob der Erkrankte ein braver Mann, ein Selbstmörder oder ein Verbrecher ist, ob er verdient am Leben zu bleiben und ob man es ihm wünschen soll. Auch dies andere Ziel, das man der Erziehung setzen will, wird ein parteiisches sein, und es ist nicht Sache des Analytikers, zwischen Parteien zu entscheiden. Ich sehe ganz ab davon, daß man der Psychoanalyse jeden Einfluß auf die Erziehung verweigern wird, wenn sie sich zu Absichten bekennt, die mit der bestehenden sozialen Ordnung unvereinbar sind.

Die psychoanalytische Erziehung nimmt eine ungebetene Verantwortung auf sich, wenn sie sich vorsetzt, ihren Zögling zum Aufrührer zu modeln. Sie hat das ihrige getan, wenn sie ihn möglichst gesund und leistungsfähig entläßt. In ihr selbst sind genug revolutionäre Momente enthalten, um zu versichern, daß der von ihr Erzogene im späteren Leben sich nicht auf die Seite des Rückschritts und der Unterdrückung stellen wird. Ich meine sogar, revolutionäre Kinder sind in keiner Hinsicht wünschenswert.

Meine Damen und Herren! Ich habe noch vor, Ihnen einige Worte über die Psychoanalyse als Therapie zu sagen. Das Theoretische darüber habe ich schon vor fünfzehn Jahren besprochen und kann es heute auch nicht anders formulieren; die Erfahrung dieser Zwischenzeit soll nun auch zu Worte kommen. Sie wissen, die Psychoanalyse ist als Therapie entstanden, sie ist weit darüber hinausgewachsen, hat aber ihren Mutterboden nicht aufgegeben und ist für ihre Vertiefung und Weiterentwicklung immer noch an den Umgang mit Kranken gebunden. Die gehäuften Eindrücke, aus denen wir unsere Theorien entwickeln, können auf andere Weise nicht gewonnen werden. Die Mißerfolge, die wir als Therapeuten erfahren, stellen uns immer wieder neue Aufgaben, die Anforderungen des realen Lebens sind ein wirksamer Schutz gegen das Überwuchern der Spekulation, die wir in unserer Arbeit doch auch nicht entbehren können. Mit welchen Mitteln die Psychoanalyse den Kranken hilft, wenn sie hilft, und auf welchen Wegen, das haben wir schon vor Zeiten erörtert; heute wollen wir fragen, wieviel sie leistet.

Sie wissen vielleicht, ich war nie ein therapeutischer Enthusiast; es ist keine Gefahr, daß ich diesen Vortrag zu Anpreisungen mißbrauche. Ich sage lieber zu wenig als zu viel. Zur Zeit, als ich noch der einzige Analytiker war, pflegte ich von Personen, die meiner Sache angeblich freundlich gesinnt waren, zu hören: Das ist alles recht schön und geistreich, aber zeigen Sie mir einen Fall, den Sie durch Analyse geheilt haben. Das war eine der vielen Formeln, die einander im Lauf der Zeiten in der Funktion abgelöst haben, die unbequeme Neuheit beiseite zu schieben. Sie ist heute ebenso veraltet wie viele andere – der Stoß von Dankbriefen geheilter Patienten findet sich auch in der Mappe des Analytikers. Dabei macht die Analogie nicht Halt. Die Psychoanalyse ist wirklich eine Therapie wie andere auch. Sie hat ihre Triumphe wie ihre Niederlagen, ihre Schwierigkeiten, Einschränkungen, Indikationen. Zu einer gewissen Zeit lautete eine Anklage gegen die Analyse, sie sei als Therapie nicht ernst zu nehmen, denn sie getraue sich nicht, eine Statistik ihrer Erfolge bekanntzugeben. Seither hat das von *Dr. Max Eitingon* gegründete psychoanalytische Institut in Berlin einen Rechenschaftsbericht über sein erstes Jahrzehnt veröffentlicht. Die Heilerfolge geben weder einen Grund, damit zu prahlen, noch sich ihrer zu schämen. Aber solche Statistiken sind überhaupt nicht lehrreich, das verarbeitete Material ist so heterogen, daß nur sehr große Zahlen etwas besagen würden. Man tut besser, seine Einzelerfahrungen zu befragen. Da möchte ich sagen, ich glaube nicht, daß unsere Heilerfolge es mit denen von *Lourdes* aufnehmen können. Es gibt soviel mehr Menschen, die an die Wunder der heiligen Jungfrau, als die an die Existenz des Unbewußten glauben. Wenden wir uns zur irdischen Konkurrenz, so haben wir die psychoanalytische Therapie mit den anderen Methoden der Psychotherapie zusammenzustellen. Organische physikalische Behandlungen neurotischer Zustände braucht man heute kaum zu erwähnen. Als psychotherapeutisches Verfahren steht die Analyse nicht im Gegensatz zu den anderen Methoden dieses ärztlichen Spezialfachs; sie entwertet sie nicht, schließt sie nicht aus. Es ginge in der Theorie sehr gut zusammen, daß ein Arzt, der sich Psychotherapeut nennen will, die Analyse neben allen anderen Heilmethoden bei seinen Kranken verwendet, je nach der Eigenart des Falles und der Gunst oder Ungunst äußerer Verhältnisse. In der Wirklichkeit ist es die Technik, die die Spezialisierung der ärztlichen Tätigkeit erzwingt. So mußten sich auch Chirurgie und Orthopädie voneinander sondern. Die psychoanalytische Tätigkeit ist schwierig und anspruchsvoll, sie läßt sich nicht gut handhaben wie die Brille, die man beim Lesen aufsetzt und fürs Spazierengehen ablegt. In der Regel hat die Psychoanalyse den Arzt entweder ganz oder gar nicht. Die Psychotherapeuten, die sich gelegentlich auch der Analyse bedienen, stehen nach meiner Kenntnis nicht auf sicherem analytischen Boden; sie haben nicht die ganze Analyse angenommen, sondern sie verwässert, vielleicht »entgiftet«; man kann sie nicht zu den Analytikern zählen. Ich meine, das ist bedauerlich; aber ein Zusammenwirken in der ärztlichen Tätigkeit eines Analytikers mit einem Psychotherapeuten, der sich auf die anderen Methoden des Fachs beschränkt, wäre durchaus zweckmäßig.

Mit den anderen Verfahren der Psychotherapie verglichen, ist die Psychoanalyse das über jeden Zweifel mächtigste. Es ist auch recht und billig so, sie ist auch das mühevollste und zeitraubendste, man wird sie in leichten Fällen nicht anwenden; man kann mit ihr in geeigneten Fällen Störungen beseitigen, Änderungen hervorrufen, auf die man in voranalytischen Zeiten nicht zu hoffen wagte. Aber sie hat auch ihre sehr fühlbaren Schranken. Der therapeutische Ehrgeiz mancher meiner Anhänger hat sich die größte Mühe gegeben, über diese Hindernisse hinwegzukommen, so daß alle neurotischen Störungen durch die Psychoanalyse heilbar würden. Sie haben versucht, die analytische Arbeit in eine verkürzte Dauer zu zwängen, die Übertragung so zu steigern, daß sie allen Widerständen überlegen wird, andere Arten der Beeinflussung mit ihr zu vereinigen, um die Heilung zu erzwingen. Diese Bemühungen sind gewiß lobenswert, aber ich meine, sie sind vergeblich. Sie bringen auch die Gefahr mit sich, daß man selbst aus der Analyse hinausgedrängt wird und in ein uferloses Experimentieren gerät. Die Erwartung, alles Neurotische heilen zu können, ist mir der Abkunft verdächtig von jenem Laienglauben, daß die Neurosen etwas ganz Überflüssiges sind, was überhaupt kein Recht hat zu existieren. In Wahrheit sind sie schwere, konstitutionell fixierte Affektionen, die sich selten auf einige Ausbrüche beschränken, meist über lange Lebensperioden oder das ganze Leben anhalten. Die analytische Erfahrung, daß man sie weitgehend beeinflussen kann, wenn man sich der historischen Krankheitsanlässe und der akzidentellen Hilfsmomente bemächtigt, hat uns veranlaßt, den konstitutionellen Faktor in der therapeutischen Praxis zu vernachlässigen; wir können ihm ja auch nichts anhaben; in der Theorie sollten wir seiner immer gedenken. Schon die durchgängige Unzugänglichkeit der Psychosen für die analytische Therapie sollte bei deren naher Verwandtschaft mit den Neurosen unsere Ansprüche bei diesen letzteren einschränken. Die therapeutische Wirksamkeit der Psychoanalyse bleibt durch eine Reihe von bedeutsamen und kaum angreifbaren Momenten beengt. Beim Kind, wo man auf die größten Erfolge rechnen könnte, sind es die äußerlichen Schwierigkeiten der Elternsituation, die aber doch zum Kindsein gehören. Beim Erwachsenen sind es in erster Linie zwei Momente, das Maß von psychischer Erstarrung und die Krankheitsform mit allem, was sie an tieferen Bestimmungen deckt. Das erste Moment wird mit Unrecht oft übersehen. So groß die Plastizität des seelischen Lebens und die Möglichkeit der Auffrischung alter Zustände auch ist, es läßt sich nicht alles wieder beleben. Manche Veränderungen scheinen endgültig, entsprechen Narbenbildungen nach abgelaufenen Prozessen. Andere Male empfängt man den Eindruck einer allgemeinen Erstarrung des Seelenlebens; die psychischen Vorgänge, die man sehr wohl auf andere Wege weisen könnte, scheinen unfähig, die alten Wege zu verlassen. Aber vielleicht ist das dasselbe wie vorhin, nur anders gesehen. Gar zu häufig glaubt man zu verspüren, daß es der Therapie nur an der erforderlichen Triebkraft fehlt, um die Änderung durchzusetzen. Eine bestimmte Abhängigkeit, eine gewisse Triebkomponente ist zu stark im Vergleich mit den Gegenkräften, die wir mobil machen können. Ganz allgemein ist es so bei den Psychosen. Wir verstehen sie soweit, daß wir wohl wüßten, wo die Hebel anzusetzen wären, aber sie könnten die Last nicht bewegen. Hier knüpft sogar die Zukunftshoffnung an, daß die Kenntnis der Hormonwirkungen – Sie wissen, was das ist – uns die

Mittel leiht, mit den quantitativen Faktoren der Erkrankungen erfolgreich zu ringen, aber heute sind wir davon weit entfernt. Ich verstehe, daß die Unsicherheit in all diesen Verhältnissen einen ständigen Antrieb gibt, die Technik der Analyse und besonders der Übertragung zu vervollkommnen. Besonders der Anfänger in der Analyse wird bei einem Mißerfolg im Zweifel bleiben, ob er die Eigenheiten des Falles oder seine ungeschickte Handhabung des therapeutischen Verfahrens beschuldigen soll. Aber ich sagte schon, ich glaube nicht, daß man durch die Bemühungen nach dieser Richtung viel erreichen kann.

Die andere Einschränkung der analytischen Erfolge wird durch die Krankheitsform gegeben. Sie wissen schon, das Anwendungsgebiet der analytischen Therapie sind die Übertragungsneurosen, Phobien, Hysterien, Zwangsneurosen, außerdem noch Abnormitäten des Charakters, die an Stelle solcher Erkrankungen entwickelt worden sind. Alles, was anders ist, narzißtische, psychotische Zustände, ist mehr oder weniger ungeeignet. Nun wäre es ja durchaus legitim, sich durch sorgfältige Ausschließung solcher Fälle vor Mißerfolgen zu schützen. Die Statistiken der Analyse würden durch diese Vorsicht eine große Aufbesserung erfahren. Ja, aber das hat einen Haken. Unsere Diagnosen erfolgen sehr häufig erst nachträglich, sie sind von der Art wie die Hexenprobe des Schottenkönigs, von der ich bei *Victor Hugo* gelesen habe. Dieser König behauptete, im Besitz einer unfehlbaren Methode zu sein, um eine Hexe zu erkennen. Er ließ sie in einem Kessel kochenden Wassers abbrühen und kostete dann die Suppe. Danach konnte er sagen: das war eine Hexe, oder: nein, das war keine. Ähnlich ist es bei uns, nur daß wir die Geschädigten sind. Wir können den Patienten, der zur Behandlung, oder ebenso den Kandidaten, der zur Ausbildung kommt, nicht beurteilen, ehe wir ihn durch einige Wochen oder Monate analytisch studiert haben. Wir kaufen tatsächlich die Katze im Sack. Der Patient brachte unbestimmte, allgemeine Beschwerden mit, die eine sichere Diagnose nicht gestatteten. Nach dieser Probezeit mag sich herausstellen, daß es ein ungeeigneter Fall ist. Wir schicken dann den Kandidaten weg, versuchen dann beim Patienten noch eine Weile, ob wir ihn nicht in günstigerem Licht sehen können. Der Patient rächt sich dadurch, daß er die Liste unserer Mißerfolge vergrößert, der abgewiesene Kandidat, wenn er ein Paranoider ist, etwa indem er selbst psychoanalytische Bücher verfaßt. Sie sehen, unsere Vorsicht hat uns nichts genützt.

Ich besorge, diese detaillierten Ausführungen gehen über Ihr Interesse hinaus. Aber noch mehr müßte es mir leid tun, wenn Sie meinen sollten, es sei meine Absicht, Ihre Achtung vor der Psychoanalyse als Therapie herabzusetzen. Vielleicht habe ich es wirklich ungeschickt angefangen; ich wollte nämlich das Gegenteil, die therapeutischen Beschränkungen der Analyse durch den Hinweis auf deren Unvermeidlichkeit entschuldigen. In derselben Absicht wende ich mich zu einem anderen Punkt, zum Vorwurf, daß die analytische Behandlung unverhältnismäßig lange Zeiten in Anspruch nimmt. Darauf ist zu sagen, psychische Veränderungen vollziehen sich eben nur langsam; wenn sie rasch, plötzlich, eintreten, ist es ein übles Zeichen. Es ist wahr, die Behandlung einer schwereren Neurose zieht sich leicht über mehrere Jahre, aber legen Sie sich im Fall des Erfolgs die Frage vor, wie lange das Leiden gedauert hätte. Wahrscheinlich ein Dezennium für jedes Jahr Behandlung, das heißt das Kranksein wäre, wie wir es so oft an unbehandelten Kranken sehen, überhaupt nie erloschen. In manchen Fällen haben wir Grund, eine Analyse nach vielen Jahren wieder aufzunehmen, das Leben hatte auf neue Anlässe neue krankhafte Reaktionen entwickelt, in der Zwischenzeit war unser Patient gesund gewesen. Die erste Analyse hatte eben nicht alle seine pathologischen Dispositionen zum Vorschein gebracht, und es war natürlich, daß die Analyse eingestellt wurde, nachdem der Erfolg erreicht war. Es gibt auch schwer benachteiligte Menschen, die man ihr ganzes Leben über in analytischer Obhut hält und von Zeit zu Zeit wieder in Analyse nimmt, aber diese Personen wären sonst überhaupt nicht existenzfähig, und man muß froh sein, daß man sie mit dieser fraktionierten und rekurrierenden Behandlung aufrecht halten kann. Auch die Analyse von Charakterstörungen nimmt lange Behandlungszeiten in Anspruch, aber sie ist oft erfolgreich, und kennen Sie eine andere Therapie, mit der man diese Aufgabe auch nur in Angriff nehmen könnte? Therapeutischer Ehrgeiz mag sich durch diese Angaben unbefriedigt fühlen, allein wir haben am Beispiel der Tuberkulose und des Lupus gelernt, daß man Erfolg erst haben kann, wenn man die Therapie den Charakteren des Leidens angepaßt hat.

Ich sagte Ihnen, die Psychoanalyse begann als eine Therapie, aber nicht als Therapie wollte ich sie Ihrem Interesse empfehlen, sondern wegen ihres Wahrheitsgehalts, wegen der Aufschlüsse, die sie uns gibt über das, was dem Menschen am nächsten geht, sein eigenes Wesen, und wegen der Zusammenhänge, die sie zwischen den verschiedensten seiner Betätigungen aufdeckt. Als Therapie ist sie eine unter vielen, freilich eine *prima inter pares*. Wenn sie nicht ihren therapeutischen Wert hätte, wäre sie nicht an Kranken gefunden und durch mehr als dreißig Jahre entwickelt worden.

35. Vorlesung

ÜBER EINE WELTANSCHAUUNG

Meine Damen und Herren! Bei unserem letzten Beisammensein haben wir uns mit kleinen Alltagssorgen beschäftigt, gleichsam unser bescheidenes eigenes Haus bestellt. Nun wollen wir einen kühnen Anlauf nehmen und uns an die Beantwortung einer Frage wagen, die wiederholt von anderer Seite gestellt worden ist, ob die Psychoanalyse zu einer bestimmten Weltanschauung führt und zu welcher.

Weltanschauung ist, besorge ich, ein spezifisch deutscher Begriff, dessen Übersetzung in fremde Sprachen Schwierigkeiten machen dürfte. Wenn ich eine Definition davon versuche, wird sie Ihnen gewiß ungeschickt erscheinen. Ich meine also, eine Weltanschauung ist eine intellektuelle Konstruktion, die alle Probleme unseres Daseins aus einer übergeordneten Annahme einheitlich löst, in der demnach keine Frage offen bleibt und alles, was unser Interesse hat, seinen bestimmten Platz findet. Es ist leicht zu verstehen, daß der Besitz einer solchen Weltanschauung zu den Idealwünschen der Menschen gehört. Im Glauben an sie kann man sich im Leben sicher fühlen, wissen, was man anstreben soll, wie man seine Affekte und Interessen am zweckmäßigsten unterbringen kann.

Wenn das der Charakter einer Weltanschauung ist, so wird die Antwort für die Psychoanalyse leicht. Als eine Spezialwissenschaft, ein Zweig der Psychologie, – Tiefenpsychologie oder Psychologie des Unbewußten, – ist sie ganz ungeeignet, eine eigene Weltanschauung zu bilden, sie muß die der Wissenschaft annehmen. Die wissenschaftliche Weltanschauung entfernt sich aber bereits merklich von unserer Definition. Die *Einheitlichkeit* der Welterklärung wird zwar auch von ihr angenommen, aber nur als ein Programm, dessen Erfüllung in die Zukunft verschoben ist. Sonst ist sie durch negative Charaktere ausgezeichnet, durch die Einschränkung auf das derzeit Wißbare und die scharfe Ablehnung gewisser, ihr fremder Elemente. Sie behauptet, daß es keine andere Quelle der Weltkenntnis gibt als die intellektuelle Bearbeitung sorgfältig überprüfter Beobachtungen, also was man Forschung heißt, daneben keine Kenntnis aus Offenbarung, Intuition oder Divination. Es scheint, daß diese Auffassung in den letztvergangenen Jahrhunderten der allgemeinen Anerkennung sehr nahe war. Unserem Jahrhundert blieb es vorbehalten, den überheblichen Einwand zu finden, eine solche Weltanschauung sei ebenso armselig wie trostlos, übersehe die Ansprüche des Menschengeistes und die Bedürfnisse der menschlichen Seele.

Man kann diesen Einwand nicht energisch genug zurückweisen. Er ist ganz haltlos, denn Geist und Seele sind in genau der nämlichen Weise Objekte der wissenschaftlichen Forschung wie irgendwelche menschenfremden Dinge. Die Psychoanalyse hat ein besonderes Anrecht, hier das Wort für die wissenschaftliche Weltanschauung zu führen, weil man ihr nicht den Vorwurf machen kann, daß sie das Seelische im Weltbild vernachlässigt habe. Ihr Beitrag zur Wissenschaft besteht gerade in der Ausdehnung der Forschung auf das seelische Gebiet. Ohne eine solche Psychologie wäre allerdings die Wissenschaft sehr unvollständig. Nimmt man aber die Erforschung der intellektuellen und emotionellen Funktionen des Menschen (und der Tiere) in die Wissenschaft auf, so zeigt sich, daß an der Gesamteinstellung der Wissenschaft nichts geändert wird, es ergeben sich keine neuen Quellen des Wissens oder Methoden des Forschens. Intuition und Divination wären solche, wenn sie existierten, aber man darf sie beruhigt zu den Illusionen rechnen, den Erfüllungen von Wunschregungen. Man erkennt auch leicht, daß jene Anforderungen an eine Weltanschauung nur affektiv begründet sind. Die Wissenschaft nimmt zur Kenntnis, daß das menschliche Seelenleben solche Forderungen erschafft, ist bereit, deren Quellen nachzuprüfen, hat aber nicht den geringsten Anlaß, sie als berechtigt anzuerkennen. Sie sieht sich im Gegenteil gemahnt, alles, was Illusion, Ergebnis solcher Affektforderung ist, sorgfältig vom Wissen zu scheiden.

Das bedeutet keineswegs, diese Wünsche verächtlich bei Seite zu schieben oder ihren Wert fürs Menschenleben zu unterschätzen. Man ist bereit zu verfolgen, welche Erfüllungen dieselben sich in den Leistungen der Kunst, in den Systemen der Religion und der Philosophie geschaffen haben, aber man kann doch nicht übersehen, daß es unrechtmäßig und in hohem Grade unzweckmäßig wäre, die Übertragung dieser Ansprüche auf das Gebiet der Erkenntnis zuzulassen. Denn damit öffnet man die Wege, die ins Reich der Psychose, sei es der individuellen oder der Massenpsychose, führen, und entzieht jenen Strebungen wertvolle Energien, die sich der Wirklichkeit zuwenden, um, soweit es möglich ist, Wünsche und Bedürfnisse in ihr zu befriedigen.

Vom Standpunkt der Wissenschaft aus ist es unvermeidlich, hier Kritik zu üben und mit Ablehnungen und Zurückweisungen vorzugehen. Es ist unzulässig zu sagen, die Wissenschaft ist ein Gebiet menschlicher Geistestätigkeit, Religion und Philosophie sind andere, ihr zum mindesten gleichwertig, und die Wissenschaft hat diesen beiden nichts dareinzureden; sie haben alle gleichen Anspruch auf Wahrheit und jedem Menschen steht es frei zu wählen, woher er seine Überzeugung nehmen und wohin er seinen Glauben verlegen will. Eine solche Anschauung gilt als besonders vornehm, tolerant, umfassend und frei von engherzigen Vorurteilen. Leider ist sie nicht haltbar, sie hat Anteil an allen Schädlichkeiten einer ganz unwissenschaftlichen Weltanschauung und kommt ihr praktisch gleich. Es ist nun einmal so, daß die Wahrheit nicht tolerant sein kann, keine Kompromisse und Einschränkungen zuläßt, daß die Forschung alle Gebiete menschlicher Tätigkeit als ihr eigen betrachtet und unerbittlich kritisch werden muß, wenn eine andere Macht ein Stück davon für sich beschlagnahmen will.

Von den drei Mächten, die der Wissenschaft Grund und Boden bestreiten können, ist die Religion allein der ernsthafte Feind. Die Kunst ist fast immer harmlos und wohltätig, sie will nichts anderes sein als Illusion. Außer bei wenigen Personen, die, wie man sagt, von der Kunst besessen sind, wagt sie keine Übergriffe ins Reich der Realität. Die Philosophie ist der Wissenschaft nicht gegensätzlich, sie gebärdet sich selbst wie eine Wissenschaft, arbeitet zum Teil mit den gleichen Methoden, entfernt sich aber von ihr, indem sie an der Illusion festhält, ein lückenloses und zusammenhängendes Weltbild liefern zu können, das doch bei jedem neuen Fortschritt unseres Wissens zusammenbrechen muß. Methodisch geht sie darin irre, daß sie den Erkenntniswert unserer logischen Operationen überschätzt und etwa noch andere Wissensquellen wie die Intuition anerkennt. Und oft genug meint man, der Spott des Dichters *(H. Heine)* sei nicht unberechtigt, wenn er vom Philosophen sagt:

> »Mit seinen Nachtmützen und Schlafrockfetzen
> Stopft er die Lücken des Weltenbaus.«

Aber die Philosophie hat keinen unmittelbaren Einfluß auf die große Menge von Menschen, sie ist das Interesse einer geringen Anzahl selbst von der dünnen Oberschicht der Intellektuellen, für alle anderen kaum faßbar. Dahingegen ist die Religion eine ungeheure Macht, die über die stärksten Emotionen der Menschen verfügt. Es ist bekannt, daß sie früher einmal alles umfaßte, was als Geistigkeit im Menschenleben eine Rolle spielt, daß sie die Stelle der Wissenschaft einnahm, als es noch kaum eine Wissenschaft gab, und daß sie eine Weltanschauung von unvergleichlicher Folgerichtigkeit und Geschlossenheit geschaffen hat, die, wiewohl erschüttert, heute noch fortbesteht.

Will man sich vom großartigen Wesen der Religion Rechenschaft geben, so muß man sich vorhalten, was sie den Menschen zu leisten unternimmt. Sie gibt ihnen Aufschluß über Herkunft und Entstehung der Welt, sie versichert ihnen Schutz und endliches Glück in den Wechselfällen des Lebens und sie lenkt ihre Gesinnungen und Handlungen durch Vorschriften, die sie mit ihrer ganzen Autorität vertritt. Sie erfüllt also drei Funktionen. In der ersten befriedigt sie die menschliche Wißbegierde, tut dasselbe, was mit ihren Mitteln die Wissenschaft versucht, und tritt hier in Rivalität mit ihr. Ihrer zweiten Funktion verdankt sie wohl den größten Anteil ihres Einflusses. Wenn sie die Angst der Menschen vor den Gefahren und Wechselfällen des Lebens beschwichtigt, sie des guten Ausganges versichert, ihnen Trost im Unglück spendet, kann die Wissenschaft es nicht mit ihr aufnehmen. Diese lehrt zwar, wie man gewisse Gefahren vermeiden, manche Leiden erfolgreich bekämpfen kann; es wäre sehr unrecht zu bestreiten, daß sie den Menschen eine mächtige Helferin ist, aber in vielen Lagen muß sie den Menschen seinem Leid überlassen und weiß ihm nur zur Unterwerfung zu raten. In ihrer dritten Funktion, wenn sie Vorschriften gibt, Verbote und Einschränkungen erläßt, entfernt sie sich von der Wissenschaft am meisten. Denn diese begnügt sich damit, zu untersuchen und festzustellen. Aus ihren Anwendungen leiten sich allerdings Regeln und Ratschläge für das Verhalten im Leben ab. Unter Umständen sind es dieselben, die von der Religion geboten werden, aber dann mit anderer Begründung.

Das Zusammentreffen dieser drei Inhalte der Religion ist nicht ganz durchsichtig. Was soll die Aufklärung über die Entstehung der Welt mit der Einschärfung bestimmter ethischer Vorschriften zu tun haben? Die Zusicherungen von Schutz und Beglückung sind mit den ethischen Anforderungen inniger verknüpft. Sie sind der Lohn für die Erfüllung dieser Gebote; nur wer sich ihnen fügt, darf auf diese Wohltaten rechnen, auf den Ungehorsamen warten Strafen. Übrigens gibt es bei der Wissenschaft etwas Ähnliches. Wer ihre Anwendungen mißachtet, meint sie, setzt sich Schädigungen aus.

Man versteht das merkwürdige Zusammensein von Belehrung, Tröstung und Anforderung in der Religion erst, wenn man diese einer genetischen Analyse unterzieht. Diese darf von dem auffälligsten Punkt des Ensembles, von der Belehrung über die Weltentstehung ausgehen, denn warum sollte eine Kosmogonie ein regelmäßiger Bestandteil des religiösen Systems sein? Die Lehre ist also, daß die Welt von einem menschenähnlichen, aber in allen Stücken, Macht, Weisheit, Stärke der Leidenschaft vergrößerten Wesen, einem idealisierten Übermenschen geschaffen wurde. Tiere als Weltschöpfer weisen auf den Einfluß des Totemismus hin, den wir später wenigstens mit einer Bemerkung streifen werden. Es ist interessant, daß dieser Weltschöpfer immer nur einer ist, auch wo an viele Götter geglaubt wird. Ebenso, daß es zumeist ein Mann ist, obwohl es keineswegs an Andeutungen weiblicher Gottheiten fehlt und manche Mythologien die Weltschöpfung gerade damit beginnen lassen, daß ein Manngott eine weibliche Gottheit, die zum Ungeheuer erniedrigt ist, beseitigt. Die interessantesten Einzelprobleme schließen hier an, aber wir müssen eilen. Der weitere Weg ist uns leicht kenntlich gemacht, indem dieser Gott-Schöpfer direkt Vater geheißen wird. Die Psychoanalyse schließt, es ist wirklich der Vater, so großartig, wie er einmal dem kleinen Kind erschienen war. Der religiöse Mensch stellt sich die Schöpfung der Welt so vor wie seine eigene Entstehung.

Dann erklärt sich leicht, wie die tröstlichen Versicherungen und die strengen ethischen Forderungen mit der Kosmogonie zusammenkommen. Denn dieselbe Person, der das Kind seine Existenz verdankt, der Vater (richtiger wohl, die aus Vater und Mutter zusammengesetzte Elterninstanz) hat auch das schwache, hilflose, allen in der Außenwelt lauernden Gefahren ausgesetzte Kind beschützt und bewacht; in seiner Obhut hat es sich sicher gefühlt. Selbst erwachsen geworden, weiß sich der Mensch zwar im Besitz größerer Kräfte, aber auch seine Einsicht in die Gefahren des Lebens hat zugenommen, und er schließt mit Recht, daß er im Grunde noch ebenso hilflos und ungeschützt geblieben ist wie in der Kindheit, daß er der Welt gegenüber noch immer Kind ist. Er mag also auch jetzt nicht auf den Schutz verzichten, den er als Kind genossen hat. Längst hat er aber auch erkannt, daß sein Vater ein in seiner Macht eng beschränktes, nicht mit allen Vorzügen ausgestattetes Wesen ist. Darum greift er auf das Erinnerungsbild des von ihm so überschätzten Vaters der Kinderzeit zurück, erhebt es zur Gottheit und rückt es in die Gegenwart und in die Realität. Die affektive Stärke dieses Erinnerungsbildes und die Fortdauer seiner Schutzbedürftigkeit tragen miteinander seinen Glauben an Gott.

Auch der dritte Hauptpunkt des religiösen Programms, die ethische Forderung, fügt sich ungezwungen in diese Kindheitssituation ein. Ich erinnere Sie an den berühmten Ausspruch *Kants*, der den gestirnten Himmel und das Sittengesetz in unserer Brust in einem Atem nennt. So befremdend diese Zusammenstellung klingt, – denn was mögen die Himmelskörper mit der Frage zu tun haben, ob ein Menschenkind ein anderes liebt oder totschlägt? – so streift sie doch an eine große psychologische Wahrheit. Derselbe Vater (die Elterninstanz), der dem Kind das Leben gegeben und es vor den Gefahren desselben behütet hat, belehrte es auch, was es tun darf und was es unterlassen soll, wies es an, sich bestimmte Einschränkungen seiner Triebwünsche gefallen zu lassen, ließ es wissen, welche Rücksichten auf Eltern und Geschwister von ihm erwartet werden, wenn es ein geduldetes und gerngesehenes Mitglied des Familienkreises und später größerer Verbände werden will. Durch ein System von Liebesprämien und Strafen wird das Kind zur Kenntnis seiner sozialen Pflichten erzogen, wird es belehrt, daß seine Lebenssicherheit davon abhängt, daß die Eltern und dann auch die Anderen es lieben und an seine Liebe zu ihnen glauben können. Alle diese Verhältnisse trägt dann der Mensch unverändert in die

Religion ein. Die Verbote und Forderungen der Eltern leben als sittliches Gewissen in seiner Brust weiter; mit Hilfe desselben Systems von Lohn und Strafe regiert Gott die Menschenwelt, von der Erfüllung der ethischen Forderungen hängt es ab, welches Maß von Schutz und Glücksbefriedigung dem Einzelnen zugewiesen wird; in der Liebe zu Gott und im Bewußtsein, von ihm geliebt zu werden, ist die Sicherheit begründet, mit der man sich gegen die Gefahren der Außenwelt wie der menschlichen Mitwelt wappnet. Endlich hat man sich im Gebet einen direkten Einfluß auf den göttlichen Willen und damit einen Anteil an der göttlichen Allmacht gesichert.

Ich weiß, während Sie mir zuhörten, haben sich Ihnen zahlreiche Fragestellungen aufgedrängt, auf die Sie gerne die Antwort hören möchten. Ich kann es hier und heute nicht unternehmen, aber ich bin zuversichtlich, daß keine dieser Detailuntersuchungen unseren Satz erschüttern würde, die religiöse Weltanschauung sei durch die Situation unserer Kindheit determiniert. Um so merkwürdiger dann, daß sie trotz ihres infantilen Charakters doch einen Vorläufer hat. Es gab ohne Zweifel eine Zeit ohne Religion, ohne Götter. Man heißt sie den Animismus. Die Welt war auch damals voll von menschenähnlichen geistigen Wesen, Dämonen nennen wir sie, alle Objekte der Außenwelt waren der Sitz von ihnen oder vielleicht identisch mit ihnen, aber es gab keine Übermacht, die sie alle erschaffen hatte und auch weiter beherrschte und an die man sich um Schutz und Abhilfe wenden konnte. Die Dämonen des Animismus waren den Menschen zumeist feindlich gesinnt, aber es scheint, daß der Mensch sich damals mehr zutraute als später. Er litt gewiß beständig unter schwerster Angst vor diesen bösen Geistern, aber er erwehrte sich ihrer durch bestimmte Handlungen, denen er die Kraft zuschrieb, sie zu verjagen. Auch hielt er sich sonst nicht für machtlos. Wenn er an die Natur einen Wunsch zu stellen hatte, z. B. Regen wollte, so richtete er nicht ein Gebet an den Wettergott, sondern er übte einen Zauber, von dem er eine direkte Beeinflussung der Natur erwartete, machte selbst etwas dem Regen ähnliches. Im Kampf gegen die Mächte der Umwelt war seine erste Waffe die *Magie,* die erste Vorläuferin unserer heutigen Technik. Wir nehmen an, daß das Vertrauen in die Magie sich von der Überschätzung der eigenen intellektuellen Operationen ableitet, von dem Glauben an die »Allmacht der Gedanken«, den wir übrigens bei unseren Zwangsneurotikern wiederfinden. Wir könnten uns vorstellen, daß die Menschen jener Zeit besonders stolz auf ihre Erwerbungen in der Sprache waren, mit denen eine große Erleichterung des Denkens einhergehen mußte. Sie verliehen dem Wort Zauberkraft. Dieser Zug wurde später von der Religion übernommen. »Und Gott sprach: es werde Licht, und es ward Licht.«

Übrigens zeigt die Tatsache der magischen Handlungen, daß der animistische Mensch sich nicht einfach auf die Kraft seiner Wünsche verließ. Er erwartete den Erfolg vielmehr von der Ausführung eines Aktes, der die Natur zur Nachahmung veranlassen sollte. Wenn er Regen wollte, schüttete er selbst Wasser aus; wenn er den Boden zur Fruchtbarkeit anregen wollte, gab er ihm das Schauspiel eines Geschlechtsverkehrs auf dem Felde.
Sie wissen, wie schwer etwas untergeht, was sich einmal psychischen Ausdruck verschafft hat. Sie werden also nicht überrascht sein zu hören, daß viele Äußerungen des Animismus sich bis auf den heutigen Tag erhalten haben, meist als sogenannter Aberglaube, neben und hinter der Religion. Aber mehr noch, Sie werden das Urteil kaum abweisen können, daß unsere Philosophie wesentliche Züge der animistischen Denkweise bewahrt hat, die Überschätzung des Wortzaubers, den Glauben, daß die realen Vorgänge in der Welt die Wege gehen, die unser Denken ihnen anweisen will. Es wäre freilich ein Animismus ohne magische Handlungen. Anderseits dürfen wir erwarten, daß es schon in jenem Zeitalter irgendeine Art von Ethik gegeben hat, Vorschriften für den Verkehr der Menschen untereinander, aber nichts spricht dafür, daß sie inniger an den animistischen Glauben geknüpft waren. Wahrscheinlich waren sie der unmittelbare Ausdruck der Machtverhältnisse und praktischen Bedürfnisse.
Was den Übergang vom Animismus zur Religion erzwungen hat, wäre sehr wissenswert, aber Sie können sich vorstellen, welches Dunkel heute noch diese Urzeiten der Entwicklungsgeschichte des Menschengeistes verhüllt. Es scheint Tatsache, daß die erste Erscheinungsform der Religion der merkwürdige Totemismus war, die Tierverehrung, in dessen Gefolge auch die ersten ethischen Gebote, die Tabus, auftraten. Ich habe seinerzeit in einem Buche »Totem und Tabu« eine Vermutung ausgearbeitet, die diese Wandlung auf einen Umsturz in den Verhältnissen der menschlichen Familie zurückführt. Die Hauptleistung der Religion im Vergleich zum Animismus liegt in der psychischen Bindung der Dämonenangst. Doch hat sich als Überlebsel der Vorzeit der böse Geist eine Stelle im System der Religion gewahrt.
Ist dies die Vorgeschichte der religiösen Weltanschauung, so wenden wir uns jetzt zu dem, was seither geschehen und noch unter unseren Augen vor sich geht. Der wissenschaftliche Geist, an der Beobachtung der Naturvorgänge erstarkt, hat im Laufe der Zeiten begonnen, die Religion wie eine menschliche Angelegenheit zu behandeln und sie einer kritischen Prüfung zu unterziehen. Der konnte sie nicht standhalten. Es waren zunächst ihre Wunderberichte, die Befremden und Unglauben hervorriefen, weil sie allem widersprachen, was die nüchterne Beobachtung gelehrt hatte, und

überdeutlich den Einfluß menschlicher Phantasietätigkeit verrieten. Dann mußten ihre Lehren zur Erklärung der bestehenden Welt Ablehnung finden, denn sie zeugten von einer Unwissenheit, die den Stempel alter Zeiten an sich trug und der man sich dank gesteigerter Vertrautheit mit den Naturgesetzen überlegen wußte. Daß die Welt durch Zeugungs- oder Schöpfungsakte entstanden sein sollte, analog der Entstehung des einzelnen Menschen, erschien nicht mehr als die nächste, selbstverständliche Annahme, seitdem sich dem Denken die Unterscheidung von belebten und seelenvollen Wesen und einer unbelebten Natur aufgedrängt hatte, mit der das Festhalten am ursprünglichen Animismus unmöglich wurde. Nicht zu übersehen ist auch der Einfluß des vergleichenden Studiums verschiedener religiöser Systeme und der Eindruck ihrer gegenseitigen Ausschließung und ihrer Intoleranz gegeneinander.

An diesen Vorübungen erstarkt, hat der wissenschaftliche Geist endlich den Mut gewonnen, sich an die Prüfung der bedeutsamsten und affektiv wertvollsten Stücke der religiösen Weltanschauung zu wagen. Man hätte es immer sehen können, aber man getraute sich erst spät, es auszusprechen, daß auch die Behauptungen der Religion, die dem Menschen Schutz und Glück versprechen, wenn er nur gewisse ethische Anforderungen erfüllt, sich als unglaubwürdig erweisen. Es scheint nicht zuzutreffen, daß es eine Macht im Weltall gibt, die mit elterlicher Sorgfalt über das Wohlergehen des Einzelnen wacht und alles, was ihn betrifft, zu glücklichem Ende leitet. Vielmehr sind die Schicksale der Menschen weder mit der Annahme der Weltgüte noch mit der – ihr zum Teil widersprechenden – einer Weltgerechtigkeit zu vereinen. Erdbeben, Sturmfluten, Feuersbrünste machen keinen Unterschied zwischen dem Guten und Frommen und dem Bösewicht oder dem Ungläubigen. Auch wo nicht die unbelebte Natur in Betracht kommt und insoferne das Schicksal des einzelnen Menschen von seinen Beziehungen zu den anderen Menschen abhängt, ist es keineswegs die Regel, daß die Tugend belohnt wird und das Böse seine Strafe findet, sondern oft genug reißt der Gewalttätige, Schlaue, Rücksichtslose die beneideten Güter der Welt an sich, und der Fromme geht leer aus. Dunkle, fühllose und lieblose Mächte bestimmen das menschliche Schicksal; das System von Belohnungen und Strafen, dem die Religion die Weltherrschaft zugeschrieben hat, scheint nicht zu existieren. Hier ist wiederum ein Anlaß, ein Stück der Beseelung, das sich aus dem Animismus in die Religion gerettet hatte, fallenzulassen.

Den letzten Beitrag zur Kritik der religiösen Weltanschauung hat die Psychoanalyse geleistet, indem sie auf den Ursprung der Religion aus der kindlichen Hilflosigkeit hinwies und ihre Inhalte aus den ins reife Leben fortgesetzten Wünschen und Bedürfnissen der

Kinderzeit ableitete. Das bedeutete nicht gerade eine Widerlegung der Religion, aber es war doch eine notwendige Abrundung unseres Wissens um sie und wenigstens in einem Punkt ein Widerspruch, da sie selbst göttliche Abkunft für sich in Anspruch nimmt. Freilich hat sie damit nicht unrecht, wenn man unsere Deutung Gottes annimmt.

Das zusammenfassende Urteil der Wissenschaft über die religiöse Weltanschauung lautet also: Während die einzelnen Religionen miteinander hadern, welche von ihnen im Besitz der Wahrheit sei, meinen wir, daß der Wahrheitsgehalt der Religion überhaupt vernachlässigt werden darf. Religion ist ein Versuch, die Sinneswelt, in die wir gestellt sind, mittels der Wunschwelt zu bewältigen, die wir infolge biologischer und psychologischer Notwendigkeiten in uns entwickelt haben. Aber sie kann es nicht leisten. Ihre Lehren tragen das Gepräge der Zeiten, in denen sie entstanden sind, der unwissenden Kinderzeiten der Menschheit. Ihre Tröstungen verdienen kein Vertrauen. Die Erfahrung lehrt uns: Die Welt ist keine Kinderstube. Die ethischen Forderungen, denen die Religion Nachdruck verleihen will, verlangen vielmehr eine andere Begründung, denn sie sind der menschlichen Gesellschaft unentbehrlich und es ist gefährlich, ihre Befolgung an die religiöse Gläubigkeit zu knüpfen. Versucht man, die Religion in den Entwicklungsgang der Menschheit einzureihen, so erscheint sie nicht als ein Dauererwerb, sondern als ein Gegenstück der Neurose, die der einzelne Kulturmensch auf seinem Wege von der Kindheit zur Reife durchzumachen hat.

Es steht Ihnen natürlich frei, an dieser meiner Darstellung Kritik zu üben; ich werde Ihnen dabei selbst entgegenkommen. Was ich Ihnen über die allmähliche Abbröckelung der religiösen Weltanschauung gesagt habe, war gewiß in seiner Verkürzung unvollständig; die Reihenfolge der einzelnen Vorgänge war nicht ganz richtig angegeben, das Zusammenwirken verschiedener Kräfte beim Erwachen des wissenschaftlichen Geistes wurde nicht verfolgt. Ich habe auch die Veränderungen außer acht gelassen, die sich in der religiösen Weltanschauung selbst während der Zeit ihrer unbestrittenen Herrschaft und dann unter dem Einfluß der erwachenden Kritik vollzogen haben. Endlich habe ich meine Erörterung streng genommen auf eine einzige Gestaltung der Religion, die der abendländischen Völker, eingeschränkt. Ich habe mir sozusagen ein Phantom geschaffen zum Zweck einer beschleunigten, möglichst eindrucksvollen Demonstration. Lassen wir die Frage beiseite, ob mein Wissen überhaupt hingereicht hätte, es besser und vollständiger zu machen. Ich weiß, alles, was ich Ihnen gesagt habe, können Sie anderswo finden, besser finden, nichts davon ist neu. Lassen Sie mich die Überzeugung aussprechen, daß die sorgfältigste Bearbei-

tung des Stoffs der Religionsprobleme unser Ergebnis nicht erschüttern würde.
Sie wissen, daß der Kampf des wissenschaftlichen Geistes gegen die religiöse Weltanschauung nicht zu Ende gekommen ist, er spielt sich noch in der Gegenwart unter unseren Augen ab. So wenig sonst die Psychoanalyse von der Waffe der Polemik Gebrauch macht, so wollen wir es uns doch nicht versagen, in diesen Streit Einsicht zu nehmen. Wir erreichen dabei vielleicht eine weitere Klärung unserer Stellung zu den Weltanschauungen. Sie werden sehen, wie leicht sich einige der Argumente, die die Anhänger der Religion vorbringen, zurückweisen lassen: andere mögen sich allerdings der Widerlegung entziehen.
Die erste Einwendung, die man hört, lautet, es sei eine Vermessenheit der Wissenschaft, die Religion zum Gegenstand ihrer Untersuchungen zu nehmen, denn diese sei etwas Souveränes, jeder menschlichen Verstandestätigkeit Überlegenes, dem man mit klügelnder Kritik nicht nahekommen darf. Mit anderen Worten, die Wissenschaft ist zur Beurteilung der Religion nicht zuständig. Sie sei sonst ganz brauchbar und schätzenswert, solange sie sich auf ihr Gebiet beschränkt, aber die Religion sei nicht ihr Gebiet, da habe sie nichts zu suchen. Läßt man sich durch diese barsche Abweisung nicht abhalten und fragt weiter, worauf sich dieser Anspruch auf eine Ausnahmestellung unter allen menschlichen Angelegenheiten gründet, so erhält man zur Antwort, wenn man überhaupt einer Antwort gewürdigt wird, die Religion darf nicht mit menschlichem Maß gemessen werden, denn sie ist göttlicher Herkunft, uns durch Offenbarung von einem Geist gegeben, den der Menschengeist nicht zu begreifen vermag. Man sollte meinen, nichts sei leichter abzuweisen als dieses Argument, es ist doch eine offenkundige *petitio principii*, ein *begging the question*, ich weiß keinen guten Ausdruck dafür im Deutschen. Es wird eben in Frage gestellt, ob es einen göttlichen Geist und seine Offenbarung gibt, und da ist es sicherlich keine Entscheidung, wenn gesagt wird, das könne man nicht fragen, denn die Gottheit darf nicht in Frage gestellt werden. Es ist hier wie gelegentlich in der analytischen Arbeit. Wenn ein sonst verständiger Patient eine bestimmte Zumutung mit einer besonders dummen Begründung zurückweist, so verbürgt diese logische Schwäche die Existenz eines besonders starken Motivs zum Widerspruch, das nur affektiver Natur, eine Gefühlsbindung sein kann.
Man kann auch eine andere Antwort erhalten, in der ein solches Motiv offen eingestanden wird. Die Religion darf nicht kritisch geprüft werden, weil sie das Höchste, Wertvollste, Erhabenste ist, was der menschliche Geist hervorgebracht hat, weil sie den tiefsten Gefühlen Ausdruck gibt, allein die Welt erträglich und das Leben

menschenwürdig macht. Darauf braucht man nicht zu antworten, indem man die Einschätzung der Religion bestreitet, sondern indem man die Aufmerksamkeit auf einen anderen Sachverhalt richtet. Man betont, daß es sich gar nicht um einen Übergriff des wissenschaftlichen Geistes auf das Gebiet der Religion handelt, sondern im Gegenteil um einen Übergriff der Religion auf die Sphäre des wissenschaftlichen Denkens. Was immer Wert und Bedeutung der Religion sein mögen, sie hat kein Recht, das Denken irgendwie zu beschränken, also auch nicht das Recht, sich selbst von der Anwendung des Denkens auszunehmen.

Das wissenschaftliche Denken ist in seinem Wesen nicht verschieden von der normalen Denktätigkeit, die wir alle, Gläubige wie Ungläubige, bei der Besorgung unserer Angelegenheiten im Leben verwenden. Es hat sich nur in einigen Zügen besonders gestaltet, es interessiert sich auch für Dinge, die keinen unmittelbaren, greifbaren Nutzen haben, es bemüht sich, individuelle Faktoren und affektive Beeinflussungen sorgfältig fernzuhalten, prüft die Sinneswahrnehmungen, auf die es seine Schlüsse baut, strenger auf ihre Zuverlässigkeit, schafft sich neue Wahrnehmungen, die mit den Mitteln des Alltags nicht zu erreichen sind, und isoliert die Bedingungen dieser Neuerfahrungen in absichtlich variierten Versuchen. Sein Bestreben ist, die Übereinstimmung mit der Realität zu erreichen, d. h. mit dem, was außerhalb von uns, unabhängig von uns besteht und, wie uns die Erfahrung gelehrt hat, für die Erfüllung oder Vereitelung unserer Wünsche maßgebend ist. Diese Übereinstimmung mit der realen Außenwelt heißen wir Wahrheit. Sie bleibt das Ziel der wissenschaftlichen Arbeit, auch wenn wir deren praktischen Wert außer Augen lassen. Wenn also die Religion behauptet, daß sie die Wissenschaft ersetzen kann, daß sie darum, weil sie wohltuend und erhebend ist, auch wahr sein muß, so ist das in der Tat ein Übergriff, den man im allgemeinsten Interesse zurückweisen sollte. Es ist eine starke Zumutung an den Menschen, der gelernt hat, seine gewöhnlichen Geschäfte nach den Regeln der Erfahrung und unter Rücksicht auf die Realität zu führen, daß er die Besorgung gerade seiner intimsten Interessen einer Instanz übertragen sollte, die die Befreiung von den Vorschriften des rationellen Denkens als ihr Vorrecht in Anspruch nimmt. Und was den Schutz betrifft, den die Religion ihren Gläubigen verspricht, so meine ich, niemand von uns würde auch nur in ein Automobil einsteigen wollen, dessen Lenker erklärt, er fahre unbeirrt durch die Regeln des Straßenverkehrs nach den Impulsen seiner von hohem Schwung getragenen Phantasie.

Das Denkverbot, das die Religion im Dienste ihrer Selbsterhaltung ausgehen läßt, ist auch keineswegs ungefährlich, weder für den Einzelnen noch für die menschliche Gemeinschaft. Die analytische

Erfahrung hat uns gelehrt, daß ein solches Verbot, wenn auch ursprünglich auf ein bestimmtes Gebiet beschränkt, die Neigung hat sich auszubreiten und dann eine Ursache schwerer Hemmungen in der Lebenshaltung der Person wird. Diese Wirkung kann man auch am weiblichen Geschlecht beobachten als Folge des Verbots, sich auch nur im Denken mit seiner Sexualität zu beschäftigen. Die Schädlichkeit der religiösen Denkhemmung vermag die Biographik in der Lebensgeschichte fast aller hervorragenden Individuen vergangener Zeiten nachzuweisen. Anderseits gehört der Intellekt – oder nennen wir ihn bei seinem uns vertrauten Namen: die Vernunft – zu den Mächten, von denen man am ehesten einen einigenden Einfluß auf die Menschen erwarten darf, die Menschen, die so schwer zusammenzuhalten und darum kaum zu regieren sind. Man stelle sich vor, wie unmöglich die menschliche Gesellschaft würde, wenn jedermann auch nur sein eigenes Einmaleins und seine besondere Längen- und Gewichtseinheit hätte. Es ist unsere beste Zukunftshoffnung, daß der Intellekt – der wissenschaftliche Geist, die Vernunft – mit der Zeit die Diktatur im menschlichen Seelenleben erringen wird. Das Wesen der Vernunft bürgt dafür, daß sie dann nicht unterlassen wird, den menschlichen Gefühlsregungen und was von ihnen bestimmt wird, die ihnen gebührende Stellung einzuräumen. Aber der gemeinsame Zwang einer solchen Herrschaft der Vernunft wird sich als das stärkste einigende Band unter den Menschen erweisen und weitere Einigungen anbahnen. Was sich, wie das Denkverbot der Religion, einer solchen Entwicklung widersetzt, ist eine Gefahr für die Zukunft der Menschheit.

Man kann nun fragen: Warum macht die Religion diesem für sie aussichtslosen Streit nicht ein Ende, indem sie frei heraus erklärt: »Es ist richtig, daß ich Euch das nicht geben kann, was man gemeinhin Wahrheit nennt; dafür müßt Ihr Euch an die Wissenschaft halten. Aber was ich zu geben habe, ist ungleich schöner, trostreicher und erhebender als alles, was Ihr von der Wissenschaft bekommen könnt. Und darum sage ich Euch, es ist wahr in einem anderen, höheren Sinn.« Die Antwort ist leicht zu finden. Die Religion kann dieses Zugeständnis nicht machen, weil sie damit jeden Einfluß auf die Menge einbüßen würde. Der gemeine Mann kennt nur eine Wahrheit im gemeinen Sinn des Wortes. Was eine höhere oder höchste Wahrheit sein soll, kann er sich nicht vorstellen. Die Wahrheit erscheint ihm so wenig der Steigerung fähig wie der Tod, und den Sprung vom Schönen zum Wahren kann er nicht mitmachen. Vielleicht denken Sie mit mir, er tut recht daran.

Der Kampf ist also nicht zu Ende. Die Anhänger der religiösen Weltanschauung handeln nach dem alten Satz: Die beste Verteidigung ist der Angriff. Sie fragen: Wer ist denn diese Wissenschaft, die sich anmaßt, unsere Religion zu entwerten, die Millionen von Menschen durch lange Jahrtausende Heil und Trost gespendet hat? Was hat sie ihrerseits bereits geleistet? Was können wir ferner von ihr erwarten? Trost und Erhebung zu bringen, dazu ist sie nach eigenem Geständnis unfähig. Sehen wir also davon ab, obwohl das kein leichter Verzicht ist. Aber was ist's mit ihren Lehren? Kann sie uns sagen, wie die Welt geworden ist und welchem Schicksal sie entgegengeht? Kann sie uns auch nur ein zusammenhängendes Weltbild zeichnen, uns zeigen, wohin die unerklärten Phänomene des Lebens gehören, wie die geistigen Kräfte auf die träge Materie zu wirken vermögen? Wenn sie das könnte, würden wir ihr unsere Achtung nicht versagen. Aber nichts von alledem, kein Problem dieser Art hat sie noch gelöst. Sie gibt uns Bruchstücke angeblicher Erkenntnis, die sie nicht zur Übereinstimmung miteinander bringen kann, sammelt Beobachtungen von Regelmäßigkeiten im Ablauf der Geschehnisse, die sie mit dem Namen von Gesetzen auszeichnet und ihren gewagten Deutungen unterwirft. Und mit welch geringem Grad von Sicherheit stattet sie ihre Ergebnisse aus! Alles, was sie lehrt, gilt nur vorläufig; was man heute als höchste Weisheit anpreist, wird morgen verworfen und wiederum nur probeweise durch anderes ersetzt. Der letzte Irrtum heißt dann Wahrheit. Und dieser Wahrheit sollen wir unser höchstes Gut zum Opfer bringen!

Meine Damen und Herren! Ich denke, insofern Sie selbst der hier angegriffenen wissenschaftlichen Weltanschauung anhängen, werden Sie durch diese Kritik nicht allzutief erschüttert worden sein. Im kaiserlichen Österreich fiel einst ein Wort, an das ich hier erinnern möchte. Der alte Herr schrie einmal die Abordnung einer ihm unbequemen Partei an: Das ist keine gewöhnliche Opposition mehr, das ist faktiöse Opposition. So ähnlich werden Sie finden, die Vorwürfe gegen die Wissenschaft, daß sie die Welträtsel noch nicht gelöst, sind in ungerechter und gehässiger Weise übertrieben; für diese großen Leistungen hat sie bisher wirklich zu wenig Zeit gehabt. Die Wissenschaft ist sehr jung, eine spät entwickelte menschliche Tätigkeit. Halten wir uns vor, um nur einige Daten auszuwählen, es sind etwa 300 Jahre vergangen, seit *Kepler* die Gesetze der Planetenbewegung fand, die Lebenszeit *Newtons*, der das Licht in seine Farben zerlegte und die Lehre von der Schwerkraft aufstellte, ging 1727 zu Ende, also vor wenig mehr als 200 Jahren, kurz vor der französischen Revolution erkannte *Lavoisier* den Sauerstoff. Ein Menschendasein ist sehr kurz im Vergleich zur Dauer der Menschheitsentwicklung, ich mag heute ein sehr alter Mann sein, aber immerhin, ich war schon am Leben, als *Ch. Darwin* sein Werk über die Entstehung der Arten der Öffentlichkeit übergab. In dem gleichen Jahr 1859 wurde der

Entdecker des Radiums, *Pierre Curie*, geboren. Und wenn Sie weiter zurückgehen, zu den Anfängen der exakten Naturwissenschaft bei den Griechen, zu *Archimedes, Aristarch von Samos* (um 250 v. Chr.), dem Vorläufer des *Kopernikus*, oder selbst zu den ersten Ansätzen der Astronomie bei den Babyloniern, so decken Sie damit nur einen kleinen Bruchteil des Zeitraums, den die Anthropologie für die Entwicklung des Menschen von seiner affenähnlichen Urform aus in Anspruch nimmt, und der gewiß mehr als ein Jahrhunderttausend umfaßt. Und vergessen wir nicht, das letzte Jahrhundert hat eine solche Fülle von neuen Entdeckungen, eine so große Beschleunigung des wissenschaftlichen Fortschritts gebracht, daß wir allen Grund haben, der Zukunft der Wissenschaft mit Zuversicht entgegenzusehen.
Den anderen Ausstellungen müssen wir in gewissem Umfang recht geben. So ist eben der Weg der Wissenschaft, langsam, tastend, mühselig. Es ist nicht zu leugnen und zu ändern. Kein Wunder, daß die Herren von der anderen Seite unzufrieden sind; sie sind verwöhnt, bei der Offenbarung haben sie es leichter gehabt. Der Fortschritt in der wissenschaftlichen Arbeit vollzieht sich ganz ähnlich wie in einer Analyse. Man bringt Erwartungen in die Arbeit mit, aber man muß sie zurückdrängen. Man erfährt durch die Beobachtung bald hier, bald dort etwas Neues, die Stücke passen zunächst nicht zusammen. Man stellt Vermutungen auf, macht Hilfskonstruktionen, die man zurücknimmt, wenn sie sich nicht bestätigen, man braucht viel Geduld, Bereitschaft für alle Möglichkeiten, verzichtet auf frühe Überzeugungen, um nicht unter deren Zwang neue, unerwartete Momente zu übersehen, und am Ende lohnt sich der ganze Aufwand, die zerstreuten Funde fügen sich zusammen, man gewinnt den Einblick in ein ganzes Stück des seelischen Geschehens, hat die Aufgabe erledigt und ist nun frei für die nächste. Nur die Hilfe, die das Experiment der Forschung leistet, muß man in der Analyse entbehren.
An jener Kritik der Wissenschaft ist auch ein gutes Stück Übertreibung. Es ist nicht wahr, daß sie blind von einem Versuch zum andern torkelt, einen Irrtum mit einem anderen vertauscht. In der Regel arbeitet sie wie der Künstler am Tonmodell, wenn er am rohen Entwurf unermüdlich ändert, aufträgt und wegnimmt, bis er einen ihn befriedigenden Grad von Ähnlichkeit mit dem gesehenen oder vorgestellten Objekt erreicht hat. Auch gibt es, wenigstens in den älteren und reiferen Wissenschaften, schon heute einen soliden Grundstock, der nur modifiziert und ausgebaut, aber nicht mehr abgetragen wird. Es sieht nicht so arg aus im wissenschaftlichen Betrieb.
Und endlich, was wollen diese leidenschaftlichen Verunglimpfungen der Wissenschaft bezwecken? Trotz ihrer heutigen Unvollkom-

menheit und der ihr anhaftenden Schwierigkeiten bleibt sie uns unentbehrlich und ist durch nichts anderes zu ersetzen. Sie ist ungeahnter Vervollkommnungen fähig, die religiöse Weltanschauung ist es nicht. Diese ist in allen wesentlichen Stücken fertig; wenn sie ein Irrtum war, muß sie es für immer bleiben. Keine Verkleinerung der Wissenschaft kann auch etwas an der Tatsache ändern, daß sie versucht, unserer Abhängigkeit von der realen Außenwelt gerecht zu werden, während die Religion Illusion ist und ihre Stärke aus dem Entgegenkommen gegen unsere Triebwunschregungen bezieht.

Ich habe die Verpflichtung, noch anderer Weltanschauungen zu gedenken, die sich im Gegensatz zur wissenschaftlichen befinden; ich tue es aber ungern, da ich weiß, daß mir die richtige Kompetenz zu deren Beurteilung abgeht. Nehmen Sie also die folgenden Bemerkungen unter dem Eindruck dieses Bekenntnisses auf, und wenn Ihr Interesse geweckt worden ist, suchen Sie bessere Belehrung von anderer Seite.

An erster Stelle wären hier die verschiedenen philosophischen Systeme zu nennen, die es gewagt haben, das Bild der Welt zu zeichnen, wie es sich im Geist des meist weltabgewandten Denkers spiegelte. Aber eine allgemeine Charakteristik der Philosophie und ihrer Methoden zu geben, habe ich bereits versucht und zur Würdigung der einzelnen Systeme bin ich wohl so ungeeignet wie selten jemand. Wenden Sie sich also mit mir zu zwei anderen Erscheinungen, an denen man gerade in unserer Zeit nicht vorbeigehen kann.

Die eine dieser Weltanschauungen ist gleichsam ein Gegenstück zum politischen Anarchismus, vielleicht eine Ausstrahlung von ihm. Es hat solche intellektuelle Nihilisten gewiß schon früher gegeben, aber gegenwärtig scheint ihnen die Relativitätstheorie der modernen Physik zu Kopf gestiegen zu sein. Sie gehen zwar von der Wissenschaft aus, aber sie verstehen es, sie zur Selbstaufhebung, zum Selbstmord zu drängen, tragen ihr die Aufgabe auf, sich selbst durch Widerlegung ihrer Ansprüche aus dem Weg zu räumen. Oft gewinnt man dabei den Eindruck, dieser Nihilismus sei nur eine zeitweilige Einstellung, die bis zur Erledigung jener Aufgabe festgehalten wird. Hat man die Wissenschaft beseitigt, so mag auf dem freigewordenen Raum sich irgend ein Mystizismus oder doch wieder die alte religiöse Weltanschauung ausbreiten. Nach der anarchistischen Lehre gibt es überhaupt keine Wahrheit, keine gesicherte Erkenntnis der Außenwelt. Was wir für wissenschaftliche Wahrheit ausgeben, ist doch nur das Produkt unserer eigenen Bedürfnisse, wie sie sich unter den wechselnden äußeren Bedingungen äußern müssen, also wiederum Illusion. Im Grunde finden wir doch nur, was wir brauchen, sehen nur, was wir sehen wollen. Wir

können nicht anders. Da das Kriterium der Wahrheit, die Übereinstimmung mit der Außenwelt, entfällt, ist es recht gleichgültig, welchen Meinungen wir anhängen. Alle sind gleich wahr und gleich falsch. Und niemand hat das Recht, den Andern des Irrtums zu zeihen.
Für einen erkenntnistheoretisch gerichteten Geist könnte es eine Verlockung sein nachzuspüren, auf welchen Wegen, durch welche Sophismen es den Anarchisten gelingt, der Wissenschaft solche Endergebnisse abzulocken. Man müßte da auf Situationen stoßen, ähnlich wie sie sich aus dem bekannten Beispiel ableiten: Ein Kreter sagt: Alle Kreter sind Lügner, usw. Aber mir fehlen Lust und Fähigkeit, mich da tiefer einzulassen. Ich kann nur sagen, die anarchistische Lehre klingt so großartig überlegen, solange sie sich auf Meinungen über abstrakte Dinge bezieht; sie versagt beim ersten Schritt ins praktische Leben. Nun werden die Handlungen der Menschen von ihren Meinungen, Kenntnissen, geleitet, und es ist derselbe wissenschaftliche Geist, der über den Bau der Atome oder die Abstammung des Menschen spekuliert und der die Konstruktion einer tragfähigen Brücke entwirft. Wäre es wirklich gleichgültig, was wir meinen, gäbe es keine Kenntnisse, die unter unseren Meinungen durch ihre Übereinstimmung mit der Wirklichkeit ausgezeichnet sind, so dürften wir Brücken ebensowohl aus Pappe bauen wie aus Stein, dem Kranken ein Dezigramm Morphin einspritzen anstatt eines Zentigramms, Tränengas zur Narkose nehmen anstelle von Äther. Aber auch die intellektuellen Anarchisten würden solche praktische Anwendungen ihrer Theorie energisch ablehnen.
Die andere Gegnerschaft ist weit ernster zu nehmen, auch bedaure ich in diesem Fall am lebhaftesten die Unzulänglichkeit meiner Orientierung. Ich vermute, Sie wissen von dieser Sache mehr als ich und Sie haben längst Stellung für oder gegen den Marxismus genommen. Die Untersuchungen von *K. Marx* über die ökonomische Struktur der Gesellschaft und den Einfluß der verschiedenen Wirtschaftsformen auf alle Gebiete des Menschenlebens haben in unserer Zeit eine unbestreitbare Autorität gewonnen. Inwieweit sie im einzelnen das Richtige treffen oder irregehen, kann ich natürlich nicht wissen. Ich höre, daß es auch anderen, besser Unterrichteten, nicht leicht wird. In der Marxschen Theorie haben mich Sätze befremdet wie, daß die Entwicklung der Gesellschaftsformen ein naturgeschichtlicher Prozeß sei, oder daß die Wandlungen in der sozialen Schichtung auf dem Weg eines dialektischen Prozesses auseinander hervorgehen. Ich bin gar nicht sicher, daß ich diese Behauptungen richtig verstehe, sie klingen auch nicht »materialistisch«, sondern eher wie ein Niederschlag jener dunklen *Hegel*schen Philosophie, durch deren Schule auch *Marx* gegangen ist. Ich

weiß nicht, wie ich von meiner Laienmeinung frei werden kann, die gewohnt ist, die Klassenbildung in der Gesellschaft auf die Kämpfe zurückzuführen, die sich seit dem Beginn der Geschichte zwischen den um ein Geringes verschiedenen Menschenhorden abspielten. Die sozialen Unterschiede, meine ich, waren ursprünglich Stammes- oder Rassenunterschiede. Psychologische Faktoren, wie das Ausmaß der konstitutionellen Aggressionslust, aber auch die Festigkeit der Organisation innerhalb der Horde, und materielle, wie der Besitz der besseren Waffen, entschieden den Sieg. Im Zusammenleben auf demselben Boden wurden die Sieger die Herren, die Besiegten die Sklaven. Dabei ist nichts von Naturgesetz oder Begriffswandlung zu entdecken, hingegen ist der Einfluß unverkennbar, den die fortschreitende Beherrschung der Naturkräfte auf die sozialen Beziehungen der Menschen übt, indem sie die neugewonnenen Machtmittel immer auch in den Dienst ihrer Aggression stellen und gegeneinander verwenden. Die Einführung des Metalls, der Bronze, des Eisens hat ganzen Kulturepochen und ihren sozialen Institutionen ein Ende gemacht. Ich glaube wirklich, daß das Schießpulver, die Feuerwaffe Rittertum und Adelsherrschaft aufgehoben hat und daß der russische Despotismus bereits vor dem verlorenen Krieg verurteilt war, da keine Inzucht innerhalb der Europa beherrschenden Familien ein Geschlecht von Zaren hätte erzeugen können, fähig, der Sprengkraft des Dynamits zu widerstehen.
Ja, vielleicht zahlen wir mit der gegenwärtigen, an den Weltkrieg anschließenden Wirtschaftskrise auch nur den Preis für den letzten großartigen Sieg über die Natur, die Eroberung des Luftraums. Das klingt nicht sehr einleuchtend, aber wenigstens die ersten Glieder des Zusammenhangs sind klar zu erkennen. Die Politik Englands fußte auf der Sicherheit, die ihm das seine Küsten umspülende Meer verbürgte. Im Moment, da *Blériot* den Kanal im Aeroplan überflogen hatte, war diese schützende Isolierung durchbrochen, und in jener Nacht, als in Friedenszeiten und zu Übungszwecken ein deutscher *Zeppelin* über London kreiste, war wohl der Krieg gegen Deutschland beschlossene Sache.[1] Auch die Drohung des Unterseeboots ist dabei nicht zu vergessen.
Ich schäme mich beinahe, ein Thema von solcher Wichtigkeit und Kompliziertheit vor Ihnen mit so wenigen unzureichenden Bemerkungen zu behandeln, weiß auch, daß ich Ihnen nichts gesagt habe, was Ihnen neu ist. Es liegt mir nur daran, Sie aufmerksam zu machen, daß das Verhältnis des Menschen zur Beherrschung der Natur, der er seine Waffen zum Kampf gegen seinesgleichen entnimmt, notwendigerweise auch seine ökonomischen Einrich-

1 So wurde es mir im ersten Kriegsjahr von vertrauenswürdiger Seite mitgeteilt.

tungen beeinflussen muß. Wir scheinen uns weit von den Problemen der Weltanschauung entfernt zu haben, aber wir werden bald wieder zur Stelle sein. Die Stärke des Marxismus liegt offenbar nicht in seiner Auffassung der Geschichte und der darauf gegründeten Vorhersage der Zukunft, sondern in dem scharfsinnigen Nachweis des zwingenden Einflusses, den die ökonomischen Verhältnisse der Menschen auf ihre intellektuellen, ethischen und künstlerischen Einstellungen haben. Eine Reihe von Zusammenhängen und Abhängigkeiten wurden damit aufgedeckt, die bis dahin fast völlig verkannt worden waren. Aber man kann nicht annehmen, daß die ökonomischen Motive die einzigen sind, die das Verhalten der Menschen in der Gesellschaft bestimmen. Schon die unzweifelhafte Tatsache, daß verschiedene Personen, Rassen, Völker unter den nämlichen Wirtschaftsbedingungen sich verschieden benehmen, schließt die Alleinherrschaft der ökonomischen Momente aus. Man versteht überhaupt nicht, wie man psychologische Faktoren übergehen kann, wo es sich um die Reaktionen lebender Menschenwesen handelt, denn nicht nur, daß solche bereits an der Herstellung jener ökonomischen Verhältnisse beteiligt waren, auch unter deren Herrschaft können Menschen nicht anders als ihre ursprünglichen Triebregungen ins Spiel bringen, ihren Selbsterhaltungstrieb, ihre Aggressionslust, ihr Liebesbedürfnis, ihren Drang nach Lusterwerb und Unlustvermeidung. In einer früheren Untersuchung haben wir auch den bedeutsamen Anspruch des Über-Ichs geltend gemacht, das Tradition und Idealbildungen der Vergangenheit vertritt, und den Antrieben aus einer neuen ökonomischen Situation eine Zeitlang Widerstand leisten wird. Endlich wollen wir nicht vergessen, daß über die Menschenmasse, die den ökonomischen Notwendigkeiten unterworfen ist, auch der Prozeß der Kulturentwicklung – Zivilisation sagen andere – abläuft, der gewiß von allen anderen Faktoren beeinflußt wird, aber sicherlich in seinem Ursprung von ihnen unabhängig ist, einem organischen Vorgang vergleichbar, und sehr wohl imstande, seinerseits auf die anderen Momente einzuwirken. Er verschiebt die Triebziele und macht, daß die Menschen sich gegen das sträuben, was ihnen bisher erträglich war; auch scheint die fortschreitende Erstarkung des wissenschaftlichen Geistes ein wesentliches Stück von ihm zu sein. Wenn jemand imstande wäre, im einzelnen nachzuweisen, wie sich diese verschiedenen Momente, die allgemeine menschliche Triebanlage, ihre rassenhaften Variationen und ihre kulturellen Umbildungen unter den Bedingungen der sozialen Einordnung, der Berufstätigkeit und Erwerbsmöglichkeiten gebärden, einander hemmen und fördern, wenn jemand das leisten könnte, dann würde er die Ergänzung des Marxismus zu einer wirklichen Gesellschaftskunde gegeben haben. Denn auch die Soziologie, die vom Verhalten der

Menschen in der Gesellschaft handelt, kann nichts anderes sein als angewandte Psychologie. Streng genommen gibt es ja nur zwei Wissenschaften, Psychologie, reine und angewandte, und Naturkunde.

Mit der neugewonnenen Einsicht in die weitreichende Bedeutung ökonomischer Verhältnisse ergab sich die Versuchung, deren Abänderung nicht der historischen Entwicklung zu überlassen, sondern sie durch revolutionären Eingriff selbst durchzusetzen. In seiner Verwirklichung im russischen Bolschewismus hat nun der theoretische Marxismus die Energie, Geschlossenheit und Ausschließlichkeit einer Weltanschauung gewonnen, gleichzeitig aber auch eine unheimliche Ähnlichkeit mit dem, was er bekämpft. Ursprünglich selbst ein Stück Wissenschaft, in seiner Durchführung auf Wissenschaft und Technik aufgebaut, hat er doch ein Denkverbot geschaffen, das ebenso unerbittlich ist wie seinerzeit das der Religion. Eine kritische Untersuchung der marxistischen Theorie ist untersagt, Zweifel an ihrer Richtigkeit werden so geahndet wie einst die Ketzerei von der katholischen Kirche. Die Werke von *Marx* haben als Quelle einer Offenbarung die Stelle der Bibel und des Korans eingenommen, obwohl sie nicht freier von Widersprüchen und Dunkelheiten sein sollen als diese älteren heiligen Bücher.

Und obwohl der praktische Marxismus mit allen idealistischen Systemen und Illusionen erbarmungslos aufgeräumt hat, hat er doch selbst Illusionen entwickelt, die nicht weniger fragwürdig und unbeweisbar sind als die früheren. Er hofft, im Laufe weniger Generationen die menschliche Natur so zu verändern, daß sich ein fast reibungsloses Zusammenleben der Menschen in der neuen Gesellschaftsordnung ergibt und daß sie die Aufgaben der Arbeit zwangsfrei auf sich nehmen. Unterdes verlegt er die in der Gesellschaft unerläßlichen Triebeinschränkungen an andere Stellen und lenkt die aggressiven Neigungen, die jede menschliche Gemeinschaft bedrohen, nach außen ab, stürzt sich auf die Feindseligkeit der Armen gegen die Reichen, der bisher Ohnmächtigen gegen die früheren Machthaber. Aber eine solche Umwandlung der menschlichen Natur ist sehr unwahrscheinlich. Der Enthusiasmus, mit dem die Menge gegenwärtig der bolschewistischen Anregung folgt, solange die neue Ordnung unfertig und von außen bedroht ist, gibt keine Sicherheit für eine Zukunft, in der sie ausgebaut und ungefährdet wäre. Ganz ähnlich wie die Religion muß auch der Bolschewismus seine Gläubigen für die Leiden und Entbehrungen des gegenwärtigen Lebens durch das Versprechen eines besseren Jenseits entschädigen, in dem es kein unbefriedigtes Bedürfnis mehr geben wird. Dies Paradies soll allerdings ein diesseitiges sein, auf Erden eingerichtet und in absehbarer Zeit eröffnet werden. Aber

erinnern wir uns, auch die Juden, deren Religion nichts von einem jenseitigen Leben weiß, haben die Ankunft des Messias auf Erden erwartet, und das christliche Mittelalter hat wiederholt geglaubt, daß das Reich Gottes nahe bevorsteht.
Es ist nicht zweifelhaft, wie die Antwort des Bolschewismus auf diese Vorhalte lauten wird. Er wird sagen: Solange die Menschen in ihrer Natur noch nicht umgewandelt sind, muß man sich der Mittel bedienen, die heute auf sie wirken. Man kann den Zwang in ihrer Erziehung nicht entbehren, das Denkverbot, die Anwendung der Gewalt bis zum Blutvergießen, und wenn man nicht jene Illusionen in ihnen erweckte, würde man sie nicht dazu bringen, sich diesem Zwang zu fügen. Und er könnte höflich ersuchen, ihm doch zu sagen, wie man es anders machen könnte. Damit wären wir geschlagen. Ich wüßte keinen Rat zu geben. Ich würde gestehen, daß die Bedingungen dieses Experiments mich und meinesgleichen abgehalten hätten, es zu unternehmen, aber wir sind nicht die einzigen, auf die es ankommt. Es gibt auch Männer der Tat, unerschütterlich in ihren Überzeugungen, unzugänglich dem Zweifel, unempfindlich für die Leiden anderer, wenn sie ihren Absichten im Wege sind. Solchen Männern verdanken wir es, daß der großartige Versuch einer solchen Neuordnung jetzt in Rußland wirklich durchgeführt wird. In einer Zeit, da große Nationen verkünden, sie erwarten ihr Heil nur vom Festhalten an der christlichen Frömmigkeit, wirkt die Umwälzung in Rußland – trotz aller unerfreulichen Einzelzüge – doch wie die Botschaft einer besseren Zukunft. Leider ergibt sich weder aus unserem Zweifel noch aus dem fanatischen Glauben der anderen ein Wink, wie der Versuch ausgehen wird. Die Zukunft wird es lehren, vielleicht wird sie zeigen, daß der Versuch vorzeitig unternommen wurde, daß eine durchgreifende Änderung der sozialen Ordnung wenig Aussicht auf Erfolg hat, solange nicht neue Entdeckungen unsere Beherrschung der Naturkräfte gesteigert und damit die Befriedigung unserer Bedürfnisse erleichtert haben. Erst dann mag es möglich werden, daß eine neue Gesellschaftsordnung nicht nur die materielle Not der Massen verbannt, sondern auch die kulturellen Ansprüche des einzelnen erhöht. Mit den Schwierigkeiten, welche die Unbändigkeit der menschlichen Natur jeder Art von sozialer Gemeinschaft bereitet, werden wir freilich auch dann noch unabsehbar lange zu ringen haben.
Meine Damen und Herren! Lassen Sie mich zum Schluß zusammenfassen, was ich über die Beziehung der Psychoanalyse zur Frage der Weltanschauung zu sagen hatte. Die Psychoanalyse, meine ich, ist unfähig, eine ihr besondere Weltanschauung zu erschaffen. Sie braucht es nicht, sie ist ein Stück Wissenschaft und kann sich der wissenschaftlichen Weltanschauung anschließen. Diese verdient aber kaum den großtönenden Namen, denn sie schaut nicht alles an,

sie ist zu unvollendet, erhebt keinen Anspruch auf Geschlossenheit und Systembildung. Das wissenschaftliche Denken ist noch sehr jung unter den Menschen, hat zu viele der großen Probleme noch nicht bewältigen können. Eine auf die Wissenschaft aufgebaute Weltanschauung hat außer der Betonung der realen Außenwelt wesentlich negative Züge, wie die Bescheidung zur Wahrheit, die Ablehnung der Illusionen. Wer von unseren Mitmenschen mit diesem Zustand der Dinge unzufrieden ist, wer zu seiner augenblicklichen Beschwichtigung mehr verlangt, der mag es sich beschaffen, wo er es findet. Wir werden es ihm nicht verübeln, können ihm nicht helfen, aber auch seinetwegen nicht anders denken.

NAMEN- UND SACHVERZEICHNIS